公元 184—196

之

THREE KINGDOMS

三國

群雄逐鹿

宿巍 著

辽宁人民出版社

图书在版编目（CIP）数据

三国之群雄逐鹿：公元 184–196 / 宿巍著. — 沈阳：辽宁人民出版社，2018.1
ISBN 978–7–205–09094–4

Ⅰ.①三… Ⅱ.①宿… Ⅲ.①中国历史–汉代–通俗读物 Ⅳ.①K234.09

中国版本图书馆 CIP 数据核字（2017）第 231597 号

出版发行：辽宁人民出版社
　　　　　地址：沈阳市和平区十一纬路 25 号　邮编：110003
　　　　　电话：024–23284321（邮　购）　024–23284324（发行部）
　　　　　传真：024–23284191（发行部）　024–23284304（办公室）
　　　　　http://www.lnpph.com.cn
印　　刷：辽宁星海彩色印刷有限公司
幅面尺寸：170mm×240mm
印　　张：16
字　　数：252 千字
出版时间：2018 年 1 月第 1 版
印刷时间：2018 年 1 月第 1 次印刷
责任编辑：赵维宁
封面设计：异一设计
版式设计：留白文化
责任校对：金丹艳
书　　号：ISBN 978–7–205–09094–4
定　　价：39.80 元

一部《三国演义》令三国的故事在中国家喻户晓、妇孺皆知，刘备、诸葛亮、关羽、张飞等人物形象更是深入人心。茶余饭后，人们津津乐道于三国故事，诸如吕布戏貂蝉、关羽温酒斩华雄、诸葛亮借东风，一代代口耳相传，这些《三国演义》中的精彩描写，是很多人对三国历史的最初了解。

然而，故事不是历史，演义只是小说。《三国演义》中的很多人物、故事在历史中并不存在。吕布从未戏过貂蝉，因为历史上就没有貂蝉这个人；关羽更不曾斩过华雄，那是孙坚的功劳；赤壁的东风也不是诸葛亮借的。总之，三国的历史有很多事情没有说清，而这套书就是告诉大家历史上真实的三国。

三国并不是魏蜀吴，而是汉魏吴，刘备建立的是汉而非蜀，前者是受演义小说误导约定俗成的叫法，真正的三国其实是汉魏吴。

《三国志》是研究三国历史的重要史书，然而它是文言又惜墨如金，有时语焉不详，有时欲言又止。本套书根据正史，并吸收最新的研究成果，以通俗的语言、生动的故事，还原三国的本来面目。

历史上曾经出现过不止一次的三国鼎立，而此三国有它的特殊性，因为从时间上算，从184年开始到280年结束，它的前半程属于东汉，后半程属于西晋，留给三国鼎立的时间并不长。

虽然时间很短，却涌现了数不尽的英雄，留下了讲不完的故事。故事很长，还请您慢慢品读。

真实的历史并不枯燥，甚至比演义小说更精彩。拨开人为制造的重重迷雾，本书带您走进真实的历史，让您了解被刻意隐藏的三国真相。

目录

第一章

乱世前兆
——朝政昏乱黎民苦

（一）荒唐皇帝

汉灵帝光和六年（183），一个看似十分平常的年份，犹如一潭湖水波澜不惊，仅仅一年后，一个激荡百年的乱世"汉末三国"即将开启。

这是一段妇孺皆知耳熟能详的历史，这是一段千载流传经久不衰的传奇。

一个群星璀璨的时代，一个豪杰辈出的时代，英雄、枭雄、奸雄纷纷登场，阴谋、阳谋、权谋大行其道，庙堂之中尔虞我诈，疆场之上浴血搏杀。

百年乱世、三国纷争，烽火连年、干戈不休，却也因此涌现出许多英雄豪杰、谋臣名将——白脸的曹操、红脸的关公，雄姿英发的周郎，鞠躬尽瘁的诸葛——他们的故事被写进小说、编入戏剧，千百年来，广为传诵。

历代不乏歌咏三国的诗词，其间佳作不胜枚举，但鄙人以为明代大才子杨慎的《临江仙》最得其妙，本书即以此开篇，揭开三国大幕。

临江仙

> 滚滚长江东逝水，浪花淘尽英雄。是非成败转头空；
> 青山依旧在，几度夕阳红。
> 白发渔樵江渚上，惯看秋月春风。一壶浊酒喜相逢；
> 古今多少事，都付笑谈中。

自汉光武帝刘秀"光武中兴"重建汉朝定都洛阳，汉朝复兴。继光武之后明、章二帝萧规曹随，东汉帝国达到鼎盛，出现了一个并不逊色于"文景之治"的盛世。

但犹如历史上的诸多王朝，盛世之后，帝国不可避免地走向没落。转折从汉和帝刘肇开始。这是一个年纪轻轻便体弱多病的皇帝，却有一位热衷政治工于权谋的皇后——邓皇后。汉和帝不出意料地英年早逝，邓太后则从幕后走到前台，如愿以偿地成为帝国的实际主宰。太后掌权、外戚干政，一切由此而起。

汉安帝（107—125年在位），邓太后临朝，哥哥邓骘掌权

北乡侯时，阎太后临朝，哥哥阎显掌权

汉桓帝（147—167年在位），梁太后临朝，哥哥梁冀掌权

汉灵帝（168—189年在位），窦太后临朝，父亲窦武掌权

汉灵帝之子少帝刘辩继位后，何太后临朝，哥哥何进掌权

女主当权，外戚势力把持朝政，为便于控制与长久掌权，往往喜欢迎立未成年的小皇帝。

可小皇帝终究有长大的一天，当他发觉自己虽贵为九五之尊、真龙天子，实际却只是一个任人摆布的傀儡时，愤怒与不满与日俱增。皇帝想夺回属于自己的权力，却发现外朝早已是外戚的天下，只有依靠内朝的宦官与之抗衡。

此后，外戚与宦官轮番掌权，几乎每一次权力交接都伴随着血腥的杀戮。

东汉一朝自刘秀后，仿佛陷入诅咒，继任的皇帝，很少有活过五十的，皇帝"着急"去见列祖列宗汇报工作，剩下皇后，无依无靠，只好找娘家人商量，于是乎，外戚的机会就来了。

女主临朝，外戚干政。外戚喜欢册立"少儿"皇帝，好把持大权。长大的皇帝就利用宦官夺权，同样模式的宫廷政变在洛阳宫廷反复上演。东汉帝国就在这无休止的内耗中走向衰亡。

汉灵帝刘宏，也是一个被外戚迎立的皇帝。皇位本轮不到他，只是前任汉桓帝只有女儿没儿子，而汉桓帝的老婆窦太后与其父窦武为长久把持朝政，便自作主张将只有十二岁的刘宏接入宫中立为天子。

后来的蜀汉丞相诸葛亮在《出师表》中，曾提及这位仁兄，刘备与诸葛亮谈起前朝往事，每次说到汉灵帝便只有摇头叹气的份儿。

夸汉灵帝的人实在不多，骂他的人着实不少。汉灵帝得以"扬名"后世多亏了一个人——罗贯中。拜这位明代小说家所赐，汉灵帝的"光辉事迹"得以历经千年仍为人们广为"传颂"。作为历史上昏君的代表之一，汉灵帝刘宏继承了

以往昏君的"光荣传统"，贪酒好色不在话下。据说他后宫佳丽三千，远超其父祖，表现出不甘人后的"奋进精神"。

更为难能可贵的是他还有创新，总能玩出新花样，真正做到了"与时俱进、开拓创新"。不满足于美色享乐的刘宏干过的荒唐事实在太多。

刘宏治国理政乏善可陈，但纵情声色，享受荣华却很有天赋，他干过的荒唐事也个性飞扬、标新立异，"坚决不走寻常路"。

汉代公卿贵族出行多用马车，并有严格的等级限定，不同级别的人只能使用与自己身份相符的车，车是不能乱坐的。搞错了，非同小可，要吃牢饭的。

对帝国皇帝刘宏而言，他不必担心这些，可以随心所欲。刘宏喜欢坐马车，还喜欢自驾，不用驭手。自驾马车的感觉虽好，但时间一长刘宏也玩腻了。

一天，刘宏突发奇想，将驾车的马换成驴，马车改驴车。当然他用的不是普通的黑驴，而是白驴。不久，人们就看见皇帝亲自驾着他那心爱的驴车在皇宫里四处兜风，那种"飘逸""洒脱"，望之似神仙，真是羡煞众公卿。

上有所好下必甚之。很快，驴车便取代马车迅速风靡京城，成为时尚贵族男女竞相追捧的对象。最显著的变化就是京师的驴价飞涨！一时间，平时不起眼儿的驴子成了贵宠，被洛阳城的宗室贵戚抢购一空。个别买不到的，一心急，甚至拦路抢驴。没错，你没听错，就是抢驴，不抢钱也不劫色，只要驴。这帮人都疯了。

这时候要是有一辆驴车，那是相当有面子的事。曾经的贱畜如今成了"国宝"，被紧跟流行风的公子贵妇们驾着在洛阳街头招摇过市。

很快，京城的大街小巷便到处弥漫着驴车奔驰而过扬起的滚滚烟尘。有人感叹：贱畜贵宠、贤愚倒置、执政者皆如驴。

就在京城的贵胄子弟驴车玩得不亦乐乎之时，亲自引起这场流行风的汉灵帝刘宏却又对驴车失去了兴趣。看着皇帝不开心，宦官们深感自责，觉得没陪皇帝玩好，实在是失职。

为了哄皇帝开心，这些人别出心裁，将狗打扮一番，给狗戴上进贤冠，穿上朝服，佩上绶带，俨然一副士大夫的扮相，然后牵着被精心打扮的狗狗大摇大摆地去"上朝"。

当汉灵帝刘宏见到穿着朝服的狗一摇一摆走进来的滑稽相，忍不住大笑，叫道："好一个狗官。"

皇帝和他的侍从们在拿那些只知逢迎拍马中饱私囊却从不留心国事的草包朝

臣开心，也无怪乎灵帝嘲笑这些人，此时朝中百官多是只求俸禄富贵迎合外戚的奴才。市井百姓对那些占着位置却不办事的大臣也有发自内心的评价：在位者都是狗。

执政者皆如驴，在位者都是狗。一个混账皇帝加上满朝"狗"官，瞧瞧这世道，不乱才怪！

且说皇帝锦衣玉食，不愁吃穿，但并非没有遗憾，正所谓得不到的往往是最好的。贵为天子却只能每日居于深宫之中，皇宫虽好，时间长了也没什么新鲜，刘宏反倒对民间市井生活产生了兴趣。他想体味一下当布衣百姓在集市上与人讨价还价的乐趣。

为此，刘宏在宫里专门办了一个市场，一切模仿民间集市，外面有的这里都有，且更豪华更气派，布店、米店、鲜鱼店、裁缝店、珠宝店、古玩店应有尽有。

刘宏让宫女宦官扮成客商、小贩在其间"买卖"，为了演得逼真，甚至专门有人扮成市井无赖打架斗殴，他自己则一身富商装扮，游走其间，以此为乐。

刘宏整天忙"娱乐"，对朝政自然不上心。

皇帝不上心，但朝里向来不缺"热心"人，想替皇上"分忧"的大有人在。

皇帝当甩手掌柜，外戚和宦官却为争权斗得你死我活。各派势力你争我夺，轮番上台，群魔乱舞，乌烟瘴气。

三国之群雄逐鹿

（二）卖官鬻爵

皇帝荒淫，不理朝政。地方郡县有过之而无不及。帝国官场各种明规则潜规则大行其道，州郡刺史、太守，大都有背景有靠山，不是宦官子弟（注意不是官宦子弟），便是世家名门之后，寒门学子难有出头之日。

东汉一朝，太监仗着皇帝宠信，横行不法，招权纳贿，目空一切。帝国的法律对他们形同虚设。贪欲是无止境的，他们已不满足于京城的方寸之地，而将触角伸到了全国各地。宦官子弟（他们的亲戚）大都不学无术，却依仗背后的宦官势力，飞黄腾达，即使目不识丁的酒囊饭袋也位居显官。

这些人到地方后拼命搜刮民脂民膏，无所不用其极，弄得民不聊生。宦官子弟不但贪婪，而且凶残，比一般的贪官污吏更狠毒，抢男霸女、草菅人命，对他们而言，如同儿戏。

宦官子弟之所以无所忌惮无法无天，是因为他们有宦官集团的强硬后台，各级官署对他们无可奈何，再说他本身就是官员，既得利益者。宦官猖獗因皇帝纵容，而皇帝纵容，是因需要他们对抗外戚及一切对皇权构成威胁的势力。

外戚、宦官是不折不扣的帝国蛀虫，而汉灵帝刘宏却对此听之任之，无所作为。因为他自己也是蛀虫之一，且是一个大蛀虫。

汉灵帝刘宏贵为天子，富有四海，却比谁都贪财。

这也不奇怪，刘宏奢侈无度，后宫美女数千，日费千金，胭脂水粉、簪环首饰，处处要钱。为了后宫那数千粉黛，他也不能不拼命捞。

而刘宏如此爱财如命跟他的家教也不无关系。他的生母永乐太后（刘宏亲政后，其生母董氏被迎入皇宫，住在南宫嘉德殿，宫称永乐）因当年在封地过够了穷日子，刘宏亲政掌权后，便一再怂恿儿子，想尽办法弄钱，董太后的寝宫金银宝货堆积如山。

有其母必有其子。这对财迷母子想发财都想疯了。一旦大权在握，便开始疯狂搂钱。

刘宏的生财之道是卖官，且是公开的。他需要钱，很多很多钱。更多的人想做官，很大很大的官。互有需求，一拍即合。这是一个有着巨大需求的市场，汉灵帝以他特有的敏锐头脑发现了这个商机并抓住了。他是皇帝，官位只有他这有，天下独此一家别无分店，想买官只能到他这来，没人敢跟他竞争，刘宏完全是垄断经营，价码标多少，他说的算，反正想要的人多的是，不愁没销路。

尽管标价很高，但还是有很多人挤破头花钱来买。一些热门职位，还必须找熟人托门路，否则就是想花钱都买不到。

自从刘宏公开卖官后，前来买官的人犹如过江之鲫，大家争先恐后，只怕下手晚了，抢不到好官做。刘宏也因此大发横财。

上梁不正下梁歪，有皇帝大人"以身作则"，下面的各级官员也是本着大官大贪小官小贪的原则，利用手中权力为自己捞钱，八仙过海，各显神通。

那些花钱买官的，之所以肯花血本，除了想做官、做大官，对钱财的渴望也是原因之一，升官发财常常是绑在一起的，有时升官就意味着发财。而这些嗜钱如命的人肯出钱买官，只是因为在他们看来，这样会收到更大的回报，这钱花得值。

买官的上任后，往往变本加厉地搜刮地方，他们会想方设法将成本转嫁给百姓。汉灵帝看似聪明，其实很蠢，卖官的确赚钱，但他不知道，下面那些买官的捞到的更多。而天下从此吏治腐败，日甚一日，百姓不堪重负，最终毁灭的是他的朝廷，汉家天下。

卖官买官虽为清流士大夫所不齿，却在灵帝朝大行其道，没人能阻止，甚至名士如崔烈最后也心痒难耐，花钱买了一个三公，据说因为宫里有熟人，还给了一个五折的优惠价。

拜官那天，崔烈很兴奋，升官了当然高兴，我们有理由相信这种高兴是发自肺腑的，即便平日里喜怒不形于色老于世故的崔烈，此时也难以掩饰自己的得意。买官的高兴，卖官的却后悔了，后悔钱卖少了。

灵帝对左右说，要是再等等，说不定能卖个好价钱，这次亏了。他说得没错，人家灵帝卖官是明码标价的，三公的价码就是一千万，而崔烈只花了五百万，灵帝当然觉得亏了。

如愿以偿当上三公的崔烈曾问儿子，外面对他买官怎么看，他儿子说只闻到一股铜臭。崔烈闻言羞得老脸通红，恼羞成怒，举起拐杖就要打儿子。

其实，崔烈大可不必，名臣将相买官的多了，可不止他一个，血战沙场十余年平定羌乱的名将段颎、两朝名臣张温也是花钱买的三公。不过，这些人的三公当的都不长，过不了多久，灵帝就会用各种奇葩理由如天不下雨地不长草来罢免他们，再卖给别人，真是会做生意的人。

所以，崔烈、段颎、张温们也不过是来客串一把过过三公的瘾，想当主演是没门的，导演灵帝可不答应。

可怜的是百姓。所有的负担最后都"恩赐"给百姓，在那个上层贵族特权阶层把持察举（人事权）的时代，普通百姓终其一生都只能做一个布衣，但朝廷总算还是给了百姓纳税服役的权利。

世道昏乱，安居乐业是奢望，平常年份，还能勉强度日，遇上旱灾、蝗灾的荒年，连饭都吃不上，只能卖儿卖女，或成群结队到外地乞讨流浪，这些人还有一个专门的称呼——流民。

灵帝一朝，天灾人祸，接二连三，各地州郡流民有增无减，国困民穷，而帝国各级部门充斥着吸食民血的贪官，指望他们赈灾抚民，还不如去求玉皇大帝。

世风日下，人心思乱。后来的黄巾军喊出"苍天已死，黄天当立"可不是偶然的。冰冻三尺非一日之寒。

大灾之后有大疫，这似乎已成规律。吃不饱肚子交不起税已经很惨，还要承受瘟疫的痛苦，怎一个惨字了得。

没钱交税自然没钱看病，得了病也只能自生自灭，等死。病饿而死的流民比

三国

之

群雄逐鹿

比皆是，通衢大道、乡间田野到处可见倒毙的尸体。一些尸体很快会被野狗分食。苦难中的百姓期盼救苦救难的神仙。"神仙"还真的出现了。

乱世出英雄，也出混账。朝廷腐败民不聊生，天下即将大乱，隐藏在民间的各色人物不甘寂寞，一个个粉墨登场，最先出场的是一个叫张角的人。不过，他并不认为自己是人，而是拯救万民的"天师"。

（三）太平道——张角

张角，冀州钜鹿郡人，身世不明，估计只是一介布衣。一个偶然的机会，张角得到了一本书——《太平经》。回家后张角认真研究学习，经过多年刻苦"钻研"，张角似乎有所领悟，并因此创立了太平道。

张角所看的《太平经》属于道家典籍，所以他创建的太平道应属道派，当然不是正统，只是从源流上归类。道教是我国本土宗教，《太平经》内容包罗万象，涉及阴阳五行等诸多内容。当然，张角从中悟出多少不得而知，人家学它也不是为了搞学术。

世道不平，人心思乱。社会动荡，底层民众对朝廷不满，渴望有人能解救他们，给他们带来福音。张角觉得有机可乘，于是带着兄弟张宝、张梁到各地传道，招收信徒。他传道的手段是利用贫苦百姓的迷信，用他所谓的道术符水给人治病。

贫苦百姓得了病无钱医治，而张角给人治病并不收钱，因此深受底层民众的欢迎。

"神水"虽说治不死人但也治不了病，好在是免费的，也吸引了不少人。张角一边给人"治病"，一边传教收徒，十几年间，他的足迹遍布中原，信奉太平道的徒众也发展到数十万。

随着时间的推移，张角的声名越来越大，他的"医术"、他的太平道在底层民众中广为传播。

神水不能治病，病死的人仍旧很多，但张角也有他的说法，这些人心不诚。何谓心诚？病好了就是心诚。

张角的太平道迅猛发展，势力越来越大，可这么多年过去了，朝廷却对此不管不问。汉灵帝忙着享乐——卖官为何？正是为此。下面的各级官吏也是报喜不报忧，报上去给皇帝添堵，反招麻烦，何必呢？日子就这样一天一天过去，张角和他的太平道也像滚雪球一般一天天壮大。

张角可谓生逢其时：皇帝不管事，官府不作为。张角抓住时机大肆扩张，在全国各地遍设分教。

但朝廷里并非都是饱食终日无所用心的官僚，心忧天下的人还是有的，三公之一的司徒杨赐、司徒掾刘陶就意识到了张角跟他的庞大教徒群体潜在的危险，并多次上书朝廷，建议取缔这个非法教派。但奏疏呈上去犹如泥牛入海，再无回音。皇帝大人整天不是忙着卖官捞钱就是在后宫与佳人嬉戏缠绵，哪有心思管这种小事。消灭张角的最佳时机就这样错过了。

经过十余年的传道布教，张角的信徒遍布天下，尤其是中原，因此他觉得有必要重组太平道，张角这时已不满足于做教主了。他有着更高的追求——造反做皇帝。正所谓皇帝轮流做，明年到我家。既然姓刘的能当，凭啥俺姓张的就不能当？

光和六年（183）张角觉得时机成熟了，他将全国三十个分教编成三十六方，一方相当于一军，大的有上万人，小的也有七八千，方的头领相当于朝廷的将军。

张角经过"推算"认定第二年甲子年（184）"大吉"，所谓择吉日都是骗人的，说穿了是他心急想当皇帝。作为有志中年，张角兄要求进步的心情那是相当迫切的。

但造反毕竟是件大事，传教多年，张角懂得舆论宣传的重要，起事之前必须造足声势，先声夺人。

凭多年经验，张角通过各级头目，将几十万信徒迅速动员起来，先是在民间大造舆论，利用广大群众对贪官污吏的愤恨与不满情绪，派人到各地宣传自己的"革命口号"——苍天已死，黄天当立；岁在甲子，天下大吉。同时还派人到京城洛阳和各地州郡官府大门上用白土写上"甲子"两字，用做识别的记号，一旦打响，这些写有"甲子"字样的地方将是首批重点攻击目标。

张角发出命令后，各地头目闻风而动，其中以邺城的马元义等人最为积极。应该说，张角门徒的传教工作做得相当深入到位，连皇宫里都有他们的信徒，这些信徒的身份比较特殊——宦官。传教能传到这个份儿上着实让人感叹太平道强大的宣传策划能力。

这些人整天待在皇宫里除了休假根本不出去，但无孔不入的太平道仍排除万难，成功地将其势力打入皇宫，让这些在朝廷大权在握飞扬跋扈的宦官也成为自己的教众，将这些人发展成太平道在宫内的眼线。

东汉一朝，特别是桓帝、灵帝在位时期，宦官仗着皇帝撑腰手握生杀大权，十分嚣张，朝廷上下遍布其党羽亲信，想让谁升官就让谁升官，想让谁倒霉就让谁倒霉。满朝文武偶尔有对他们不满的也很快被镇压排挤。除了不怎么管事的皇帝，掌权的大太监已成为不是皇帝的皇帝。

这些人是名副其实的既得利益者，皇帝宠信，威风八面，有权也有钱，到了这个份儿上，还不知足，还要蹚这股浑水，真不知这帮人心里是怎么想的。即使造反成功，张角夺位，最多也就是换个主人，待遇上很难有更大"进步"，但这些人依然"义无反顾"地加入，这充分印证了那句话——一切皆有可能。

底层百姓被豪强地主欺压过着饥寒交迫的日子，聚众起事也是不得已，情有可原。可这些锦衣玉食的家伙也跟着凑热闹，纯粹是没事找事。

张角的亲信大方首领马元义为筹备来年的起事到处奔走联络。为了获取情报，联络教众，马元义多次秘密潜入洛阳，与宫中的中常侍封谞、徐奉等人接头，后者许诺，一旦举事，他们便在宫中行动，里应外合，一举占领皇宫。

太平道通过宫中的关系获取了大量情报。皇宫是皇帝日常居住的地方，这里是帝国的心脏。朝廷有什么新动向，作为皇帝的亲信，宦官们会在第一时间得到详细的信息，然后再通过"交通员"马元义迅速把情报传递给教主张角。

邺城到洛阳这条线，马元义已经跑过多次，轻车熟路。不过，这次他的任务不同以往，这次是来真的。马元义特意找到宫里的内线封谞、徐奉，告诉他们教主已决定来年（184年）正式起事，时间定在三月五日，让他们到时响应。到时全国各地的分教会同时起兵，共举大事。

全国各地、京城内外的教徒都在紧张地进行举事前的最后准备，张角在河北邺县秘密集结了数万教徒，作为他直接掌控的部队，准备一到日子，就揭竿而起。

自从定了日子，张角就焦急地盼着这天早日到来，同时向祖师爷（他认定的祖师爷是黄帝和老子，当然这是他单方面的意愿，人家并未接受）祷告，希望一切顺利，千万别出事。

但应了那句老话，怕什么来什么，怕出事偏偏就真的出了事。

光和七年（184）正月，出事了。

张角的一个叫唐周的大弟子突然反水，向朝廷上书告发张角、马元义，太平道要举事造反。汉灵帝看到唐周的上书，大吃一惊，急令各部立即追查，京师里各衙门闻风而动，司隶校尉开始在洛阳展开大搜捕，并很快将马元义捕获，这位太平道骨干随即被处以极刑——车裂，俗称五马分尸。

钩盾令周斌根据唐周提供的线索在京城内外到处搜捕太平道信徒。从宫廷侍卫到平民百姓，全都在被侦讯之列，仅仅一月之内，京城被捕杀者就多达一千余人。许多隐藏很深的太平道信徒都被揪出，砍了脑袋。京城天天抓人，天天杀人。与此同时，朝廷向全国衙门发出海捕文书，抓捕太平道信徒，特别严令冀州务必将张角等太平道首领捉拿归案。张角的大本营就在冀州，这里是他的主要活动区。

张角听到风声，知道大事不好，不能再按原计划行动了，于是紧急召集教中骨干开会，会上一致决定提前起事。

光和七年（184）二月，张角迅速派出使者到各地分教，传达教主紧急指令：计划有变，立即起兵。一时间，通往各地的官道上，到处是不分昼夜策马奔驰的张角信使。

接到教主指令的太平道教徒，迅速行动，一律黄巾包头，旗帜也用黄色。历史上把张角的队伍称黄巾军，当然朝廷的叫法是黄巾贼。

全国各地数十万教众同时起事，一时间，到处可见头裹黄巾的人群，挣扎在死亡线上的饥民为了生存也纷纷加入，黄巾军犹如燎原之火，烧遍了华北平原。

张角亲率冀州黄巾军主力，从二月到四月，不到三个月的时间里，横扫黄河北岸，攻城拔寨势不可挡。所到之处攻必取、战必克，如入无人之境。冀州黄巾军先后攻克广阳（今北京房山）、安平国（今河北衡水）、甘陵（今河北邢台）、广宗（今河北威县）、下曲阳（今河北晋州）等冀州平原城市。

《太平经》称天神、地神、人神为三公，张角于是自封天公将军，弟弟张宝、张梁分别为地公将军、人公将军。

张角的太平道势力主要分布在黄河流域的冀州、青州、徐州，以及长江流域靠近中原的荆州、扬州等地。原本计划"八州并举"，各州同时举事，但因突发变故，受影响，各地黄巾军准备并不充分，虽然起事初期进展顺利，但各地黄巾军起兵后，彼此缺乏联系，基本是各打各的，更谈不上统一指挥、协同作战。

张角的黄巾军战斗力其实并不强，很多人之前只是农民、流民，缺乏军事训练，武器也是逮到什么用什么，铠甲护具更是少之又少。但就是这样一支缺乏训练、装备简陋的农民武装，在短时间里纵横华北竟无人能挡。

幽州刺史郭勋、广阳太守刘卫、南阳太守褚贡先后被杀，各地州郡因武备薄弱，兵力弱小，面对人多势众且士气高涨的黄巾军，无力抵抗，地方官吏望风而逃。

每当官军遇到大股黄巾，战斗经过一般是这样的：远远看到一片黄，确定是敌人后，集体向后转，所谓转身然后前进，转进是也。

黄巾军攻下城池，必先焚烧官府衙门，这个可以理解，毕竟被欺负得太久，泄愤的需要。

（四）攻打豪强地主

黄巾军所到之处，攻烧官署府库，攻打豪强地主庄园。

黄巾军因为得到底层民众的支持，发展迅猛，各地豪强地主遭到前所未有的惨重打击，抱头鼠窜。

黄巾军火烧官府之外，干得最多的就是攻打豪强地主庄园。黄巾军特别喜欢用火攻，每攻下一座恶霸地主的庄园，必纵火焚烧，那些吸尽民众血汗的不义之财就在熊熊大火中化为灰烬，大快人心。

黄巾军之所以热衷"斗地主"，是因为庄园里有大量的粮食、布匹，而这些都是从民众那里压榨得来的。

豪强地主，往往是地方恶霸，势力强大，并有私人武装——家兵。豪强地主财大气粗，有钱有粮，为保险起见，这些人大都建有城堡式的庄寨，全家老小和所有依附于地主的部曲、佃户也住在里面。

那些为富不仁的豪强恶霸更是成为黄巾军的重点攻击目标，他们吸尽人民的血汗，这帮混蛋、畜生，确实该死也该杀。

豪强们以为有寨墙保护，他们就安全了，可是他们错了，那些破墙，或许能挡住几个贫苦农民，但面对成千上万、人潮汹涌的黄巾军，那就仅仅是一堵破墙。

华北平原上，一座座地主庄园被愤怒的黄巾军点燃，遮天蔽日的浓烟笼罩大地。

百姓是很实在的，见黄巾军敢打恶霸地主还分粮食，于是乎，在吃饱饭的诱惑下，纷纷加入黄巾军，跟着黄巾军有饭吃，这就是很多人的朴实理想。实话实说，中国的老百姓是很老实的，但凡有口饱饭吃，谁也不愿冒着杀头的风险去造反，这都是被逼的，追究责任，混账皇帝刘宏和他手下那些吃人饭不干人事的官僚脱不了干系。

朝廷被黄巾军突如其来的打击打得晕头转向，张角却没抓住机会，虽然接连获胜，但张角却缺乏全局观更缺少战略头脑。他在冀州起兵，朝廷没有一点准备，如果这时他能集中主力南下，趁官军兵力分散，洛阳周围的布防尚未完成，迅速渡过黄河直捣京城，东汉朝廷只能提前关门。

但张角考虑不了那么远，这位只会忽悠的仁兄脑子里根本没有战略。他只看到眼前利益，只想多占几座城池，一味地狠杀猛打，却没有一个主攻方向、作战计划，只顾攻城夺地，几个月的宝贵时间就这样白白浪费在了河北平原上。

张角既不南下去攻洛阳，也没有及时抢占河北战略要地邺城，更没派兵支援颍川的另一支黄巾主力。

总之，张角的脑袋里根本就没有战略规划，他的"计划"就是没有计划，走到哪儿抢到哪儿，虽眼下风头很盛，但失败已成定局。黄巾军虽然人多但兵力却高度分散，张角没有及时集中主力，导致各地黄巾军实际上处于各自为战孤立无援的危险境地。

（五）廷议决策

张角的愚蠢给了东汉朝廷集结兵力大举反击的机会。

事情越闹越大，地方镇不住了，只好向上反映，层层上报到朝廷，这下不爱管事的皇帝刘宏也慌了，紧急召集大臣开会，商议对策。

汉灵帝刘宏首先发问："如今黄巾猖獗，地方征讨不力连连告急，诸位爱卿有何良策？食君之禄为君分忧，在座诸位都是坐食汉禄的大汉公卿，如今国家有难，众卿得替朕拿个主意才是。"

话刚出口，时为北地太守的皇甫嵩说话了："陛下，现情况紧急，臣以为应立即解除党禁，让那些被禁锢的党人出来为国家效力（党人的问题比较复杂，简单地说就是跟宦官们对着干的官员士大夫群体，因得罪宦官，被处罚终生不得为官）。国家连年灾荒，国库空虚，镇压黄巾需整训军队，招兵买马，请您把内库的钱拿出部分救急。还有您在西园精心喂养的那些马，该派上用场了。"

敢用这种口气跟皇帝陛下讲话，整个朝廷里也找不出几位。皇甫嵩之所以敢如此"放肆"那是有原因的。

说起这位皇甫将军可是大有来历，汉朝官场流行一句话：关西出将，关东出相。关指的是函谷关，关西也就是关中陇右一带，汉朝开国以来，名将辈出，李广、赵充国、段颎等名将都出自关西。

皇甫嵩，字义真，陇右安定朝那（今甘肃镇原）人，度辽将军皇甫规的侄子，父亲皇甫节曾任雁门太守。

皇甫嵩出身的皇甫氏是关西有名的将门之家。皇甫嵩是名副其实的将门之后，关东出相、关西出将，这话一点儿不假，他的叔叔皇甫规、父亲皇甫节都是沙场骁将。到了皇甫嵩这一代，依旧延续家族传统，此时汉朝最能打的将军，就是这位皇甫嵩。人家有本事，所以才这么有底气，在接下来与黄巾军对决的战场上，这位将军将充分展现他一代名将的英雄本色。

皇甫嵩从小苦学骑射，练就一身本事，以皇甫氏之背景被举"孝廉、茂才"。汉灵帝公车征为议郎，一路升至北地太守。

皇甫嵩的一番话，噎得汉灵帝刘宏哑口无言，他本想让文武大臣出力为自己分忧，没想到皇甫嵩一上来就先拿他开刀，解除党禁倒没什么，不过是让这些人重新出山为朝廷效力，眼下正是用人之际，就算皇甫嵩不说，刘宏也打算这么做。让他把在西园精心喂养的马放出来作军用，也没什么，虽然有点舍不得，但为了江山社稷也只好豁出去。

只是让自己掏钱（内库是皇帝私人库藏）这一点，实在为难。爱财如命的汉灵帝，抠门小气是出了名的，让他出钱等于割他的肉。所以听到皇甫嵩让他出钱，刘宏半天没说话，没说同意，也没说不同意，始终不表态，不表态也就是不同意。

汉灵帝看着下面的皇甫嵩心里恨得痒痒的，这个家伙，我让你们想主意，你倒好，先算计起我来了。有心想教训一下皇甫嵩但话又说不出口，毕竟他也知道，皇甫嵩的话是对的。更重要的是，对这位将军还不能得罪，打黄巾还要用他，把他撤了，派谁去打仗？

左右为难的汉灵帝看了看站在自己身旁的中常侍吕强，便向吕强征询意见，虽然东汉的大太监里大都是些仗势欺人为非作歹的人渣，但也不能一概而论，同样是太监，吕强还是比较厚道的，他同情党人。

见皇帝问自己，吕强赶忙回答："党锢日久，人心不平，士大夫多有怨愤，且被禁锢的党人多是地方名士豪杰，若他们跟张角串通一气，非国家之福。不如赦免党人让他们为国效力。"汉灵帝听了连连点头称是。马上下令解除党禁赦免党人。

当然了，吕强虽然厚道，但让皇帝出私房钱的事也没提，在皇帝身边多年，他太了解这位仁兄了！

打仗需要军费，这个钱还是由臣民们出吧！所谓共赴国难是也。羊毛永远不会出在狗身上。从古到今，享福的永远都是权贵，倒霉的却是百姓，底层人民往往承受了更多的苦难，却没有得到应有的对待，这个世界从来就没有公平过。

在这次最高国防会议上，汉廷做出了如下部署：

河南尹何进（外戚）被任命为大将军，加封慎侯，率领左右羽林军、五营（中央精锐部队）驻防洛阳近郊，负责保卫京师安全。

京城里兵工部门也被紧急动员抓紧时间打造兵器，多年不打仗，武库里的铠甲器仗不少都朽烂了，急需重新制作，这些都需时间。

朝廷鉴于洛阳中间为川、四面环山的地形特点，在洛阳周边险关要隘设置函谷、轩辕、孟津、伊阙、广成、旋门、太谷、小平津等八关，设八校尉领兵分别驻守。

（六）洛阳八关

洛阳八关之函谷关：

汉函谷关始建于西汉武帝元鼎三年（前114），为洛阳西面门户，并非秦代旧关，汉函谷关东护洛都、西望长安，乃"洛阳八关"之首。

洛阳八关之轩辕关：

轩辕意指形势险要之道。轩辕关（今河南偃师轩辕山上）扼守洛阳东南门户，乃是江淮入洛必经之地，守洛阳必守轩辕。

八关之中，轩辕关尤为险要，轩辕关关城建在轩辕山上，轩辕山在洛阳东南，西接万安山，接中岳嵩山余脉，绵延向北达黄河南岸与北邙相接。由此形成洛阳东以嵩岳、轩辕为障，南以万安为屏，西扼函谷要塞，北临黄河的四塞险固的京都防御体系。轩辕山地势陡峻，山道盘旋，人称"十八盘"。

洛阳八关之孟津关：

孟津关因扼守古黄河孟津渡口而得名。孟津关北临黄河，南依邙岭，以山河为依托，便于坚守，形成以关制河、以河卫关的布局。因其形势险要，易守难攻，成为兵家必争之地。

洛阳八关之伊阙关：

洛阳城南有一座名山叫龙门山，伊河由南向北穿龙门而过。河东香山，河西龙门山，香山、龙门山两山对峙，伊水流经其间，望之若阙，故称伊阙。伊阙关乃洛阳南面门户。后隋炀帝杨广定都洛阳，改伊阙为龙门。

洛阳八关之广成关：

广成关因上古仙人广成子而得名。相传，黄帝时，广成子修道于汝水流域的崆峒山，乃道家创始人之一，位居道教"十二金仙"之首。崆峒山宛若海上仙岛，广成子独居山中一天然石室，潜心修道，据说他活了一千二百岁，民间将其视为仙人。广成子仙逝后，人们为纪念他，将崆峒山附近沼泽命名为"广成泽"。广成泽地域广阔，水草丛生，鸟兽成群，适合狩猎。

汉光武帝刘秀定都洛阳后，辟广成泽为广成苑，作为皇家校猎场，即军事演习基地。东汉一朝安帝、顺帝、桓帝、灵帝等都曾到广成苑游猎。

广成关位于广成苑南，汉军设此关是防备由汝水一带而来的黄巾军。

洛阳八关之旋门关（虎牢关）：

提起旋门关，知者寥寥，但若说起《三国演义》里三英战吕布的虎牢关，那就无人不知无人不晓了。天下闻名的虎牢关就是旋门关。

世人更想不到的是，小说里关羽温酒斩华雄的汜水关也在旋门关，三关其实指的是同一个地方。

之所以出现一关三名，也不能全怪罗贯中错用了地名，只因地名换得实在太频。

得名于秦朝的虎牢关，到了汉朝属成皋县，虎牢关也就改称成皋关。隋朝成皋县改名汜水县，因而隋唐时的虎牢关也叫汜水关。

到了明清，成皋关又恢复古称改叫虎牢关，因关城在汜水以西，也叫汜水关。罗贯中写小说的时候，正是三个关名混用的当口儿，也难怪他老人家会搞错了。

洛阳八关之大谷关：

大谷关又称太谷关，是洛阳通往南阳等地的重要关口。太谷关地势险要，沟壑纵横，可以伏兵，这里也是洛阳的南面屏障之一。

洛阳八关之小平津关：

小平津关，大致位于今河南孟津花园村附近，与孟津关互为掎角之势，共扼黄河咽喉，是防守洛阳的北大门。汉朝的河南郡在今孟津偃师交界一带设平阴、平县，故称"小平津"。小平津关隰依古渡口而设，以黄河河道为天然屏障，易守难攻。

（七）分兵派将

此时中原各地，到处都是黄巾军。但黄巾虽多，黄巾军主力却主要集中于冀州的魏郡、豫州的颍川郡与荆州的南阳郡三处。冀州黄巾是黄巾军的主力，由张角三兄弟亲自率领，活动范围在黄河以北。颍川汝南一带的黄巾由波才等人率领，这一路是仅次于张角的主力黄巾军。南阳黄巾是三大主力中相对次要的一支，因为在东汉朝廷看来，他们对京师的威胁不大，所以并未被列入首批打击目标。

冀州黄巾是众多黄巾中实力最强的一支，但却不是对京师威胁最大的，因为他们远在河北，靠近洛阳的颍川黄巾才是朝廷的心腹大患，被视为最危险的敌人，因为他们的活动区域距洛阳实在太近了。

于是，在经过对局势的全面分析后，朝廷做出决策，首先打击颍川黄巾，解除黄巾对京师的威胁。与此同时，冀州黄巾虽距京师较远，但却是"匪首"张角所在的黄巾主力，对各地黄巾影响巨大，实际是各地黄巾军的总指挥部，因此必须在第一时间予以消灭。

对南阳黄巾则暂时采取守势，视战局的发展在第二阶段再予以剿灭。

北中郎将卢植、副将宗员奉命率领中央军一部（北军五校）及部分州郡兵渡河北上进攻张角的大本营——黄巾军本部。左中郎将皇甫嵩、右中郎将朱儁率领中央军北军五校、三河骑士外加部分地方军从京师出发，由西向东打，围剿颍川黄巾（除了张角在河北活动，闹得最欢的就数颍川的黄巾了，所以也成为官军的重点"照顾对象"）。

作为帝国最精锐部队的中央军主力全面出击！

朱儁（音俊），字公伟，会稽上虞人，幼年丧父，靠着母亲贩卖布匹为生。朱儁是个远近闻名的大孝子，汉代提倡孝道，长大后朱儁被推荐到县衙做了书吏。朱儁好义轻财，在家乡很有名望。

光和元年（178），朱儁被任命为交阯刺史，率军南下平叛。不久以军功封都亭侯，征为谏议大夫。及黄巾起，公卿因为他此前有军功推荐他领兵挂帅，朱儁作为朝中仅次于皇甫嵩的大将，被任命为右中郎将，参与平叛。

兵马分派完毕，各路将军领兵奔赴各自战场。

（八）汉军的战斗序列

后汉三国时代，皇帝拥有对全国军队的统帅权，至少在名义上是这样。

东汉将全国军队分成中央军、地方军、边防军三大体系。

中央军最强，驻守京畿，发兵必须有皇帝的虎符，是皇帝直接可以控制的中央直属战略机动部队，也是危急时刻皇帝可以依靠的最后力量。中央军从士兵到领兵的将领都经过层层选拔精挑细选，特别是领兵的将军一般都是皇帝的亲信，不是亲信你不敢把部队交给他。

中央军的职能长期都是对内的，有时内部的敌人比外部的敌人更危险，历次的宫廷政变，告诉人们一个真理，谁掌控了中央军，谁就掌控了朝局，稳操胜券。中央军驻防京畿——这里是帝国的心脏。中央军卫戍京师，控制京城也就差不多掌握了整个帝国（中央强盛时期）。

对于这一点无论是皇帝本人还是那些心怀野心的人都十分清楚，所以对中央军的争夺历来都是政治斗争的焦点。

中央军的人数并不固定，大体维持在五万到十万之间。

同是中央军，内部也是有等级的，根据与皇帝的密切关系远近，又分为三个层次，即禁卫军、宫卫军和京师城卫军。

皇帝住的皇宫自然不是小民百姓可以随便出入的，也就是闲人免进的禁地，皇宫和处理政务的三公九卿的衙门可看作宫府，整个首都就是"城"。

中央军依照分区防守划出各自的防区也就是各自的等级。禁卫军的士兵级别最高，待遇也最好。这在当时是一个让人眼红心热，令人羡慕的好工作，士兵被称为"郎"，"郎"是对年轻威武男子的称呼，主要指武士。

在汉代成为"郎"是值得骄傲荣耀的事。成为郎不仅本人要仪表堂堂文武兼备，更需要一定的家庭背景与财力支撑，有时还要花大笔的钱财打通关节才能成为一名郎官，这里也是公卿子弟最为集中的地方，因为在皇帝身边，有发展潜力。

郎官中地位最高也最荣耀的是"羽林郎"，羽林郎源于秦代的"外郎"和"骑郎"，是崇尚武功的汉武帝首创。西汉对外征战都以中央军为主，领兵的将领也多是从中央军中选拔，作为中央军精锐的羽林郎更是皇帝的宠儿，汉朝的许多名将都出身羽林郎。

东汉的羽林郎有固定编制，定员一百二十八人，每人都是全套最好的装备：优良的战马，精制的铠甲，锋利的兵器。

羽林郎作为皇帝的贴身卫队，每天护卫在皇帝身边，不离左右，保护皇帝安全，羽林郎还是帝国军队高级将领的人才储备库，挑选的标准十分严格，宁缺毋滥。

羽林郎的下面是"羽林左右骑"，"羽林左骑"八百人，"羽林右骑"九百人，这些人全都是从关中、陇右与匈奴接壤的六郡子弟中选拔出来的精锐骑兵，皇帝出行时负责护卫。

再下就是"期门郎"一千五百人。期门郎主要以步兵为主，三支部队合计约三千人，虽然人数不多，却是百里挑一的精兵，不仅善战还具备一定的指挥能力，每个士兵都是储备军官，一旦需要完全可以以这些人为基干以十倍百倍的规模扩充部队。这三千人全是最忠诚的勇士，他们会为保卫皇帝战至流尽最后一滴血。三"郎"是职业兵。

此外还有一些文职郎官如中郎、郎中，这些人是皇帝的顾问。侍郎主要侍奉皇帝起居和随时解答皇帝的咨询，比较有名的是"黄门侍郎"，即侍奉于黄门的武士，起初都是由正常男人担任，后来宦官权势越来越大，才开始有宦官染指，简称"黄门"或"小黄门"，他们直接成为宦官集团的武装力量。

"郎"的长官是"光禄勋"，列位九卿之一，掌握几千精锐禁卫军。光禄勋的权势似乎很大，但精于政治的中国古代政治家是不会轻易把这样一支精锐部队交给一个人而不有所牵制的。比如黄门武士就只听宦官的指挥，侍郎、中郎一类战斗力有限，真正的三郎部队直接受皇帝本人指挥。

"郎"们和平时期保卫皇帝，战时也要远征，因为他们无论从装备训练还是忠诚度来说都是皇帝最信赖的部队。出征的三郎部队，领兵的大将称"中郎将"，有"五官中郎将""左中郎将""右中郎将"等名号，最著名的就是防御匈奴的"使匈奴中郎将"。

"中郎将"不属于"将军"，但等级待遇及尊贵程度，往往比杂号"将军"还要高。皇甫嵩、朱儁、卢植还有董卓这些朝廷里最能打的几个将领都是以"中郎将"的军衔率领中央军精锐出征的。

禁卫军之外，就是宫卫军，汉代称"卫士"。卫士离皇帝远多了，甚至有的一年也难见皇帝一面，这些人主要负责守卫皇宫，帝国各个重要部门例如武器库等，还有在城外守卫皇家陵寝以及皇帝的行宫。

卫士的人数，两汉各不相同。西汉时人数较多，有南宫卫士和北宫卫士两大

三国之

群雄逐鹿

体系。东汉卫士编制有所缩减，数量少于三郎部队。东汉的卫士有向警察转化的趋势，算是早期的武警部队。卫士的最高长官是"卫尉"，卫士之尉。"二号首长"副职是"执金吾"，专门负责京城及周边治安。卫尉也是九卿之一，虽然等级一样，但实际权力比光禄勋要高。

宫卫军之外，就是最外围负责保卫都城的京师卫戍部队。西汉称"京师南北军"，有南、北两军，以北军实力最强，东汉索性把南军裁撤专门强化北军。北军是中央军三层防御部署中最外的一层，也是人数最多的一层。以十万中央军计算，郎和卫士不超过一万，剩下九万是北军。

在中央军体系中，三郎部队是职业兵，士兵地位高待遇好，相当于现在的士官，而北军的士兵是普通的农家子弟，训练装备只是普通标准，跟特种兵装备的三郎部队不是一个层次。

在部队设置上，最高决策者还是费了一番心思的，意图就在于让北军跟三郎部队互相制衡，三郎部队人数有限但都是以一当十的精兵，北军的单兵战斗力不如郎和卫士，但有人数优势，两军的战斗力大致相当。总之，一旦其中有一支部队叛变，完全可以利用另一支部队压制抵抗，争取时间等待外部援军。

北军士兵称"卒"，待遇装备低于卫士，卫士又低于郎。战功优异者可以依次晋升为卫士或郎。

郎—卫—士卒三级体制，也是一种竞争激励制度。功能上，如果说郎是禁卫军，卫士相当于武警，那么卒就是正规军，北军有完备的兵种，标准化的建制，成熟的训练指挥系统，除拱卫京师，战时也要出征。汉武帝首先使军队建制标准化，定制为八营，每营设校尉。其次使兵种完备化，除传统步兵、骑兵、车兵外，专门增建或强化了新兵种。下面是北军八营的简表：

中垒营——中军指挥核心部队

步兵营——传统步兵

屯骑营——传统骑兵

越骑营——轻骑兵

长水营——重骑兵

射声营——弓弩兵

虎贲营——战车部队

胡骑营——游牧民族投诚的骑兵

中垒营是中军核心，其余各营均代表一个特定兵种，军队专业化具体化，作战时便于组织协调，战斗力强大。

到了东汉，因为战车逐渐退出历史舞台，北军标准配置简化为五营：

步兵营——传统步兵

屯骑营——传统骑兵兼中军指挥核心

越骑营——轻骑兵

长水营——重骑兵

射声营——弓弩兵

北军除了作战标准建制的五营之外，在洛阳各城门有城门营，设城门校尉，专责护卫京师，在洛阳南北八处关隘有守关营，设守关校尉。

根据秦汉的军衔制度，营的将官称"部尉""都尉"或"校尉"，后来主力作战营多称"校尉"，"部尉"和"都尉"倾向指特种兵部队。

北军日常训练由校尉负责，战时设将军，由将军统领一营或数营出战，战事结束将军即行撤销，各营又重归校尉管理。从这点上说，校尉无论日常还是战时与士兵最为亲近，汉代校尉跟士兵长期驻守在一起，形成了比较密切的官兵关系，对部队的掌握远比将军要强，校尉是有实权的将校。

东汉末年的军阀，多是校尉出身，反而何进、皇甫嵩、朱儁、段颎这样战功累累的将军，被废被杀，实力脆弱。至于董重这样靠外戚身份当上的车骑将军，虽然地位崇高，但无力调动手下各营校尉，最后被轻而易举地围捕也就不足为奇了。

与集中屯驻的中央军相比，地方军的特点是驻地分散，地方军的主要任务是维护社会治安，同时又不能威胁到中央。

汉代每郡设郡都尉，太守执掌兵权，都尉只是副手，建制为一营，但必须是小营，人数有定制，一般不超两千人，内地的一些不重要的郡往往不设营，而设坞，坞的兵员就更少。每县有县尉，县令掌兵，县尉副手，县之下有乡，乡之下有亭，都各有长尉。

东汉末年，地方混乱，为了镇压"乱民"，州刺史往往也有了兵权，同时刺史改称州牧，州牧趋向军阀化，相当于四征四镇将军级别，能编制拥有数营兵力。

除了地方军，就是边防军。这些军队主要驻守在北方边境。有的归边郡太守直辖，其中重要的战略要地如右北平郡，太守的兵力甚至过万，编制为二至四营。在特别重要的地区，朝廷还专门设有校尉，带领一营或数营兵马，如"护羌校尉""护乌桓校尉"，西域还有著名的"戊己校尉"，而戊己校尉动辄可以调发两三万人马，其实力已不亚于内地的大将军。

除此之外，还有属国都尉，负责统率投诚的游牧骑兵。东汉末年战事频繁，进入三国后，魏汉吴三国更是互相征伐不休。为适应战争，三国都设有"将军"统领边军，著名的"征镇安平"，以"征"字等级地位最高，军力最盛，根据方位，有征东将军、征南将军、征西将军、征北将军四征，其次四镇四安四平，根据情势而随时设置。其中"征"字将军以攻为主，"镇"字以防御为主，"安"字、"平"字以安抚平叛为主。边防军比地方军实力要强，且兵力集中便于调动，因此随局势演变，边防军反叛或反戈一击的事屡有发生，魏国后期数次起兵反司马都是寿春地区的镇东或征东将军所为，不过很快就被司马懿父子的中央军讨平。

在中郎将们领兵出城的同时，官职最高的何进却只待在洛阳不动窝，而其他人也没有任何异议，好像这是天经地义的事。之所以出现这种奇怪的现象当然是有原因的，原因就出在何进的身份上，他是皇后的哥哥，外戚。

何进，字遂高，荆州南阳郡宛县人。原本只是一个屠户，因为同父异母的妹妹何氏被选入宫，熹平五年（176）生刘辨而获封贵人，何进也因此入朝为官，被拜为郎中，接着又被提升为虎贲中郎将，之后"荣升"颍川太守。

光和三年（180）十二月五日，何贵人被立为皇后。何进被招入京城，官拜侍中、将作大匠、河南尹。何进沾了妹妹的光，从此告别屠户生涯，飞黄腾达。

次年（181）六月，朝廷追封何后之父何真为车骑将军，舞阳宣德侯；母亲也被接入宫中封舞阳君，兄何苗也被征入朝廷为官。何氏备受荣宠，正所谓，一人得道，鸡犬升天。

大军派出去后，汉灵帝的心也踏实了一些，专等前线战报。

（九）朝廷不容忠臣

汉灵帝特别宠信大太监中常侍赵忠、张让、夏恽、郭胜、段珪、宋典等人，这些寸功未立只会摇唇鼓舌的宵小却全都封侯。其中，张让和赵忠是最得宠的两个大太监。汉灵帝经常跟左右说。张常侍（指张让）是我父，赵常侍（指赵忠）是我母！将太监比作父母，纵观古今中外，恐怕也只有这位汉灵帝刘宏了。

皇帝的"爹妈"，自然没人敢惹。太监的黄金时代到来了。这些人权势熏天，把国家折腾得乌烟瘴气，利用皇帝的宠信收贿受贿，任命亲信，买官卖官，朝廷官员有什么事不是先请示皇帝而是先请示几位公公，谁有什么难事都找几个公公帮忙摆平，当然忙不是白帮的，那是要送钱的。经过多年的"勤奋工作努力创收"，几个大太监都成了巨富，全国巨富。

有了钱自然要提升生活品质。

首要的就是改善居住环境，太监们开始在京城洛阳的繁华地段买房置地，竞相盖起豪宅。在太监们的努力下，京城的豪宅犹如雨后春笋，拔地而起，带动了京城房地产业的发展。这些豪宅的华丽程度跟皇帝的皇宫不相上下，因为这些豪宅的主人上班的地方就是皇宫，所以全都照着皇宫的标准来。

一次，皇帝大人突然心血来潮要登上永安台看风景。这里地势较高，不仅可以俯瞰整个皇宫，还可以看到洛阳街市。这可吓坏了皇帝身边的几个太监，要是让皇帝看见自己的豪宅，那就不好玩了。

为了不让皇帝看到自家豪宅，太监们煞费苦心："天子不能登高，登高会惊动百姓，对陛下的江山社稷不利啊。"这么荒唐的理由，但凡智商正常的都不会信，但汉灵帝属于不正常的那种，所以他信了。从这以后汉灵帝再不敢登高远望，豪宅的主人们终于安心了。

但好脾气的汉灵帝也有发火的时候，马元义被抓后，这位兄弟架不住酷刑什么都招了。中常侍封谞、徐奉勾结黄巾军的事也都被抖了出来。这下汉灵帝火了，把大小太监宦官都叫来，集中训斥。

汉灵帝指着跪在下面的黑压压的一群宦官骂道："你们平常总说党人如何如何坏，让我下令把他们禁锢，现在黄巾作乱，党人尚能替朕分忧解难。倒是你们，深受皇恩，大难临头，却勾结反贼，你们自己说，你们该不该杀！"太监们被骂得狗血淋头，一声也不敢吱，只是一个劲地儿磕头认罪。这事以后，太监们自知理亏，沉寂了一阵，但不久就复旧如初，因为他们知道皇帝陛下离不开他们。

风头过后，太监们又蠢蠢欲动，这次他们下手的对象是自己的同事——太监中的异类吕强。既然你不跟我们同流合污，那就不能留你在世上。

赵忠等人时不时在皇帝面前说吕强的坏话，说吕强勾结党人、议论朝政。撒谎造谣无中生有是这些人最擅长的，更狠的还在后面，赵忠还揭发了吕强的一个"惊天罪行"——经常一个人背着别人读书。当然赵忠不是要夸吕强爱学习，而是因为据赵忠说吕强经常读的书是《霍光传》。

霍光在那个时代对任何一个皇帝来说都是一个绝对敏感的话题。之所以会如此，是因为这位前朝名臣，干的最出名的一件事就是废立皇帝。

果然，皇帝一听就火了，没事读《霍光传》，还勾结朝臣，吕强你到底想干什么！汉灵帝马上派中黄门去逮捕吕强。

　　吕强得到消息知道大事不妙，但他无处可逃，普天之下，莫非王土，他又能逃到哪去呢！吕强知道这是赵忠等人一手策划的，事已至此，只有一死，共事多年，他太了解那些人的手段和他们的卑鄙程度了。

　　吕强决定自己了断，在生命的最后时刻吕强发出了最后的怒吼："我死后，大乱必起，大丈夫忠心报国，岂能再受狱吏的侮辱。"吕强自杀了，这就是正直太监的下场。有时候，并不是洁身自好就能超然世外保全自己。

　　朝臣中虽遍布宦官们的党羽，但其中亦不乏正直敢言之士，这是截然对立的两类人，注定不可和平共处，双方的矛盾由来已久，犹如水火，不能相容。

　　侍中河内人向栩早就不满宦官们的飞扬跋扈，上书皇帝，在奏章中揭发张让等太监的种种恶行。张让等人很快就得知了内情，他们本身就在皇宫，消息异常灵通，马上反击并贼喊捉贼，说向栩勾结张角，意图谋反。明明是自己勾结太平道，反而倒打一耙，而汉灵帝刘宏偏偏就信，向栩被关进黄门北寺狱，不久死于狱中，死因不明。但都知道谁是凶手。

　　向栩之后，郎中中山人张钧接着上书。张钧痛骂赵忠、张让等十个大太监，说张角之所以能煽动乱民造反，就是因为十常侍父兄子弟在地方上巧取豪夺鱼肉百姓，这才激起众怒，百姓有冤无处诉才铤而走险，只有把十常侍斩首示众才能平息民愤。

　　汉灵帝看到张钧的奏章直接拿给张让等人看，吓得这些人跪地磕头并表示愿捐钱充做军费。皇帝大人没生他们的气，反而对尽忠直言的张钧大发雷霆，很快张钧也被捕入狱，不久也死于狱中。

（一）颍川——火烧连营

光和七年（184）四月，左中郎将皇甫嵩、右中郎将朱儁率领中央军精锐四万余人来颍川围剿黄巾。但两个人到了地方就傻了，颍川已成为黄色的海洋，黄旗招展，人山人海，遍地都是头裹黄巾的太平道教徒。

本来两个打了十几年仗身经百战的老将，还带着精锐的羽林军，原本没把黄巾军放在眼里，但当他们亲眼看到几十万人武装大游行的壮观场面，心里还是有点发怵。

朱儁和皇甫嵩开了个碰头会，最后决定各领一军分兵迎敌。

朱儁先跟黄巾打了一仗，没想到第一仗就打败了。

皇甫嵩更惨，仗还没打就被黄巾军首领波才率领的主力黄巾围在了长社。

五月，被围在长社的皇甫嵩，紧张地注视着城外思索对策。城外的黄巾军人数众多，估计起码是他的十倍。城内官军军心开始浮动，军中谣言四起，人心惶惶。

身为主将的皇甫嵩深怕军心大变，还没打仗自己的队伍就垮了，那就糟了，所以此时的皇甫嵩一刻也不敢懈怠，带着亲信将校日夜在城上巡视，到军营中巡查，时不时给手下的士兵们鼓劲打气。在皇甫嵩的激励或者说是忽悠下，城里的人心渐渐安定。

但形势依然不乐观，站在城上的皇甫嵩可以清楚地看到不远处那无边无涯的黄巾军和他们的宿营地。白天这些人在城外耀武扬威，到了晚上也不消停，人喊马嘶，几十万人的营地，热闹得就像个菜市场。

皇甫嵩不愧为汉朝名将，很快他就发现了敌人犯的一个致命错误——依草结营。

皇甫嵩深信只要抓住敌人的这个弱点，就可以转败为胜，扭转战局。尽管对手人多势众，但说到底，这些人到底是一群缺乏组织训练的乌合之众。

皇甫嵩连夜把军中的大小将校召集到一起开会。

会上，皇甫嵩信心十足："敌人虽多但都是些乌合之众，不足为惧。敌军依草结营犯了兵家大忌。这是天助我军成功，只要使用火攻，放火烧营，敌人必定不战自乱，到那时我军趁势掩杀四面合围，定能将敌人一举歼灭。"

听了主将的分析大家心里有了底儿，皇甫嵩的手下一个个摩拳擦掌，跃跃欲试，准备给嚣张的黄巾军点儿颜色看看。

黄巾军草地结营给了皇甫嵩反败为胜的机会，黄巾首领波才到底吃了没文化不懂兵法的亏，犯了一个低级且致命的错误。

第二天晚上，天遂人愿，天黑沉沉又起了大风，皇甫嵩让守城士兵每人带着一捆干草上城，又派出一支精壮士兵悄悄潜出城外，在上风口黄巾军营地外放起大火，同时拼命呐喊制造声势，城上的皇甫嵩命令手下士兵也在城上点起火堆跟城外的放火队遥相呼应。

风大火急，再加上稻草本来就是易燃物，沾火就着，一时间，风助火势火借风威，大火越烧越旺。

营地里的黄巾军和家属（顺便说一句，黄巾军人虽多，其实很多是老幼妇孺，黄巾军打仗是带着家眷的，人走家就搬）夜里睡得正香，被突如其来的大火烧得晕头转向，哭爹叫娘乱成一团。

站在城上的皇甫嵩看着对面火光一片，知道机会来了，马上命人擂鼓助威，带着人马冲出城，与事前在城外的部队里应外合对黄巾军前后夹击。

这下黄巾军再也撑不住了，波才虽然很猛，但眼前十几万部下被火烧得四处乱窜，根本没人听他指挥，全乱了。这时候爹死娘嫁人各人顾各人，被火又烧又熏的人群也不知道该往哪里跑好，只能东奔西窜。

波才率领一部残兵败将拼命杀出重围。军无主将，失去指挥的黄巾军已经失去有组织的抵抗。皇甫嵩趁机大肆掩杀，双方混战在一起。

打得正热闹的时候，皇甫嵩的援军来了，说起此人，可谓家喻户晓妇孺皆知，三国要是没这个人就没的看了，他就是大名鼎鼎的曹操曹孟德，一个争议颇多众说纷纭的历史人物。

曹操这时还很年轻，名气还不大，此时曹操官拜骑都尉奉命参与镇压黄巾。

曹操来得不早不晚正是时候，赶得早不如赶得巧，既然碰上了，啥也别说了，打吧。曹操操家伙率部下加入战团，直杀到血染战袍旭日东升这场混战才算结束。

晨光照耀下的战场，尸横遍野，血流成河，到处是烧断的旗帜、遗弃的刀枪，官军和黄巾军的尸体交错地混杂在一起，惨不忍睹。一场昏天黑地的恶战之后，官军大获全胜。

向来喜欢用火的黄巾军却被官军火烧连营，损失惨重。长社之战后，波才率残部退保阳翟，皇甫嵩、朱儁并没给黄巾军喘息的机会，乘胜追击。

六月，官军在阳翟再次大败波才。接着，皇甫嵩、朱儁又在西华大破汝南彭脱部，豫州的数十万黄巾军被迫投降。

（二）千古英豪——曹操

作为中国历史上的超级名人，曹操的大名可谓如雷贯耳家喻户晓妇孺皆知，知名度相当地高。当然，虽然是名人，名声却不大好，之所以出现这种现象都要拜明朝的小说家罗贯中所赐。

在罗先生的小说里，曹操是以反面人物出现的。

在小说里，曹操被罗贯中写成了一个十足的大坏蛋，借助小说这种人民群众喜闻乐见的文艺形式，曹操的名声就这么被搞臭了，而且，一臭就臭了上千年。其间，虽然有个别仁兄为曹操抱不平替他翻案，但不久就会被更多的人给骂回去。

因为曹操在人们心目中，特别是老百姓心目中已经成了坏蛋、乱臣贼子的代名词。其实，这实在有点冤枉这位老兄，虽然从他后来干的那些事儿，的确不能说他是汉朝的忠臣，不过，那时候，汉朝也没几个忠臣，很多人干的那些事儿还不如曹操，比如袁术等人，但曹操的名声却一直最坏，被人骂作篡汉的奸贼。其实，与曹操同时代的袁绍、袁术、刘表、孙权，包括刘备都想自己当皇帝，想篡汉那是集体意志，不过就是曹操的机会最大而已。

曹操（155—220），字孟德，小名阿瞒，沛国谯县（今安徽亳州）人，未来曹魏帝国的实际缔造者，出身于一个被当时的主流社会名士士大夫所鄙视的宦官家庭。

老爸曹嵩是大太监曹腾的养子，曹嵩凭借其父背景，花钱买了一个太尉，虽说也没太多实权，但毕竟是朝廷三公。

曹操的"爷爷"曹腾也是太监中的佼佼者，混得相当不错，曾经服侍过好几位皇帝。人们常说一朝天子一朝臣，但这句话对曹腾是不适用的，因为他老人家比较能混，无论哪个皇帝上台，他都能跟新领导搞好关系——流水的皇帝，铁打的曹腾。曹腾估计没什么文化，家里也没什么靠山，要有也不至于出来当太监，也没什么特殊技能，但这个人有一个本事，就是搞关系。曹腾搞关系的能力相当了得，不仅跟领导的关系好，跟同事的关系也不错，官位也是一步一步往上升，也算是宦官里的成功人士。

曹腾不仅在太监圈里有人缘，跟朝野的士大夫交情也不错，口碑很好，这就很有本事了。要知道，在东汉，太监和士大夫是天敌，双方势同水火，斗了一百多年，一遇上就掐架，这是壁垒分明的两个阵营，但能人曹腾跟两边都有交情，佩服，实在佩服。

曹操后来能成气候，爷爷曹腾的人脉关系起了大作用。在官场上没人罩着是混不下去的。

说起东汉末年的宦官与士大夫名士的关系，很多人的第一印象是，这是两伙水火不同炉的天然死敌。从汉末历史来看，这是不错的，但也不全正确，在某些情况下，两者也可以是合作的甚至可能成为朋友。

古代官场上，忠君报国天下社稷之类都是场面文章，说说而已，能让各级官员们心动的还是利益，有共同利益，就有合作的可能。否则就是父子也会反目。

没有永远的敌人，只有永远的利益。这话最适用于官场，哪怕表面上如何势不两立，只要有好处也可化敌为友。曹腾充分利用了自己的特殊地位及与皇帝的亲密关系，经常帮助一些名士，很多表面上清高的士大夫经不住诱惑也跟曹腾勾搭在一起，在曹腾保荐下，官运亨通，飞黄腾达，这些人对曹腾感恩戴德。等曹操出世时，那些受过曹腾恩惠的人，自然要报恩，这也是官场的潜规则。

曹腾跟当时的许多名士都有往来有交情，著名的有陈留边韶、南阳张温、弘农张奂等，可谓相识满天下。

就连东汉第一名门，以名士自居的四世三公的汝南袁氏也一度跟掌权的太监关系暧昧。袁隗跟中常侍袁赦是叔伯兄弟，至于袁氏后人袁绍与太监翻脸那是后话。

当时著名的名士颍川陈寔也找机会跟当权大太监张让拉关系。

张让在朝廷权势正盛时，老父去世，因为张让也是颍川人，自然要回乡奔丧，全国各地的好事之徒哪能放过这么好的巴结表现的机会，纷纷带着厚礼赶到颍川参加葬礼。张让家的葬礼场面很大，令张让深感失望的是，来的人虽多，但名士贤达却寥寥无几。

颍川本是名流士大夫辈出之地，可愿意接近张让的人屈指可数。

同郡名士瞧不起身份低贱的张让，没人肯来，尽管张让正如日中天权势显赫，但看重出身的颍川名士仍对之不屑一顾，这让张让觉得很没面子。

就在这时，救场的人到了，颍川名士陈寔及时赶到，总算让张让尴尬的脸上有了些许的笑容。陈寔的"仗义"之举让张让很受感动，对陈寔顿生好感。后来党锢案发，陈寔去求张让，张让看在昔日情分上，对一些党人网开一面。

所以即使在士大夫跟太监们斗得最激烈的桓帝灵帝两朝，两者之间也不是完全敌对。

曹操的父亲曹嵩，虽然是个只知吃喝玩乐典型的纨绔子弟，但因为"老爹"的关系，日子过得相当滋润。太监子弟曹嵩，官运亨通，汉灵帝公开卖官后，各级官员明码标价，连地位尊崇的三公也卖，这让曹嵩的心思活了，虽然他仗着老爸的关系当的都是大官，但要想当三公并不容易，过去，不是德高望重的重臣，三公，想都别想。

现在世道变了，三公也可以花钱买，只是价钱稍贵，要一亿钱。在普通人一亿是天文数字，但在曹嵩看来，根本就不是事儿，前文所过，灵帝朝太监都有钱，尤其是掌权的大太监，说富可敌国也不过分，这点钱对财大气粗的曹家不成问题。曹腾为满足儿子的愿望很痛快掏钱给儿子买官。

曹操生长于权贵之家，权势熏天的太监子弟，是含着金钥匙出生的，一句话：命好。

虽然家里有钱有势，但曹操从小就没受过良好的家庭教育，因为压根儿没人管他，他爹都是那副德行，指望曹嵩给儿女做表率是不现实的，反面典型还差不多。所以曹操虽生在富贵之家，从小娇生惯养，礼义廉耻之类的传统教育基本都是走过场，纨绔子弟的那些毛病倒是继承不少，每天斗鹰走狗，什么好玩玩什么，反正家里有的是钱。

曹操爱玩还特聪明，属于那种人小鬼大狡猾型小孩儿。不过，他的聪明有时候用得不是地方。虽然小曹操贪玩，他老爹曹嵩也不怎么管他，但既然是官宦之家，到了读书的年纪自然要读书，但小曹操属于那种屡教不改型的顽皮小孩儿，整天也不好好念书，就喜欢跟着袁绍、张邈等公子哥到处疯玩。

曹操的叔叔见曹操闹得实在不像话，就在曹嵩那打了曹操的"小报告"，让曹嵩在花天酒地之余也操心操心孩子的教育问题。毕竟咱们曹家现在也是有身份的人家了。曹嵩这才对曹操稍微严厉了些，小曹操知道是叔叔告了自己，狡猾的小曹操想了个主意要报复自己的叔叔。

一天，曹操正在街上走着，远远地看见叔叔从对面过来，马上"变脸"把嘴歪到一边，装成嘴歪眼斜的中风患者朝叔叔走过去，他叔叔看见曹操过来，正想打招呼，忽然发现曹操五官移位，吓坏了，赶紧跑去找他哥哥曹嵩。曹嵩听说儿子中风了，吃惊非小，马上派人把曹操找来，等仆人把曹操领进屋，曹嵩一看曹操眼睛、鼻子、嘴巴，都还在原来的工作岗位上，并没有擅离职守，觉得奇怪，心想，我兄弟说阿瞒（曹操的小名）中风了，五官挪移，还把我吓了一跳，这也没事呀，我兄弟这是怎么啦？

满心狐疑的曹嵩就问曹操："阿瞒，你叔说你中风了。我看你挺正常的，到底怎么回事？"曹操立刻作委屈状开始"诉苦"："父亲大人，叔叔向来不喜欢孩儿所以才这么说，孩儿向来无恙啊。"曹嵩听了从此不再相信自己的弟弟。后来，曹操的叔叔再向曹嵩反映曹操的"劣迹"，曹嵩再也不信了。

一个小孩略施小计就把两个大人耍得团团转，小曹操从小就显出"奸雄"特质。曹嵩再也不管小曹操了，没人管的曹操彻底放羊，就这样度过了快乐"充实"的童年。

长大后的曹操玩心不改，跟好哥们儿袁绍等一帮公子哥整天东游西逛，还经常"行侠仗义"，打架斗殴，"名"满京城。

此时的曹操在大家眼中就是个纨绔子弟，但事实果真如此吗？

曹操虽然好玩，也喜欢跟一帮公子哥到处交游，但并非只知道飞鹰走狗的败家子，在那个看似玩世不恭的外表下有着一颗澄清天下的雄心。曹操生活的时代，大汉王朝已经日薄西山，显出乱世的征兆，自幼长在京师的曹操，人虽不大却有着敏锐的政治洞察力。曹操闲暇之余广泛结交公卿子弟就是在为将来做着准备，曹操深知帝国实际是靠着士大夫阶层的支持才能得以运转，因而，曹操倾心交结袁绍等人，为自己在未来的仕途上争取优势。

曹操一生酷爱学习，他喜欢读儒家经典，更喜欢读兵书，尤其喜爱《孙子兵法》而且还颇有研究，后来还专门为之做过注解。曹操为《孙子兵法》做的注解流传至今，有兴趣的可以去读一读。如果没有一定的文化素养和扎实的文史功底，别说做注解，恐怕连读都读不明白。

曹操虽然没有好的家庭环境，但他自己还是很勤奋的，贪玩并不代表不学习，事实上曹操的学识就是那些自称饱读诗书的名士很多人也赶不上他。

　　曹操和他的好哥们儿袁绍等人虽然爱玩，但更有侠士情结。东汉是个"士气"高涨的时代，公卿子弟几乎个个是愤青，曹操们更是以侠士自诩，在皇帝昏庸宦官当权的黑暗时代，以李膺等名士为代表的清流士大夫跟当权的宦官们展开了激烈的你死我活的较量。

　　身为热血青年的曹操自然把名士领袖当作了自己的人生导师、偶像加以崇拜。

　　有一个事例最能说明这点。

　　名士领袖李膺在做司隶校尉时干了一件让朝野震惊的大事——斩杀了张让的弟弟张朔。这在当时可谓轰动一时。

　　张让的弟弟张朔靠哥哥的势力，当上了野王县令，尽管这厮什么都不是，估计自己的名字都不会写，但按照当时的潜规则还是做了朝廷命官。

　　张朔仗着哥哥这个大靠山在野王横行霸道，俨然就是当地的土皇帝，干的坏事就不用说了，最让人发指的是他连孕妇都不放过，有一次指使手下恶奴当街打死一个身怀有孕的妇人。能干出这种事的人也就不能算人了，说他是禽兽简直是对禽兽的侮辱，禽兽不如。

　　张朔听说李膺做了司隶校尉，知道自己干的那些事儿要是让李膺查出来非死不可，于是官也不做了，连夜跑回京城，藏到了哥哥张让的府中。如此嚣张的恶人也有害怕的时候，这足以说明李膺已经成为正义的化身，让那些作恶多端的人闻风丧胆。

　　张让虽然知道李膺不好对付，但还是把这个惹事的弟弟藏到了自己家，为了保险还特意把张朔藏到自家的柱子里。李膺当然不肯放过这个人渣，在经过调查了解掌握充分的证据后，李膺带着手下差役直接到张让的府上抓人，到了地方，二话不说，将柱子打破把张朔从里面给揪了出来，押到洛阳监狱，李膺宣读完审判词也不等上级批准，直接把张朔给砍了。

　　消息传出，人心大快，人们奔走相告，可算出了一口恶气。李膺为民除害，威望更高，但大祸也就此闯下。张让这时正得宠，自己的弟弟被李膺给砍了，哪能善罢甘休，之后，党锢之狱大起，张让等人趁机公报私仇，陷害李膺，李膺被捕入狱，不久惨死狱中。

　　李膺是全国知名的领袖，与当时的南阳名士何颙等人交情深厚。

　　何颙除了跟李膺有交情，他还有一个好友就是曹操，何颙很看好青年曹操，对曹操特别赏识，两人经常见面聊天，话题自然要说到当下热点，风云人物李膺是经常提及的人物。虽然自己是宦官子弟，但曹操不喜欢这个出身，尽管它给自己带来了荣华富贵，身为宦官子弟的曹操却更喜欢往名士堆里钻，因为爷爷曹腾之前铺就的人脉，加上曹操的积极表现，也就被一部分名士接纳，当然一部分的意思就是说还有一部分对曹操不买账。

青年时代的曹操将名士领袖李膺视为偶像，李膺的死不仅没让曹操退却，反而激发了他的斗志。

二十岁时，在走了一番程序之后，曹操被推举为孝廉，不久又被司马懿他爹司马防推举为洛阳北部尉，也就是京城洛阳的一个公安分局的局长，因洛阳是帝都，管区大，因此设置了东西南北四尉以维护京城治安。

应该说在洛阳当公安局长并不是什么好差事，在这个满城都是高官贵族的京城，一个公安分局的局长根本就不能算是官，但年轻气盛的曹操仍踌躇满志地上任了。

到了衙门，曹操才发现，什么叫作混——满院的狼藉，到处是灰尘，破屋残壁，好像这里不是衙门而是贫民窟，因为长时间不办公，桌子上已经积了厚厚的灰尘。这也叫衙门！

新官上任的曹操放了自己的三把火，第一就是搞装修。经费不够，就自己干，曹操带着手下开始大扫除，修房子，忙了一阵，总算像个样了。接下来，曹操又让人造了几十根大棒，也就是衙门里打人专用的那种，为了区别不同的犯人享受不同的待遇，曹操还特意让人把大棒子刷上五种不同的颜色，也就是传说中的五色大棒。接下来，曹操就开始了自己的执法行动。

曹操没来之前，京城的治安是最不好管的，这也没办法，犯事儿的不是朝廷官员就是皇族贵戚，哪个不是有后台有背景的，谁也惹不起，谁也得罪不起。犯法的比执法的还牛，一个小小的洛阳北部尉（分局局长），没几个人把这个衙门和曹操这个北部尉放在眼里，但曹操决心改变这一切，给那些横行霸道惯了的家伙立点规矩。曹操敢这么干，也是有原因的，因为他也是高干子弟，也是有背景有后台的。曹操决心在自己的"一亩三分地"上实践自己的依法治国，谁敢闹事，就五色大棒"侍候"。

这时京城因为西北羌人的叛乱，为加强首都治安颁布了宵禁令，城门关闭之后禁止行人在街上游荡。法令公布之后，一般百姓自然不敢晚上再出来闲逛，但胆子大又喜欢夜生活的少爷老爷们也不在少数，这帮人已经习惯了纸醉金迷的生活。于是这帮人也就成了执法如山的曹操的第一批实践对象。在教训了几个纨绔子弟之后，曹操渐渐在京城小有名气。

这时的曹操很年轻，血气方刚，想要在事业上有一番作为。

就在这个当口儿，还真有不怕死顶风上的，敢在这个时候闹事的一般都是有背景的，这个人真的有背景，此人就是大太监蹇硕的叔叔。这位老兄仗着蹇硕的势力，根本没把朝廷的什么禁令当回事儿，大半夜不睡觉还在街上晃荡，偏偏该着这家伙倒霉，走哪不好，偏偏进了曹操的管区，那就不用客气了，曹操正愁没有立功表现的机会，机会就送上门了。

人被带到堂上时，这位老兄仗着自己有后台，一点也不害怕，相当嚣张，自报家门之后，还等着眼前这个小官给自己赔礼道歉送自己出去。这位老兄还在做梦的时候，曹操一声令下，给我打，差役们一拥而上，还没等这位反应过来，就被按倒在地。当大棒打到屁股上时，这位终于有了痛感清醒了，不住地求饶，但已经晚了，一顿乱棍之后，蹇硕的叔叔被打死在五色大棒之下。

曹操的举动明显是学一个人——李膺。李膺杀当权太监张让的弟弟张朔，曹操杀当权太监蹇硕的叔叔，前者闯下大祸，后者也是一样，但"老师"李膺最后惨死，而"学生"曹操却安然无恙。

名士李膺、曹操先后都用激烈的手段表达了与宦官势力斗争的决心，但结果却是两样，之所以会出现这样的反差，原因只有一个：曹操的身份。曹操用自己名士的身份跟当权的大太监作对，但曹操的另一个身份——大太监的孙子——却保护了他，尽管他本人不喜欢后一个身份，但这个让他感到羞耻的身份却救了他的命。

曹操闯了大祸，但太监们却不敢把他怎样，毕竟他也是"自己人"，这起事件属于内部矛盾。但就这么饶了曹操，也不甘心，最后商量的结果是把曹操官升一级，让曹操到顿丘去做县令，曹操就这样被体面地"请"出京城。

经过此事，曹操因祸得福，声名鹊起，曹操用实际行动表明了自己的政治态度，自己是站在名士们一边的，很多名士也因此对曹操刮目相看，把曹操当作了自己人。这件事对曹操此后的政治前途产生了不可估量的影响，此后数以百计的名士主动投奔到他的麾下就是冲着曹操是他们的战友！

曹操不久又当了议郎。在议郎任上，曹操又干了一件让当权太监们十分不爽的事——上书为遭宦官陷害的党人鸣冤叫屈抱打不平。太监的子弟为自己的敌人伸冤抱屈，这让太监们怒火万丈却又无可奈何，此举又为曹操赢得了朝野士大夫更多的好感和来自全国名流士大夫的身份认同。

当时很多名士都看好曹操，但对曹操影响最大的人是乔玄。

乔玄（109—183），字公祖，梁国睢阳（今河南商丘）人。此人在官场混迹多年，历任河南尹、少府、大鸿胪等显官，三公之中的司空、司徒、太尉，这位全干过，这在当时绝对是个可以夸耀的资本，要知道，袁氏四代人当了五个三公就牛得不行，人家一个人就包揽三个，可谓官场中的超级牛人，也可见此人在朝中的威望。

曹操去拜访乔玄，也是希望通过这位官场老前辈的举荐为自己在仕途上增添砝码。

此时的乔玄早已退休在家养老，但此人在朝野的能量却不容小觑，所以曹操才会登门。乔玄很赏识年轻的曹操，对曹操说："天下不久就会大乱（这倒是，就汉灵帝这么胡折腾，不乱才怪），只有真正的英雄才能匡救天下，最终能安定天下的就是你了。"这个评价非常之高。

因为此时的曹操还是个初入官场的青年，虽然有政治背景毕竟还是政坛新秀，乔玄一见面就给曹操如此高的评价，只能说此人的政治眼光之高深，看人看得真准。

曹操的确是个英雄，在未来的几十年中，曹操多次用行动证明了这一点，他是那个时代当之无愧的力挽狂澜的豪杰（很多人虽然对此持保留态度，但至少承认曹操是枭雄）。

乔玄可算作政坛前辈中最早发现并赏识曹操的人，从这一点上说，乔玄是曹操的贵人也是伯乐。

在曹操还是个无名小辈时，乔玄对曹操命世之才的评价给事业刚起步的曹操一个强有力的助推，这甚至比给曹操升官更实用。有乔玄的赏识推荐，曹操的路才越走越宽，终其一生，曹操对乔玄都心存感激。

当时想混入上流社会，尤其是高级文化俱乐部士大夫群体，必须有学识名望，有知名人物的人事鉴定，于是乔玄就积极推荐曹操去见名士隐形人事部长许劭兄弟。

当时最有名的人事鉴定专家是汝南的许劭许子将和他表哥许靖。

汝南的"特产"就是士大夫，这两位仁兄平常最大的嗜好就是品论当时朝野的官员士大夫，根据个人的品行操守给人家打分，忙得不亦乐乎。这两位既不是朝廷在编的官员，也没什么实权，每天就在家里玩这种类似今天福布斯排行榜之类的游戏。

但不可思议的是，大家对这哥儿俩的评价还相当认同，哥儿俩每月推出的排行榜在士大夫圈子里很有市场，大家都买账。

这两位仁兄很有娱乐精神，特别敬业，品评的题目每个月都不一样。

这就特别难能可贵了，在那个缺少娱乐的时代，两位兄弟不辞劳苦总能玩出新花样。他们的评语非常权威，一些像曹操一样刚出来混社会的小青年都希望得到他们的评语，当然必须是正面的，一旦获得好评就会身价倍增，知名度飙升。

许劭兄弟实在太出名，影响遍及全国，每月一换题目的评论节目已经成为人们的流行话题，在汝南形成了月旦评的风俗。

曹操按乔玄的指点找上门，请许劭给他个好评语。

曹操，纨绔子弟公子哥，在洛阳是出了名的，当然不是什么好名声。

始终关注士大夫群体动态的许劭，对曹操这样的人物当然不陌生，曹操的"大名"他早就知道。

许劭从心里瞧不起曹操。一是出身，曹操的出身让他跟一些清高的士大夫始终玩不到一块儿；二是言行，曹操的放荡不羁让谨守礼教的许劭更为不齿。所以当曹操上门的时候，许劭自然没有好脸色。

曹操跟他说话，他也不理人家，最后曹操被惹火了，耍起了流氓。许劭被逼得没办法，最后才说："你呀，治世的能臣，乱世的奸雄。"曹操听了还挺满意，这才扬长而去。

在有了杀太监叔叔为名士翻案的壮举后，又拜访了朝廷的高官和在野的名士，曹操的知名度开始直线飙升。

曹操的事以后还要说，暂时放下，接着说黄巾。

（三）决战——鏖兵河北

颍川黄巾虽被压下去了，但全国其他地方战斗仍在激烈进行。朝廷见两位将军连战连捷，下旨褒奖的同时又令两人继续追击，务必消灭黄巾贼。打下汝南后，两位将军又领到了新的战斗任务，于是大军顾不得休整，又踏上了新的征途。

皇甫嵩的下一个战场是东郡，朱儁的下一个战场是南阳郡。

在两位将军奔赴战场的这段时间，我们要介绍另一个主战场——河北以及战斗在那里的名儒兼大将卢植。

卢植（139—192），字子干，幽州涿郡涿县（今河北涿州）人。卢植年轻时曾师从当时的大学者马融学习儒家经典，与另一位大儒郑玄是同门。朝廷之所以选中卢植，则跟卢植此前的经历有关，卢植曾先后出任过九江、庐江太守，在任期间因平定当地蛮夷的叛乱而受到朝廷褒奖。

黄巾兴起后，朝廷到处征召有过军功，特别是有带兵平叛经历的人，而卢植因为是名人，广受瞩目，他当年的事迹被翻出来，于是名儒卢植脱去儒服，穿上铠甲，奉命出征，卢植是三员大将中唯一一个文臣。但可不要以为书生就不会打仗。

卢植领到的任务并不轻松，他的对手甚至比皇甫嵩、朱儁两个职业武将的更难对付。因为他的对手是张角，黄巾军的统帅，也就是说卢植面对的是黄巾军的主力，真正的主力。

卢植带的中央军（北军五校）虽然精锐但人数并不多，而即将与他对阵的是张角兄弟率领的至少二十万黄巾军。

但很快，卢植就用捷报让人们明白，人多并不可怕，决胜的关键不是数量而是质量。北军是汉军最为精锐的部队，装备精良、训练有素。而张角的黄巾军虽然人数是对手的十几倍，但主要都是由流民、农民构成，未经训练，武器更是千奇百怪，对付地方州郡兵还可以，但遇上了真正的职业军队，差别很快就显现出来。

（四）卢植对决张角——广宗之战

张角的冀州黄巾军是黄巾军中的主力，卢植没来之前，张角的黄巾军在河北平原上，横冲直撞，无人敢挡，攻城拔寨很是威风。但张角的成功很大程度要归功于地形，冀州到处是一望无际的平原，无险可守，张角军在数量上又占据绝对的优势，所以他这一路打得很顺，但攻下来容易想守住也难。

卢植紧急率军北上在河北平原与张角的黄巾军主力狭路相逢。自从遇上卢植，张角的幸福时光就结束了。

面对人多势众的黄巾军，卢植并没有怯懦不前，而是主动出击，并连连获胜，张角屡战屡败，损兵折将，几场仗下来损失数万人。

职业兵打民兵，正规军打游击队，胜负已无悬念。

凭着多年的经验，张角知道自己遇上了真正的对手，见势不妙，赶紧撤。

卢植攻势凶猛，咄咄逼人，张角招架不住，折兵万余人后，只能步步后撤，转攻为守，与弟弟张梁退保广宗，弟弟张宝则率领另一部黄巾军北上下曲阳（今河北晋州），互为掎角，彼此呼应。

直到此时，张角及他的主力部队仍在钜鹿郡境内画圈，张角是钜鹿人，而广宗、下曲阳同属巨鹿郡治下，张角起事数月却仍在原地徘徊，就是走不出巨鹿这个小圈子。张角之平庸由此可见，他一直在家门口转悠，始终迈不开步，而他最终也死在了这里，到死也未离开家乡钜鹿郡。

获胜之后的卢植见张角要逃，在后紧追不舍，前面的拼命逃，后面的拼命追，直到张角率残部逃进广宗城，这场赛跑才告结束。但如果你以为卢大人会就此消停，你就想错了。

卢植本着不打则已打就打到底的敬业精神，立即掘壕沟，筑高台，造云梯，包围广宗。官军在卢植指挥下架起云梯四面攻城。

但广宗也不是那么好打的。

广宗位于今河北南部邢台附近，是张角的根据地。广宗地处古黄河、漳河形成的冲积平原上，地势平坦。南与邯郸邱县接壤，西与平乡、巨鹿两县相连，与下曲阳互为掎角。

张角在自己的地盘上打仗属内线作战，人数上也处于优势，而卢植深入敌后，跟张角打攻坚战必须速战速决。广宗城不远还有张角的弟弟张宝据守的下曲阳，卢植攻城时还得防备背后。

张角部进城后死守广宗，闭门不出，卢植军昼夜强攻，挖地道架云梯，士兵们拼命爬城，跌倒了摔下来，只要没死，继续上。城上的人慌了，见过不要命的，没见过这么不要命的。城下的兄弟们，歇一会儿吧，何苦呢，大家出来混都不容易，何必如此苦苦相逼。

在卢植督战下，官军昼夜猛攻，就在这时，给张角"帮忙"的人来了。

来的谁呢？小黄门左丰，这位宦官是奉了汉灵帝之命到前线视察的，从舒服的京城来到烽火连天的前线是很辛苦的，可大小太监们却抢着来办在外人看来的苦差事。诸位可能奇怪了，难不成这些家伙一夜之间就痛改前非重新做人了，主动要求到艰苦的第一线报效国家？当然不是，这些人向来不干赔本的买卖，之所以争抢出差的机会是因为这份差有好处拿。

东汉的太监是很吃香的，尤其是遇到像汉灵帝这样的极品糊涂虫，皇帝撑腰，太监嚣张。每次下地方回来都是满载而归，人家是代表皇上来的，地方大小官员每次遇到派下来的太监，都是前呼后拥、鞍前马后地伺候，临走还送红包土特产，就盼这些大爷回去后在皇帝面前美言几句，至少不要说坏话。

这回左丰来也是抱着发财的美好愿望来的，但这次他却失望了，卢植是个两袖清风的清官，哪有钱送礼，而且照卢植的性格，就是有钱也不给。

左丰苦等了几天，也没见卢植有什么动静，眼看这位不上道，不懂规矩，左丰怒了：怎么着，卢植，你还真是铁公鸡，一毛不拔！行，算你狠，咱们走着瞧！空着两个爪子憋着一肚子气的左丰，气哼哼地回了洛阳，被气得七窍生烟的左丰自然不会在皇帝面前说卢植的好话。

卢植的部下曾劝卢植，如今的官场就是如此，大家都要送，这是规矩，多少给点，咱得罪不起太监，任你在外面多努力，人家只要在皇帝面前说上你一句坏话，你就吃不了兜着走，还是给钱打发他走人算了，不可得罪小人。但卢植不听。

左丰回到洛阳跟皇帝说，广宗城被大军围攻指日可下，但卢将军却并不急，每天只是指挥士兵围城挖堑，并不打算速战速决，不知卢将军作何打算。皇帝刘宏一听就火了，我给你几万精锐，难道是叫你去挖沟的，你知不知道，几万大军，每天要耗费多少粮饷，那都是钱，这些钱要是拿到后宫，那能办多少事。这个该死的卢植，去把他给我抓回来，让董卓去替他。

卢植不送礼的后果是坐着囚车被押回洛阳。

卢植被彻查除了左丰使坏，也有他自己的原因，卢植在广宗城下攻了三个月，却迟迟不能破城，汉灵帝已经没有耐心了，他需要的是捷报，马上。

于是卢植走了，董卓来了。战争还在继续。

（五）董卓攻张宝——下曲阳之战

东中郎将董卓接任后，改变战术，不打广宗，改打张宝所在的下曲阳。董卓虽然是个粗人，但打仗颇有头脑，他估计张角、张梁之前被卢植逼得太狠，此时在广宗做困兽之斗守备坚固，不好打，还是先拣软柿子下手。

大军到下曲阳后，董卓并不急于攻城。钜鹿太守郭典劝董卓，只有像卢植那样，围住敌人不停地打，进攻再进攻，死拼硬攻，才能取胜。

但董卓没听，董卓就是要极力避免这种攻城战，他在下曲阳城东扎下大营，却并不积极攻城。郭典认为董卓出工不出力，于是自己屯兵下曲阳城西，带着本部人马昼夜攻城。张宝死守不出，下曲阳城池坚固，尽管郭典攻得很猛，一时半会儿也打不下来。

郭典的战术就是围住敌人，拼命围攻，被围的敌军为了活命自然拼命死守，这样一来，即使能攻下来，死伤必多，这是笨办法。

董卓把主力屯于城东，却不急于攻城，就是故意开一个缺口，让张宝从城西冲出来，把敌人从城里放出来放到野外打，那成本就小多了。野战，张宝的杂牌军，当然打不过董卓的正规军。与其围着把敌人逼进死胡同，不如网开一面。

董卓的目的是诱张宝出城，然后乘虚攻城。张宝没了城池做依托，就容易打了。现在郭典把人家堵在城里，张宝出不来，董卓也进不去。又这样窝了两个月。董卓和郭典因为战术理念不同闹矛盾，城没打下来，就被迫走人。

光和七年（184）八月，东郡传来捷报，皇甫嵩率军与黄巾军卜己部在苍亭大战，大获全胜，生擒卜己斩首七千，与捷报同时送到京城的还有不好的消息，广宗仍然没打下来。

朝廷于是调皇甫嵩去广宗。冀州战场，官军虽占据优势却始终僵持不下，这令汉灵帝刘宏大为光火，频频换帅，皇甫嵩已是第三任主将。

肩负着艰巨的使命，皇甫嵩出发了。

（六）皇甫嵩破广宗下曲阳之战

卢植和董卓两人前后打了近五个月，广宗和下曲阳也没攻下来。到了八月，从东郡归来的皇甫嵩接着上。

如果说董卓是战将，那皇甫嵩就是名将。他一开始也跟前任一样，上来就强攻广宗。

但打起来才发现张梁军（张角已死）战斗力很强，不好对付，之后皇甫嵩也选择了跟董卓同样的做法，坚守营寨闭门不出。皇甫嵩围城不攻，跟张梁又耗了两个月。

张梁这时已是瓮中之鳖，他知道皇甫嵩的厉害，虽然对方不来打，但作为守城的人，他必须时时刻刻保持警惕，神经总是紧绷着。作为进攻的一方，皇甫嵩可以随意选择进攻时间、进攻地点，在哪里突破。但对防守一方的张梁就不同了，他必须时刻保持战斗警备状态，严阵以待。

两军相持到十月，皇甫嵩终于等来了他想要的战机。

起初，张梁警惕性很高，怕皇甫嵩这个老狐狸使诈，时间一长也就慢慢放松了戒备。皇甫嵩派人侦察，发觉守军防备开始松懈，知道机会来了，于是经过精心准备，在一个月黑风高的晚上，皇甫嵩打开了营门，全军兵衔枚马包蹄，悄悄地出发，擂鼓地不要，谁敢发出声响死啦死啦滴。

就这样几万大军悄无声息地接近张梁的大营（此时张梁把主力转移到了城外），突然发起进攻，张梁的士兵在帐篷里睡得正香，一点防备没有，被打了个措手不及，转眼间皇甫嵩的几万人就冲了进来，逢人就砍，见人便杀，因为事情来得突然，张梁军虽有八万，但天黑混乱，部下四处逃散，张梁已经很难组织起有效的抵抗，很快，战斗就演变成了屠杀，营地不多时便尸横遍野，张梁见难以抵挡只好撤退。

但皇甫嵩有备而来，张梁率部众几次突围都被打了回来，最后黄巾军余部被赶到了黄河边，前有滚滚黄河，后是追杀而来的官军，张梁和几万手下面临生死抉择，是杀回去还是投河。

张梁选择了杀回去，于是，他战死了。他的部下大部选择投河，也死了。这一仗打得十分惨烈，黄巾军仅死在战场上的就有三万，投黄河而死的超过五万。广宗大战后，河北黄巾主力损失殆尽。得胜的皇甫嵩继续深入穷追不舍。

这时张角已死，死了没关系，刨出来照样砍。作为首犯，张角的尸体被送回京城洛阳公开展览。

皇甫嵩则继续率军猛追。

十一月，皇甫嵩与巨鹿太守郭典率领的地方军会合，将张角的另一个弟弟张宝及所部围在下曲阳。

城里的黄巾军还有十几万人，如果这些人组织起来拼命抵抗，还真够皇甫兄喝一壶的，但接连的败仗已让黄巾军士气低迷斗志全无，此时的黄巾军虽然在数量上还有优势，但已是一盘散沙。

皇甫嵩没有给张宝重整旗鼓的机会，再一次显示了自己关西悍将的本色，对下曲阳发起总攻，官军士气高涨，拼命攻城，城很快被攻陷。接下来是搜剿残敌，巷战之后就是屠杀，十几万人倒在血泊之中。

皇甫嵩站在战后的城头上，举目四望，遍地横尸，夕阳下的战场，早已停止了厮杀，一切都恢复了平静，只有风吹过残破的军旗发出的声响，还在燃烧的战车，提醒人们，这里不久之前曾有过一场生死大战。

下曲阳之战，成就了皇甫嵩，也埋葬了张角兄弟和他们的黄巾军，经此一战，黄河以北的黄巾主力基本被歼灭。皇甫嵩因战功被晋升为左车骑将军，冀州牧，封槐里侯。

下一个目标——南阳黄巾。

（七）声东击西　欲擒故纵

南阳的黄巾兄弟们严格遵守了教主的命令。

三月，就在张角河北举兵的同时，南阳的黄巾军头领张曼成就杀了太守褚贡，与汝南、广阳的黄巾同时行动，这以后张曼成领兵驻守宛城，一住就不走了，在此地一待就是一百多天。

从三月到六月，尽管北边打得你死我活煞是热闹，张曼成却始终按兵不动，但很快"清查户口"的就来了，新任南阳太守秦颉带兵杀来，宛城归他管，既然张兄弟不愿意走那就别走了——直接把命留下吧。

六月，新任太守秦颉率兵袭击张曼成。张曼成兵败被杀，但南阳黄巾军很快又选出了新首领赵弘。赵弘重整旗鼓，部众又发展到十余万。

赵弘重新占据宛城。

秦颉兵力有限，只好取守势等待援军，援军很快就到了，还是主力，来的正是朱儁的援军。朱儁在长社大胜后，奉命南下支援南阳。

不久，荆州刺史徐璆的援兵也到了，三军汇合兵力增至一万八千，再次将宛城包围。

但宛城有十余万守军，虽多为不习战阵的百姓，但城墙上到处是人，尽管名将朱儁带兵不停地昼夜围攻从六月打到八月，却始终打不下来。

汉灵帝刘宏不耐烦了，准备换人，这时司空张温为朱儁求情，说当年战国乐毅攻齐国也是旷日持久才最后建功，再说，临阵换帅乃兵家大忌，不如再宽限些时日，好说歹说才保住朱儁。朱儁为了早日破城，拼尽全力，官军攻势更为猛烈，宛城黄巾主将赵弘不久也战死城头。

但宛城守军的顽强超出了朱儁的想象，很快他们再次选出新首领，南阳黄巾的第三任首领韩忠，黄巾军在韩忠率领下继续坚守。

连日攻城损兵折将还是打不下来。朱儁令人在城外堆起土山，在土山上俯瞰城中，城中虚实尽入其眼中。

站在土山之上的朱儁苦思多时，看着布满城头的守军，忽然笑了，他有办法了。

第二天，朱儁集合大军，扛着云梯敲着战鼓，上万士兵组成队形踩着鼓点有节奏地向宛城逼近，接近城墙后，士兵将云梯搭在城墙上开始攀登，盾牌手在前弓箭手随后，向城上射箭掩护步兵爬城，一切似乎与平常没什么两样。

但城上的人很快就发现了不同之处。此前攻城，官军大都是四面围城四面一起打，这次却只攻城的西南角，城上的韩忠也没工夫细想，指挥士兵们往城下射箭扔石头，官军都往西南城涌来，且摆出了不达目的誓不罢休的架势，拼命往上攻，城上的人有点顶不住了。

这时，除了西南一段城墙的战斗打得很激烈，其他地段的守兵却没有遇到敌情，眼看西南城形势危急，东城、北城的守军被调来增援。守军纷纷往西南角聚集。

西南城的战斗进入白热化，此时的朱儁却拨转马头奔向东北城，这里早有一支严阵以待的精兵在等待战斗命令，朱儁到后下令：攻城！

五千精兵在朱儁指挥下冲向东北城，在守军集中的西南城的背面——东北角争先恐后地爬城，这时东北城上守军大部都去增援西南城，守军兵力单薄，朱儁亲自带人往上冲，大家见将军都拼了，也都来了劲，登上城头猛杀猛砍，东北城守军很快崩溃。官军从这里蜂拥入城。

正在西南城坐镇指挥的韩忠听到背后喊杀声震天，凭着直觉，深感大事不妙，自己中了人家声东击西之计。

宛城是一座大城，从西南到东北很远，现在再想增援已经来不及了。韩忠一跺脚：撤。原来宛城还有一座内城，外城被攻破后，韩忠带着剩下的人马撤进内城，继续抵抗。

朱儁带兵继续围攻内城，韩忠这下真的怕了，外城都守不住，内城也撑不了多久，想来想去派人出城找到朱儁，要求投降。手下的将领听说韩忠要投降都很高兴，这下不用打了，受降后就能回京城领赏。

荆州刺史徐璆、南阳太守秦颉、司马张超等人都愿接受韩忠投降，只有一个人不同意——朱儁。

大家不解，既然对方愿意投降，为什么还要打呢？面对众人的质疑，朱儁说出了他拒绝的理由：现在天下一统，只有黄巾贼造反叛逆，这些人攻打官署到处烧杀目无法纪，走投无路才投降，如果听任他们投降，就是鼓励造反，只有把这些人全部消灭，才能震慑那些心怀不轨之徒，让天下人知道反叛朝廷的下场，必须打下去，打到底。

想投降却被拒绝，城内的黄巾军走投无路，只有抵抗到底。接下来，战事又陷入之前的状况，黄巾军拼死抵抗，官军强攻屡攻不下。

朱儁又堆起土山，站在上面观察城里动静，看了许久，朱儁心中又生一计，对司马张超说："我有破敌之计了，敌军乞降不得，欲出无路，故而人人死战，万众一心。十万人凭城死战，破城很难。与其强攻，不如智取'网开一面'，暂时撤去包围，放一条出路让他们走，贼寇见有生路必无心恋战，争相夺路而走，到时，我军随后掩杀，必获全胜。"

不久，城外官军撤除包围。城里的韩忠见围城的官军撤走，大喜过望，不趁此时突围，更待何时？

当天夜里，韩忠打开城门带着数万部下向外突围，开始非常顺利，根本没人阻拦，韩忠正在庆幸，突然伏兵四起，韩忠无心恋战，边打边撤，被朱儁追杀数十里，折损一万多人。

黄巾军原先在城里之所以拼命是因为无处可逃，现在眼看有活命的机会，出城之后就四散奔逃，几万黄巾军被朱儁像赶鸭子一样撵得到处都是，全军崩溃。

韩忠见大势已去，只好向南阳太守秦颉投降，秦颉接受了投降，却在不久之后杀了韩忠。黄巾军余部散而复聚，又推举孙夏做首领，继续与官军对抗。

南阳黄巾军第四任首领孙夏，重新集结旧部，又有数万之众。孙夏趁朱儁在外追杀溃散黄巾，宛城兵力空虚之际，乘虚而入再占宛城。

但几经大战，南阳黄巾实力已大不如前。

朱儁再次包围宛城四面攻城，朱儁部下佐军司马孙坚身先士卒带头爬城，率先攻上城头，官军随之一拥而上，再占宛城。

孙夏带着残部向北突围，准备进入山区，在那里暂避锋芒，依托伏牛山与官军周旋，朱儁却不给他这个机会，一路紧追不舍，双方在精山又展开一场决战，黄巾大败，死伤数万，余部溃散，逃进深山。

宛城之战，耗时近五个月，在此期间，朱儁所部兵力最多时也不过两万，而黄巾军却有十余万，但十余万黄巾，既不敢与官军野战，又不能及时转移，十几万人困守孤城，陷于被动，被朱儁围着打，终于被朱儁智取加强攻打败。守中有攻，攻中有守，攻守兼备才是制胜之道。一味困守是没有出路的。

南阳黄巾主力被平定，时间是 184 年十一月，曾席卷中原的黄巾大起义就这样失败了，这时距他们三月起兵，仅仅过了八个月。主力黄巾虽被消灭，但小规模的战斗还在继续，青州黄巾就是其中一支，后来这支黄巾还与曹操结下不解之缘，这是后话了。

黄巾军终于被压下去，为了讨吉利，这年十二月，为庆贺剿灭黄巾的胜利，汉灵帝将年号改为中平，中平顾名思义，就是汉灵帝刘宏想天下太平，他好做自己的太平天子。但此时的汉朝早已风光不再，黄巾虽被"剿灭"，但趁着"围剿"黄巾起家的各路军阀却如雨后春笋在全国各地借机崛起。短暂的胜利只是回光返照，大汉帝国已经油尽灯枯。

战后，朱儁因战功晋升右车骑将军。

就在这年年底，豫州刺史王允也消灭了当地的一股黄巾，从缴获的文件中，他发现了大太监张让跟黄巾军勾结的文书，王允不敢怠慢马上把材料上报朝廷。但令王允没想到的是，他的忠于职守换来的不是立功受奖而是一场牢狱之灾。

汉灵帝看了材料把张让找来臭骂了一顿，仅此而已。之后就没有了下文。

张让勾结反贼犯了灭族之罪，受到的惩罚仅仅是一顿训斥，汉灵帝有多昏庸可想而知。张让没事了，但王允有事了。

不久，张让就让人搜集王允的罪证，明摆着要打击报复，可这些人忙了半天，却抓不到王允的把柄，没关系，没有罪证，还可以栽赃，整人一向是他们的专业和强项。

王允很快被关进了大狱，过了几天，朝廷大赦，这位老兄又给放了出来，官复原职，可复职不久，又给抓了回去。张让本来想置王允于死地，但大将军何进、杨赐、袁隗等朝廷重臣纷纷为王允求情，王允这才捡回一条命。

黄巾平定后，朝廷"论功行赏"，大封功臣，镇压黄巾谁的功劳最大呢？皇甫嵩，不行，他虽然有战功但还不是功劳最大的；朱儁，也不行，宛城打了那么久。那还有谁？经过认真讨论，大家一致认为皇帝身边的张让劳苦功高，论功理应排"第一"。

打黄巾，张让不仅没出力，还吃里扒外勾结黄巾给人家当内应，事情败露后还是啥事没有，不仅没罪反而有功，且还是头功。有这样的皇帝，这样的朝廷，国祚又岂能长久？

张让等十二"功臣"被一一封侯。而真正出力的皇甫嵩不仅没被封侯还丢了官。这都要"怪"他去了一个"不该去的地方"，写了一个"不该写的报告"，然后又把报告给了一个"不该给的人"。

皇甫嵩率军"围剿"张角，一次，路过邺城就顺路进去参观了一下。这一看不要紧，吓了他一跳，只见城中拔地而起建起了一座富丽堂皇的宫殿，皇甫嵩纳闷，皇帝在邺城没行宫啊，哪冒出来这么一座宫殿？一打听才知道是中常侍大太监赵忠的宅子。这还了得？皇甫嵩是个很坚持原则的人，皇帝的私房钱他都敢建议花，太监就更不在话下，马上给皇帝写奏章，赵忠的宅子因而被没收，皇甫嵩跟赵忠的梁子就此结下。

不久之后，皇甫嵩又得罪了另一个大太监张让。

皇甫嵩打了胜仗回来，本应加官晋爵，立了这么大的功，皇帝就算再小气多少也得嘉奖一番。张让派人找到皇甫嵩，开口就要五千万钱，当然也不是白要，张让的意思，你给我钱，我在皇帝面前给你美言几句，多给你点赏钱，你虽然花了五千万但也不亏。但皇甫嵩压根儿没理他这茬，这下张让被激怒了，张让和赵忠两人一碰头，决定黑皇甫嵩，一定要黑。

灵帝一朝，太监专权，卖官鬻爵，公然索贿，这早已是朝野公知的秘密，不过，即使权势熏天的刘宏"双亲"张让与赵忠也有碰壁时，"灵帝刘宏之父"中常侍张让向皇甫嵩索贿遭拒，之后，"灵帝刘宏之母"中常侍赵忠向傅燮要钱也遭遇相似待遇。

于是立了汗马功劳的皇甫嵩不仅没升官还被免去左车骑将军的职务。傅燮更是被排挤出朝廷。

汉灵帝偏偏就喜欢张让、赵忠这类人，对他们言听计从，二人之所以得宠，是因为他们投其所好，汉灵帝爱财，他们就千方百计怂恿皇帝，以各种方式敛财，并从中取利。汉灵帝想大修宫室，但国库无钱，两人便劝灵帝增税，天下田亩，每亩加增十钱。

各地运进京师的木料石材，灵帝统统交付他们处理，这些人以种种理由百般刁难，强行买卖，所支付的钱款甚至不到价款的十分之一，而对皇帝报账却按市价，其间差额全进了他们的私囊。

（八）黄巾之后　黑山复起

黄巾失败仅仅数月后，中平二年（185）二月，活跃于太行山区的黄巾军余部再次起事。

黄河两岸继黄巾之后，义军蜂起，各有名号，多到令人目不暇接，诸如左校、白波、飞燕、张牛角、雷公、浮云等等名目繁多，大的有两三万人、小股的也有数千之众。

在众多的武装中，以博陵人张牛角、常山人褚燕（号飞燕）为首的队伍声势最大，其他各路人马大都听从其号令（很多只是名义上服从，实际仍是各自为战者居多），因为这支队伍主要以黑山（今河南鹤壁）为活动中心，故人称其为黑山军。

在一次战斗中，张牛角中了箭伤，伤势严重，临死前指定让褚燕接替自己，继续战斗。褚燕为了表示不负大哥所托，主动改姓张，从此就叫张燕。张燕动作矫捷，身轻如燕，善于骑射，来去如风，军中号称飞燕。张燕作战勇猛，屡败官军，在各路人马中威望日渐提高，慕名前来投奔的人也越来越多。常山、赵郡、上党等地的义军，纷纷加入，听从其号令。张燕的队伍规模急速扩大，人数多达百万。

朝廷无力镇压，地方豪强又不肯出力，最后没办法了，只好招安。

张燕派人进京表示归顺朝廷，汉灵帝刘宏也顺水推舟，任命张燕为平难中郎将，领河北山谷事，另一位黑山军首领杨凤也接受了朝廷招安，拜为黑山校尉。

不过，双方都清楚，这只不过是一种暂时的相互妥协而已，河北的局势依然如旧，张燕和他的黑山军发展势头不减反增，甚至对洛阳形成威胁，朝廷只好让朱儁去河内做太守，专门堵截黑山军，州郡兵不够用，朱儁连家兵都用上了，才勉强打退黑山军。

第三章

西北狼烟

——烽火四起照长安

（一）凉州羌胡再反

一波未平一波又起。河北形势刚刚缓和，中原硝烟尚未散尽，西北又乱了。

就在黄巾主力被消灭的中平元年（184）十一月，西北先零羌胡反，一百年来，西北羌人就从未停止过与汉廷的战争，之前名将段颎率汉军多次重创羌人，现在段颎已死，中原大乱，见有机可乘，西北羌人重操旧业。

北地先零羌推举湟中义从胡北宫伯玉、李文侯为首领并杀害护羌校尉举兵造反（义从胡是羌胡人中归顺朝廷的羌胡，算是自己人，但所谓义从胡其实就是墙头草）。

金城人边章、韩遂在西北羌人中素有威信，造反这种事也需要有威望的人牵头，有号召力才能招来人，壮大声势，人多才好办事。边章、韩遂成为叛军首领，率众攻杀金城太守陈懿。

先前武威太守是宦官的亲戚，仗着有后台，嚣张跋扈。凉州从事苏正和是个刚正不阿的人，上书朝廷状告其不法行为，但凉州刺史梁鹄是个胆小怕事的家伙，他怕苏正和激怒当朝太监连累自己，就想把苏正和干掉，但又拿不定主意就去问汉阳长史敦煌人盖勋。盖勋一向跟苏正和有仇，两人不和已是公开的秘密。所以梁鹄才去找他。

梁鹄以为别人跟自己一样，不会放过这个报仇的机会，谁知盖勋坚决拒绝，虽然这个世上有许多奸邪小人，但君子始终是存在的，不是每个人都像胆小无耻的梁鹄那样龌龊。

不久，梁鹄因为犯了别的事被"双规"。朝廷又派来一位新刺史左昌。令人遗憾的是，这位新刺史也不是什么好人。左昌最大的爱好就是喜欢钱财，这点跟他的圣上刘宏很像，但他无官可卖，偏赶上西北叛乱，各路平叛人马陆续赶到，大军云集。朝廷为此调集大批军粮，供应前线。贼胆包天的左昌居然打起了军粮的主意，连军粮都敢贪，足以说明他的人品跟胆量。

西北战事陷入旷日持久的胶着中，如段颖那样的名将再未出现过，而像左昌之流雁过拔毛的贪官庸才却层出不穷。

盖勋得知左昌克扣军粮，劝他悬崖勒马，不要越陷越深。岂料，此举却为盖勋惹来麻烦，左昌担心东窗事发，对盖勋怀恨在心。而当时羌人再度叛乱，左昌存心要害盖勋，便令盖勋与从事辛曾、孔常屯兵阿阳（天水郡境内）防备羌人，因为那里是叛羌经常出没的地方。左昌欲借羌人之手除掉盖勋，借刀杀人，其用心不可谓不毒。

即便羌人杀不死盖勋，左昌也有办法，那就是等盖勋打了败仗，便可以战败之罪处治盖勋，杀人灭口。羌兵素来凶悍，以往地方官军（郡兵）与叛羌交锋，总是败多胜少。在当时人看来，盖勋此去凶多吉少，左昌也是这么认为的，本等着开盖勋追悼会的左昌，没想到却等来了盖勋的立功喜报。左昌闻报好不气恼。

这时，叛军北宫伯玉率部攻击金城郡，盖勋写信劝左昌派兵救援，左昌不听，按兵不动，坐视金城被羌兵围攻。不久，传来金城被攻破陈懿战死的消息。

北宫伯玉打下金城后并未就此罢休，而是直奔左昌的冀城杀来，左昌见死不救，终于自食恶果。

北宫伯玉、边章等人将左昌围在冀城，这次轮到左昌求救了，左昌忙派人向被自己"发配"出去的盖勋等人求救。辛曾等人都不想去，不少人甚至认为不如让叛军把那个该死的家伙干掉，这是他自作自受咎由自取。辛曾等人想看左昌的笑话，但盖勋不计前嫌以大局为重，还是率军出发了。

冀城城外，两军对阵。盖勋先对叛军责以君臣大义，边章等人理屈词穷，颇有悔意地说："如刺史大人早听您的话，我们罪孽不深时，也曾想过归降，但如今已经铸成大错，罪恶滔天，不敢奉命。"说罢，退兵而去。

左昌在西北"勤奋"贪污，终于因"业绩"过于突出，东窗事发，连朝廷里的人也看不下去了。不久，左昌因巨额财产来源不明被撤职查办，走人了。

送走左昌，新任凉州刺史扶风人宋枭来了。

面对凉州"四处起火"的一团乱局，宋枭也束手无策。

经过一个多月的冥思苦想后，宋枭终于有了主意，一个前无古人后无来者的大胆的新奇的创意。

他找到盖勋说："我看，凉州这地方之所以战乱不息，根源在于当地羌胡不读书不晓君臣大义，只有让大家多读书，知礼义明廉耻，才能令他们明白，造反可耻。只有如此，方能平息祸乱。我看就先让百姓写《孝经》吧，百姓知书自然明理，也会受到感化。以后就不会造反了。你觉得怎样，盖长史？"

难为这位老兄怎么想出来的，居然想出这么个"好主意"，让一群习惯了拿刀砍人的土匪、大字不识几个的文盲去抄《孝经》，也只有这位"天才"才能想出来。自己发昏还不算，还打算让大家跟他一起发昏，这就有点异想天开了，要知道不是谁都像您这样弱智的。

盖勋听了这位新刺史的"高见"哭笑不得，知道这又是一个草包。尽管是上级但也不能让他这么胡来，只能苦口婆心地劝：您这么做只能适得其反，而且朝廷也不会同意您这么做的。

但宋枭却铁了心，一定要把愚蠢进行到底，宋枭用自己的实际行动诠释了愚蠢的真正内涵，原来高级官员也是可以这么蠢的。宋枭的奏疏送上去后不久，果然等来的是朝廷的严厉斥责，宋枭因平叛不力被就地免职。

叛军离开冀城又将护羌校尉夏育围在畜官。新任刺史杨雍令盖勋领兵前往救援，两军在狐磐遭遇。叛军人多势众，一场混战后，盖勋的兵被打散，到了最后盖勋身边只剩下一百多人，仍列阵（鱼丽阵）迎战，羌兵四面围攻，汉兵死伤殆尽，盖勋被叛军困在核心走脱不得，此时的盖勋早已是血染征袍身负重伤，被部下们扶着坐在地上，周围的叛军慢慢逼上来。

叛军中一个叫滇吾的首领与盖勋素有交情，私交甚厚。他对周围的人说："盖长史是位贤人，杀他是要遭报应的。"滇吾将自己的马让给盖勋，示意他骑马离开，但盖勋坚决不走，就这样被俘，但因滇吾与盖勋有旧，将其送回汉阳。刺史杨雍上报朝廷推荐盖勋做了汉阳太守。

盖勋后被朝廷征为讨虏校尉，汉灵帝曾亲自召见盖勋，灵帝知道他常年在凉州，熟悉边情，就问道："天下为何这般混乱，叛乱不休？"盖勋直言答道："天下大乱都是因为宦官子弟横行不法，以致民怨沸腾，百姓愁苦，多乐从贼。"

当时大太监上军校尉蹇硕也在场，灵帝回头看向蹇硕，蹇硕被盯得浑身发冷，不知如何作答，狼狈不堪。蹇硕由此对盖勋怀恨在心。

盖勋与灵帝一番交谈后，对灵帝的看法大为改观，他对同领禁军的佐军校尉袁绍等人说："皇上人很聪明，只不过被左右近臣蒙蔽，我辈当同心协力诛杀奸佞小人，而后征召天下俊杰，兴复汉室，功成之日，告老还乡，岂不美哉！"袁绍早有此心，遂与盖勋结为密友。

就在几人密谋策划时，司隶校尉张温不知出于何故，推荐盖勋去做京兆尹，汉灵帝刘宏很赏识盖勋，正打算重用他，却被张温横生枝节，蹇硕等人巴不得盖勋早点走，在旁附和，灵帝只好让盖勋前去长安赴任。

此时的长安令杨党就是一个宦官子弟，他的父亲是中常侍（估计跟曹嵩情况类似），杨党仗着自己背后有靠山，在长安贪污纳贿，被盖勋查出，京城里的贵戚听到消息，纷纷派人来讲情，盖勋一概不听，继续追查，最后杨党的父亲也被牵连进来，父子并受重罚。此事震惊朝野。

尽管有盖勋等人尽忠为国，但大厦将倾，独木难支。

此时，北宫伯玉等人领导的叛军已经对关中构成威胁，皇甫嵩曾受命带兵平叛，但不久皇甫嵩被免官，不是因为打得不好（原因前已述及），而是得罪了太监。八月，司空张温被拜为车骑将军，执金吾袁滂为副率领破虏将军董卓、荡寇将军周慎讨伐北宫伯玉。除了董卓、周慎，张温身边还有两个当时没有名后来成大名的人物，佐军司马孙坚、司马陶谦。

大军在长安集结，各路将领陆续领兵赶到，偏偏有一位将军迟迟不到，此人就是董卓。

董卓故意迟到，他就是故意的，原因嘛，不服。之前董卓在皇甫嵩麾下，虽然也不怎么服管，但皇甫嵩将门之后，又是一代名将，平定黄巾，威震天下。董卓对此人多少还有些服气。但张温就不同了，张温是一介书生，不懂军事，性情高傲、桀骜不驯的董卓如何肯服，于是故意给新任车骑将军一个下马威。

姗姗来迟的董卓终究还是来了，但身为下属的董卓在参见主师时，丝毫没有为自己的迟到感到有何不妥，仍旧是一副趾高气扬的派头，张温只不过说了他几句，这也可以理解，大家都到齐了，就差你一个，不说你，如何服众？但董卓也真不给张温留情面，当场顶撞。

这时孙坚就在张温身旁，靠近张温耳语道："董卓不即时应召，贻误军期，明公可以军法斩杀之。"张温面露难色道："董卓久在边地素有威名，今日杀之，西征依赖何人？"孙坚说："明公亲率十万王师征讨叛贼，声威远震，何必靠一个董卓。今观董卓言行，对明公无礼至极，未必会听从明公号令。边章、韩遂作乱多年，本应及时进讨，可董卓却当众反对，沮丧军心，凭此几条，明公即可斩之，以肃军纪，斩将立威。"孙坚再三劝说，怎奈张温犹豫不决，难下决心。时机就此错过，孙坚见张温不纳其谋，只有摇头叹息。

张温大军屯兵美阳。边章、韩遂随后也来到美阳，几仗打下来，官军连战连败，张温吃了败仗，只好下令坚守不出。

凉州之乱之所以声势如此之大，是因为西北的几股主要势力湟中义从胡、先零羌、陇西枹罕、河关群盗都参与其中。

十一月，一场突如其来的流星雨救了张温。古时候比较迷信，也不懂观赏难得一见的流星雨，更没有一边看一边许愿的浪漫情怀。古人唯一的感受就是恐惧，人们认为所谓的流星雨是不祥之兆，会带来灾祸。

这股流星雨偏偏就对准了韩遂等人的大营砸了下去，从天而降的流星把军营照得如同白昼。人，你还可以叫他不要慌，驴子、马就没办法了，毕竟双方没法沟通，半夜人都睡了，驴子、马也得歇着，谁能想到突然天降"照明灯"还是强光，驴子惊了，马也惊了，满营乱跑，营地瞬间炸营，谁也别想睡觉了，大伙一起上，逮马捉驴，这通折腾，忙活了一宿总算消停了，再看韩遂手下的这帮人坐在地上，只剩喘的份儿了。大家都觉得这地方不吉利，不能再住，得换个地方。

韩遂等人正要拔营起寨之际，官军杀来了。叛军被迫后撤。

张温当然不肯放过这么好的机会，派将军周慎、司马孙坚领兵三万追击边章、韩遂，叛军一路后退，官军紧追不舍。韩遂等人逃进榆中城后闭门不出。

这时孙坚献计："城内叛军粮草不多，要靠从外转运，属下请率一万人断其粮道，将军率大军为后援。叛军无粮又畏惧大军，必不敢战，叛军只能逃回羌人部落，到时，我与将军合兵进讨，凉州一举可定。"

孙坚提议断敌粮道，主意不错，但周慎不听，进兵包围榆中城，而韩遂等人并没有在城里死守，而是分兵屯守葵园峡反把周慎的粮道给切断了。古往今来，打仗最狠也最有效的招数就是断粮道，军无粮则不战自溃。

战国时赵军统帅赵括，就是纸上谈兵的那位，就是被秦国大将白起切断粮道，四十万大军全军覆没。教训深刻。周慎虽然不是很会打仗，但也知道粮道被断仗打不下去，眼看形势不妙只好丢弃辎重狼狈逃回。

张温派董卓领兵三万征讨先零羌，董卓出师不利，也被叛军围困。董卓的遭遇说明，韩遂等人绝非乌合之众，他们之前的胜利也不是巧合运气而是实力的体现，叛军不但战力强悍，还会用计。董卓军处境危急，但董卓征战多年，经验丰富，这点帮了他，营地附近有条河，董卓派人将河水引进来，派兵每天在水池里捕鱼，借以麻痹叛军，外面的羌人以为他们粮食吃光了，在抓鱼充饥，不以为意。

但叛军不知道，董卓的鱼塘下暗藏玄机，董卓明着挖鱼池暗中挖地道，趁敌人不备，在下面偷偷挖地道，几万人神不知鬼不觉从地道中出来，跳出了包围圈。等叛军明白过来，再追已经来不及了。

这里有必要简单介绍一下董卓的生平简历。

董卓（？—192），字仲颖，陇西临洮（今甘肃岷县）人。

董卓，一个在历史上以残暴嗜杀闻名的恶魔，提起董卓，人们首先想到的就是他的杀戮、残忍，他也因此臭名昭著，被万世唾弃，成为恐怖暴力的代名词。史书中记录了他的种种恶行，《三国志》和《后汉书》都有他的传，在《三国志》中，董卓和袁绍、袁术、刘表合为一传。《三国志》的作者陈寿对董卓的评价——狼戾贼忍，暴虐不仁，自书契已来，殆未之有也。前一句不需解释，后一句是重点，历史上暴虐嗜杀的人很多，但陈寿却认为董卓是华夏民族有文字记载以来最为残暴的人。

年轻时的董卓，因为尚未成名，性格中表现出来的更多的是西北大汉的粗犷豪爽，与青年时代的曹操、袁绍相似，那时的董卓也好游侠之事，说白了就是年轻，喜欢仿效前代侠客，结交四方豪杰，有时也不免好勇斗狠。董卓外表看似粗鲁，但为人粗中有细。

西北多羌胡，很多羌人与汉人杂居，而董卓在羌人聚居区生活过，这让他在羌人中得到了广泛的支持与认同，董卓后来的发迹也得益于羌胡兵的拥戴。

董卓后来返回家乡，还有羌人部落头领时常来看他，董卓也总是热情接待，尽其所有，将家里的耕牛杀了待人。对农耕之人，牛有多重要不言而喻，羌人很朴实，也很感动。回去后，给董卓送来了几百头牛羊。礼重，情意更重，双方交情之深，可见一斑。

董卓这种人，自然不会久居乡间，老死沟壑。他选择了从军，并成为一名羽林郎。在边境多年，董卓练就了一身武艺，可以纵马奔驰同时左右开弓，因作战勇敢，董卓的军旅仕途走得十分顺畅，从羽林郎升到军司马，曾追随名将张奂征战并州。184年，因"围剿"黄巾不力被免职，旋即又被起复征讨边章、韩遂。

张温大军劳而无功，孙坚更是郁郁不得志，知道留此无用，回洛阳去了。

正好这时长沙区星聚众一万多人造反，自称将军，到处攻掠，朝廷任命孙坚为长沙太守。孙坚到了长沙，亲自率兵征讨，一月即平定区星之乱，孙坚以军功封乌程侯。

孙坚带着一丝惆怅与遗憾走了，几年后，孙坚将在中原与董卓再次相遇，不过，那时的他们连名义上的同僚也不是了，而是战场上你死我活的对手。孙坚，这个令董卓忌惮一生的人，将在未来的日子里，给董卓制造更多的"麻烦"。董卓与孙坚，不是冤家不聚头。

张温对韩遂、边章无可奈何，但一个人帮了他，帮他的人是韩遂，叛军的几位首领，发生了内讧，自相残杀，这省去了官军很多麻烦，韩遂杀了边章、北宫伯玉、李文侯等人，又率众十余万包围陇西郡，陇西太守李相如举城投降。

这时凉州刺史又换人了，中平四年（187）新刺史耿鄙亲率陇右六郡兵马征讨韩遂。耿鄙特别信任治中程球，将大小事务尽皆交付程球处理，程球利用职务之便，不管别人，只顾为自己捞取好处，引起当地土豪的不满。

所以当耿鄙决定与程球率兵征讨韩遂时，汉阳太守傅燮就预料耿鄙此行凶多吉少，韩遂不是容易对付的，之前的一系列战斗说明了一切，朝廷十几万大军都毫无办法，连名将皇甫嵩都奈何不得的人，一个耿鄙又能有何作为。而且，耿鄙新官上任，对边情不熟，又因为程球跟地方豪强关系弄得很紧张，一旦开战，地方势力必然不肯用命。临时拼凑起来的队伍，实战经验又不足，根本不是久经战阵的叛军的敌手。

傅燮劝耿鄙不要急于进兵，现在最主要的是整训军队，收聚人心，准备充分之后，再出兵征讨不迟。

但耿鄙根本不听，四月，凉州刺史耿鄙率军行至狄道，还未遇到叛军，凉州别驾便聚众于军中叛变，先是程球被杀，接着耿鄙被害，人头被送到韩遂那里领赏，凉州官军土崩瓦解，部众降的降，散的散，很多人投奔了韩遂，耿鄙帐下司马马腾也率部反叛加入叛军。韩遂势力猛增，乘胜围攻汉阳太守傅燮。

傅燮（？—187），字南容，凉州北地郡人。凉州傅氏乃西汉傅介子之后。

傅燮曾以护军司马身份随同左中郎将皇甫嵩征讨黄巾。当年八月与黄巾军在兖州东郡之仓亭大战，大破黄巾军，傅燮所部生擒黄巾军主将卜巳、张伯、梁仲宁三人，夺得首功。但因得罪了大太监赵忠而被压制，最后只给了一个安定都尉的官职。

傅燮的经历与盖勋颇为相似，傅燮对宦官的痛恨程度不亚于盖勋，还在出征之前，傅燮就上书灵帝，痛斥宦官的种种恶行。太监中常侍赵忠看到奏疏，恨透了傅燮，因此傅燮尽管立下战功却没有得到应有的封赏。

第二年，傅燮被朝廷征为议郎。议郎不过是个闲职，但那要看谁做。一次廷议，议郎傅燮又一次做出出人意料的举动。当时韩遂、边章横行陇右（陇山以西，今陕西西部甘肃一带），朝廷为此调集各地兵马前去平叛，因此征发的赋税、劳役令天下骚动。司徒崔烈建议与其劳师糜饷，不如退守关中，放弃凉州。汉灵帝觉得事关重大，于是召集百官开会商议。

会上崔烈坚持原见，身为凉州人的傅燮被激怒了，谁愿意自己的家乡被国家抛弃。傅燮当场斥责崔烈："只要将司徒斩首，天下就安定了。"傅燮一语惊四座，众人谁也没想到高官云集的廷议上会出现这一幕，一时场面很尴尬，汉灵帝刘宏问傅燮何出此言。傅燮朗声答道："凉州乃国家重地，是关中乃至京师的屏障，当年武帝开疆拓土，开设四郡，隔断匈奴与羌人交通，天下获安。凉州士马强劲，兵精将勇，世代为国家守此。今若弃凉州，将大好河山拱手让敌，只会使敌人更强大。崔司徒身为宰相，不思为国报效，为陛下解忧，反而出此谬论，故而臣有此说。"

汉灵帝刘宏难得贤明了一次，采纳了傅燮的建议，打消了放弃凉州的念头。

但以傅燮的性格是很难在朝廷长久待下去的。

不久后，老对头赵忠被灵帝封为车骑将军，当时许多在平定黄巾中立下战功的人都没有得到封赏，这些人难免有怨气，灵帝就让赵忠负责此事。在赵忠看来，这又是收钱的好机会。

但论功行赏，就避不开傅燮，他是仅次于皇甫嵩、朱儁的功臣，执金吾甄举劝赵忠加封傅燮收买人心，赵忠同意了，派自己的弟弟城门校尉赵延前去探问口风。赵延对傅燮说："南容，你只要稍微答谢一下我家中常侍，封个万户侯不成问题。"如此公开索贿，明着要钱，足以说明赵忠嚣张到了何种程度，他也不怕傅燮告他，反正告也白告。傅燮本来就很烦赵忠，毫不客气地当场拒绝，得罪了赵太监，京城是不能待了。

傅燮被外放到凉州治下的汉阳郡做太守，被顶到烽火连天的前线。

困守孤城的傅燮兵少粮尽，处境危急。兵都去哪啦？都被耿鄙带走了。此时城内的傅燮要战，没兵；要守，没粮。但傅燮仍率领不多的守军固守城池。

此次围攻汉阳的叛军中有数千北地胡人，傅燮也是北地郡人，与其中很多人都认识，胡人中受过傅燮帮助的也不在少数，胡人不忍与傅燮刀兵相见，在城下喊话，表示愿护送傅燮回归乡里。

这时傅燮的儿子傅幹才十三岁也在身边，也从旁劝父亲："如今朝廷腐败，迫害忠良，以致令父亲大人您不容于朝，现在我们兵少力弱，不如听乡里胡人的劝告，暂归乡里，徐图再起。"傅燮摇了摇头，仰天长叹："我既食君禄，当报君恩。今日只有战死此处，保全臣节。你年纪还小，将来必成大器，主簿杨会就是我的程婴。"说完头也不回，率领身边仅剩的士兵们出城迎战，傅燮身先士卒冲进敌阵，最后与所部士兵全部战死沙场！

耿鄙的司马陇右扶风人马腾，在耿鄙死后率部与韩遂合兵一处，共推狄道人王国为首领，继续在陇右、关中一带四处抢掠。

到了中平五年（188），天下依旧混乱，没有一点太平的迹象。

这一年二月，并州黄巾军余部在首领郭大的率领下在白波谷再度起事。三晋大地狼烟再起。

三月，并州刺史张懿被屠各叛胡所杀。

连年战乱，朝政昏乱，让一些有识之士看透了时局，众人达成共识——天下不久即将大乱。

不能改变时局，那就改变自己，一些精明的大臣已经在为自己寻找退身之路。太常卿宗室刘焉就是其中之一。刘焉觉得中原迟早大乱，最好趁早远离是非之地，找一个偏远州郡安身才好在乱世中保全性命。

凉州刺史耿鄙、并州刺史张懿先后遇害，地方刺史接连被杀，朝廷上下为此忧心忡忡。刘焉认为当今天下战乱不息，不能循常守旧，以往派出的刺史，大多资历浅薄，难以应对乱局，更不能服众，不如改刺史为州牧，选派朝中重臣素有名望者出镇地方。

刘焉自己主动要求去偏远的交趾（交趾在今天的越南）做州牧。表面看来这位宗室真是难得的忠臣，自愿为朝廷分忧，放弃京城的舒适生活去边疆。

那时的交趾极其偏远荒凉，是朝廷专门发配犯人的地方，但刘焉却主动要求去，自己发配自己，后来有人劝刘焉去交趾不如去益州，益州虽然偏远但蜀地富庶，与中原远隔千山万水，足以避祸，何必去交趾蛮荒之地。

刘焉听从了劝告，请求去益州。朝廷采纳了刘焉的建议，于是任命宗室刘焉为益州牧、宗室刘虞为幽州牧，即刻上任。

当时的益州刺史郤俭难以镇住地方，益州已经出现动乱的苗头，刘焉还没到，刺史郤俭就已被乱民杀死，郤俭成为两年内第三位在任上被杀的刺史，但他不是最后一个。

（二）幽州张纯之乱

这一年西北战火纷飞，东北的幽州也并不安宁。

当初，张温为了围剿韩遂、边章平定凉州之乱，从全国各地征调精兵，张温不会打仗，调兵却异常积极，全国的精兵他都没放过。

东北的幽州素来以兵精将勇闻名于世，特别是骑兵，战力堪称彪悍，自然逃不过去，张温也向幽州下了调兵令。

幽州的部队中战斗力最强的要数归附汉朝的乌桓骑兵。接到朝廷的命令，幽州的地方官员不敢怠慢，幽州马上派出三千乌桓骑兵前往凉州。

前中山相渔阳人张纯认为这是一个立功升官的好机会，主动申请愿意领兵出征，但却被拒绝，张温对张纯并没好感，而更看好辽西人公孙瓒。

于是这支幽州部队的指挥官被指定由公孙瓒担任。

公孙瓒率领部队出发了，但没走多远，乌桓骑兵哗变了。

哗变的理由很简单，不想出远门。

那个年月的人，乡土观念都很重，没有谁愿意背井离乡跋山涉水，去万里之外的凉州打仗，谁知道这仗什么时候能打完，何时才能回来，还能不能活着回来。就算死，死在家乡也比客死异乡做孤魂野鬼好得多。

就在进军的路上，不断有士兵开小差，发展到最后整支部队都哗变了。

张纯正因为没当上主将懊恼，一气之下跟前任泰山太守张举索性反了，张纯做了汉奸，勾结辽西乌桓首领丘力居，带领乌桓骑兵在冀州、幽州、青州、徐州一带四处抢掠，接连攻杀右北平太守刘政、辽东太守阳终等，人数很快发展到十几万人，屯兵肥如。

张举自称天子，封张纯为弥天将军安定王，搞笑的是，他们还给各地郡县发去文书，通知他们，"新天子"已经即位，让洛阳的文武百官来迎接自己。

内奸张纯本就生长于边地，又常年在地方为官，熟知汉朝内情，有他勾结乌桓鲜卑骑兵入塞，给沿边州郡造成的危害更甚。自灵帝即位以来，鲜卑骑兵就时常在边境烧杀掳掠，但很少深入内地，这次在张纯的引路下，中原百姓顿时陷入水深火热之中，被杀死掳走的百姓、牲畜难以计数。各地州郡纷纷告急。

朝廷下诏征发南匈奴骑兵归新任幽州牧刘虞指挥，平定张纯叛乱，却不料由此又引发了南匈奴的内乱。

此时的南匈奴单于是羌渠，光和二年（179）被立为单于。羌渠单于接到朝廷诏令，当即派左贤王率骑兵前去幽州平叛。但南匈奴人也不愿打仗，他们怕从此陷入长期征战，右部部众与休著各胡联合，汇集十余万人造反，攻杀羌渠单于。

张温的调兵令引发了连锁效应，本来调乌桓骑兵是去平定凉州羌胡叛乱，结果却逼反了幽州归附乌桓，而为了围剿乌桓、鲜卑骑兵，征调南匈奴骑兵又造成了南匈奴的内乱，北方乱成了一锅粥。

骑都尉公孙瓒奉命讨伐张纯叛军与乌桓鲜卑骑兵，公孙瓒率军与张纯所部大战于辽东属国的石门山，张纯大败，丢弃妻子与被掳掠的百姓逃出塞外。公孙瓒出塞追击，却因为孤军深入，反被辽西乌桓丘力居部困于辽西管子城二百余日。

汉军苦守孤城，内无粮草，外无救兵。但就是这样，公孙瓒仍率部与敌死战。粮食吃完了，就杀马充饥，马也吃光后，就煮食皮甲，硬是坚持了近一年的时间，最后实在支撑不下去了，眼看就要全军覆没，公孙瓒只好下令部下分散突围，趁着雨雪天气的掩护，向外冲杀，部队在突围中，因作战及冻饿而死折损大半，但总算突围成功，历尽艰难万险，公孙瓒率余部终于回到了幽州。

边境烽烟四起，内地亦暗潮汹涌。

天下骚动不安，百姓愁苦，即使作为既得利益者的中上层朝廷官员也开始对灵帝失望。

一个叫襄楷的术士对冀州刺史王芬说，他夜观天象，宫中中常侍不久将被灭门，天下即将安定。王芬大喜，说若如此，我愿为之。

当时前太傅陈蕃的儿子陈逸也在座，几人密谋，以黑山军攻掠冀州为名，招兵买马，准备趁汉灵帝到河间巡视的机会废黜汉灵帝刘宏，另立合肥侯为新君。行动之前，王芬等人将计划告诉了曹操，希望后者也能加入。曹操毫不犹豫地拒绝了，还告诫王芬等人，废立之事，天下之至不祥也。天底下没有比这更难办的事了。你们以为换个皇帝那么容易吗？你们只看到前人的成功，却不知道他们曾经经历的惊险，事若不成，必遭大祸。但王芬等人此时就像喝了迷魂汤，执迷不悟，一心要另立新君，对曹操的劝告置若罔闻。

王芬等人又派人联络平原名士华歆、陶丘洪，陶丘洪被说动了，想参加，却被华歆制止，华歆跟曹操反应一致，认为这种废立大事，王芬是做不了的。

果然不出曹操所料，不久密谋败露，王芬畏罪自杀。

（三）西园八校尉

中平五年（188）八月，汉灵帝下令组建一支直接隶属于朝廷的战略机动部队——西园八校尉（因其驻地在西园，部队分别由八名校尉统领而得名）。汉灵帝让自己的亲信小黄门蹇硕当上军校尉同时也是八校尉的总指挥官，其余七位领兵官分别是典军校尉曹操、中军校尉袁绍、右校尉淳于琼、下军校尉鲍鸿、助军左校尉赵融、助军右校尉冯芳、左校尉夏牟。

这支部队名义上的目的是加强京师防卫，实质是为了压制以大将军何进为首的外戚势力，汉灵帝刘宏之所以让上军校尉宦官蹇硕统领这支部队，目的就是用宦官势力去制衡外戚，这也是东汉的老传统。

正因为这支部队的使命不是对外而是对内，是为制约何进，所以权力颇大。甚至何进在名义上也要归上军校尉蹇硕节制，听其号令，当然仅仅是名义上。

外戚何进自从中平元年（184）当上大将军后，积极培植个人势力，四处征聘名流士大夫入其幕府，朝中逐渐形成了以何进为核心的政治利益集团。随着时间的推移，何进的势力也越来越大，对皇权构成了威胁，汉灵帝不能容忍外戚势力的过度膨胀，这才有了西园八校尉的设立。

汉灵帝此举还有一个目的就是为自己的身后事做准备，此时刘宏的身体已大不如前，他不得不提前做一些应对。

汉灵帝虽然任命宦官蹇硕做这支部队的统领，确保这支部队听命于自己，但外戚势力早已渗透其中，中军校尉袁绍就是何进的人，而典军校尉曹操虽是宦官子弟，但在政治立场上却倾向于外戚领衔的士大夫势力。

当时西北的凉州、东北的幽州都在打仗，而朝中以蹇硕为代表的宦官势力与何进为首的外戚势力之间的争斗之激烈丝毫不亚于边疆的战事。蹇硕等大太监为排挤打击何进，劝灵帝派何进领兵去打韩遂，汉灵帝心领神会当即准奏，下令大将军何进收拾行装，准备出征。

此计不可谓不高。韩遂等人有多难对付，看看之前的盖勋、皇甫嵩的经历就不难知道，这些生长于凉州本土的名将都无功而返甚至殒命沙场，何进去了，必败无疑，那样的话，蹇硕等人就有了打击何进的借口，灵帝也可以趁机收回何进的兵权。所谓打死外敌除外患，打死何进除内患，显然如果何进真的去了，后者的可能性更大。

何进不过是一个靠裙带关系上位的外戚，哪里会领兵打仗，这一点何进的敌人蹇硕清楚，何进及其党羽自己更清楚。所以听说皇帝让自己带兵出征，何进的第一反应是不能去，但皇帝的诏令又不能违抗，如果公开抗命，那就是抗旨不遵，蹇硕等人同样可以以此为借口，打压他。

何进的办法是拖，何进上奏皇帝说，眼下京师军力仅够自守，想平叛，还需从各地调兵，何进请求派袁绍到关东徐州、兖州一带征调兵马，等袁绍征兵回来，兵马调齐，方可进兵。

当然，袁绍是肯定不会那么快回来的，袁绍是何进的心腹，自然明白何进的心意。此事最后不了了之，但宦官与外戚的裂痕经过此事扩大化，仇恨越积越深。

（四）平乐观讲武

黄巾之后，汉灵帝改年号为中平，祈盼天下太平，但新年号并未给帝国带来任何起色，局势反而比之前更糟。

凉州，中平四年（187）四月，凉州刺史耿鄙、凉州治中程球被杀，凉州别驾投贼，名将傅燮阵亡，凉州局势失控。

并州，中平五年（188）三月，并州刺史张懿被屠各胡攻杀，并州黄巾余部于白波谷起兵，攻掠太原等地。

幽州，前中山相张纯、前泰山太守张举勾结乌桓丘力居等部寇掠幽州、冀州。

青州、徐州，中平五年（188）十月，青徐黄巾复起，众数十万，势不可挡。

北方鲜卑骑兵频繁南下攻掠并州、幽州。

总而言之，帝国北方陷入全面混乱，狼烟四起，既有内寇，也有外贼。

面对乱局，汉灵帝束手无策，为安定人心，汉灵帝刘宏征调各处精兵，于洛阳上西门外的平乐观治兵讲武，试图以此炫耀武力，挽回人心。

数万汉军精锐列阵于平乐观前，汉灵帝与大将军何进分别立于高坛之上，检阅三军。

汉灵帝刘宏全身披挂骑上配有护甲的战马，在众文武官的簇拥下，绕阵三周。参阅官兵盔明甲亮，剑戟如林，军容严整，好不威风。

刘宏阅兵完毕，不无得意地问身旁的讨虏校尉盖勋："朕之军马雄壮否、威武否？"盖勋是武将，性情耿直，不会阿谀，也不管刘宏感受，直言道："今贼寇在远，而陛下于京师耀兵。于敌无损，于己亦无益。进不能讨灭群寇，徒劳而已。"言下之意，敌人远在千里之外，您在洛阳阅兵，又有何用，不过是欲盖弥彰，自欺欺人罢了。果然威武，为何不能讨平四方群寇呢？盖勋一语戳破汉灵帝的遮羞布，令灵帝多少有些尴尬。

汉灵帝难得地表现得很大度，说："卿，真忠臣也，恨相见之晚。群臣从未有如卿之忠直者，若早遇卿，必能匡朕之失。"事后，盖勋对袁绍说："陛下天资聪慧，不过为左右奸佞小人所蒙蔽，不然，也是有为之君。"

（五）救援陈仓之战

中平五年（188）十一月，凉州叛军王国率众围攻陈仓。陈仓位于八百里秦川西部尽头，是关中的西面门户，乃兵家必争之地，后来诸葛亮二次北伐也曾围攻陈仓。而一旦陈仓落入叛军之手，后果不堪设想。

军情紧急，汉灵帝只好起用老将皇甫嵩，任命其为左将军督率前将军董卓等军共四万兵马前往征讨王国救援陈仓。

依董卓之意，当即就要全速进兵驰援陈仓。因为陈仓虽极具战略地位，但城并不大，守军也不多，而王国人多势众，手下羌胡兵战力强悍，董卓在西北多年，深知其厉害，因而力主从速救援，但却遭到主将皇甫嵩的拒绝董卓急了，说，现在马上去救，或许还来得及，稍有迟缓，恐城池难保。决胜之机，难得易失。请将军不要错失战机。皇甫嵩从容答道："百战百胜，不如不战而屈人之兵。先为不败之势，而待敌方先露破绽，才是用兵之道。陈仓虽小，却守备严密，王国之众虽多，顿兵坚城之下，久之，兵疲力尽，届时，我军趁势出击，可获全胜。"

皇甫嵩不急于进兵，自然有他的打算，正如他对董卓所说，他就是要利用陈仓坚城，让叛军去攻，最大限度消耗王国、韩遂等人的军力，皇甫嵩深知叛军战力，若听董卓的，速救陈仓，那么官军与叛军在陈仓城外必然有一场凶杀恶战。

此时叛军初到，锐气正盛，虽然皇甫嵩与董卓统率的也是汉军精锐，尚可一搏，但那太过冒险，即使取胜，也必然损失不小，杀敌一千，自损八百。况且从此前的交锋看，即便是皇甫嵩也没有必胜的把握。

与其拼尽精锐，险中求胜，不如放任王国等人去攻陈仓，避敌锋芒。待叛军久攻不下，士气全无之时，再以养精蓄锐之兵去攻久战疲惫归心似箭之师，获胜的可能更大。

不过，这样做也有风险，陈仓的守军能不能顶住叛军的猛攻是此战能否取胜的关键。

令人欣慰的是，守军依托城池顽强地顶住了叛军的进攻，成功地守住了陈仓。从中平五年（188）十一月被围，直到第二年二月，八十多天过去了，叛军依然只能望城兴叹，经过整整一个冬天，再彪悍的士兵也已疲惫不堪。

王国、马腾、韩遂等人挥一挥衣袖，没带走一丝云彩，只带了几处箭伤作为此次出征的纪念，无可奈何地踏上回家之路。

叛军终于撤了。

望着王国等人离去的背影，皇甫嵩笑了，他苦等多时不惜冒险坐视陈仓被围，就是在等这个机会，皇甫嵩下令全军整队，准备追击。

接到命令，董卓又困惑了，在他看来，敌人攻城时本是最好的机会，内外夹击，一仗可定，那时你不打，现在叛军撤了，你又要打，兵法云穷寇莫追、归师勿遏，敌军尚众，此时去追，岂有胜算。

皇甫嵩说："前者不击，是避其锐，今日追击，乃攻其衰。我所攻的是久战疲惫之师而非归师。"皇甫嵩不愿再与董卓多说，见董卓意有不平之色，便让董卓率所部压后，自己率领本部人马追击王国。

此时的叛军经过八十余天的攻坚战，早已锐气丧尽，毫无斗志，被皇甫嵩率军追上一阵掩杀，丢下一万多具尸体，狼狈逃走。这次失败直接导致叛军内部火拼，王国因在此战中的糟糕表现，被叛军众首领废黜，众人又劫持曾任信都令的天水名士阎忠为首领，阎忠不屈而死，群贼因互不服气陷入内斗。

再说汉军大获全胜，全军上下都喜形于色，只有一个人面沉似水，脸色难看。没错，此人正是董卓。皇甫嵩的胜利令董卓极其难堪，因为战前董卓与主将皇甫嵩意见相左，尽人皆知，而皇甫嵩的胜利也就意味着董卓的失败，董卓成了陪衬人，这令董卓又羞又恼，怀恨在心，从此更加憎恶皇甫嵩。

中平六年（189），朝廷征拜董卓做并州牧，同时令其将部队交给皇甫嵩，想以此解除他的兵权，董卓之前不肯听从张温的调度，现在又与皇甫嵩不和，其骄悍跋扈凶顽难治早已为朝廷所知，这才有此调令。

董卓也不傻，他当然知道朝廷的用意。

董卓混迹官场多年，耳濡目染也多少懂点政治，他没有直接抗旨，而是在给朝廷的上书中，大吐苦水，向朝廷"诉苦"，大意是说我当然愿意服从朝廷的安排，可我在军中多年，前方战事吃紧实在走不开，而部下将士依赖我，拦住我的马车，抱着马腿，苦苦哀求，臣实离不开。臣不敢不奉诏，然实有不得已的苦衷。

虽说董卓是个粗人，但玩起官场的文字游戏也挺有一套，京城洛阳的高官权贵对他无可奈何，董卓已羽翼丰满，想靠忽悠他夺其兵权，谈何容易。

不过，尽管董卓找种种借口，拒不交出兵权，但理由再多也是抗旨。当时皇甫嵩的侄子皇甫郦随军出征也在军中，他看到这是除掉董卓的难得机会，力劝皇甫嵩以董卓抗旨不遵，将其诛杀。皇甫嵩与董卓不和，已经到了水火不容的地步，用皇甫郦的话说就是"势不俱存"，既然已经到了这般程度，那还犹豫什么？

此时四万大军中有两万是皇甫嵩的部下，另外两万归董卓指挥，皇甫郦大概是看出皇甫嵩的忧虑，劝他说，董卓性情残暴，对部下刻薄寡恩，将士都不亲附他。您是全军主帅，有权先斩后奏，为国除害，这是利在千秋有功于社稷的大事。但皇甫嵩最后却选择了将董卓抗诏的事，用奏章的形式上报朝廷，请朝廷处置。名将皇甫嵩继张温之后，再次错过了诛杀董卓的良机，令后世读史之人唏嘘不已。

皇甫郦的提议虽有冒险性，未必会成功，但也不妨一试，反正两人怨仇已深，大不了提前翻脸，而皇甫嵩的做法看似规矩，却并不高明。很快，朝廷新的诏书就到了，诏书中对董卓进行了斥责，但也仅此而已，而董卓当然知道是谁在背后告他的状，对皇甫嵩的仇恨又深一层。

第四章

储位之争
——家事国事天下事

（一）皇子　太子

　　中平六年（189）四月，天下依旧纷乱，四方战火不息，但刘宏已经无心亦无力理会，此时的他已病入膏肓，奄奄一息。虽然这年汉灵帝刘宏也不过才三十四岁，正值壮年，但因沉迷酒色，纵欲过度，身体已经垮了。过度早衰的他，三十岁的人却长着五十岁的脸。

　　自知不久于人世的刘宏此刻还有一件心事未了，这让他甚是忧心焦虑，那就是继承人储君的人选，说到此不得不先述及刘宏的家事。

　　刘宏的第一位皇后宋皇后，扶风平陵人，汉章帝时的两位宋贵人即是其先人。宋皇后建宁三年（170）被选入宫，封为贵人，第二年受册封为皇后。

　　宋皇后端庄贤淑却不受宠，被冷落后宫多年，之后被卷入宫廷斗争，含冤忧愤而死，其家族也受到株连。

　　宋皇后在刘宏的生活里只是过眼云烟，他并未将这位皇后放在心上，他喜欢的另有其人，王美人。

　　王美人，不但姿容秀丽，且能书会画，刘宏也颇好书法绘画，因此王美人深受宠爱。但这种幸福的生活注定不会长久，因为另一个女人——何皇后。

　　何皇后，刘宏的第二任皇后，荆州南阳人，建宁四年（171）经采选入宫，本来只是宫女，但因姿色出众，很快就在众多佳丽中脱颖而出，被刘宏看中，受到刘宏百般恩宠。

　　熹平五年（176），何氏为刘宏生下皇子刘辩。这让刘宏欣喜若狂，虽然后宫美女如云，之前也有几位嫔妃为他生下过儿子，但不久后都夭折了（怀疑其中有人为因素），刘宏为此很是烦闷，而就在这时，儿子刘辩出生了。可以想象，这带给刘宏多么大的惊喜。而立下大功的何氏，不久也母以子贵，被封贵人，确立了自己在宫中的地位，因为到目前为止，她的儿子是刘宏唯一的皇子，也是未来帝国的唯一继承人。

光和三年（180），在宫中宦官的支持下，何贵人被册封为皇后。注意，正是因为得到太监的大力支持，决定了何后对太监的态度立场。但好形势并没有维持多久。光和四年（181）三月，王美人生下了第二位皇子，取名刘协。他就是未来的汉献帝，帝国最后一任皇帝。

据说，王美人得知自己怀孕后，不但没有高兴，反而很惶恐，因为何皇后为人专横强势，只希望皇帝宠她一人，任何敢与她争宠的人，必遭其毒手，因而王美人一度想打掉这个孩子，但最终还是生了下来。

王美人的担心并不多余，儿子降生的同时也意味着她的死期将近，之前那么多怀孕的嫔妃生下的孩子为何大都未出襁褓便夭折，不可能是单纯的医疗护理问题，幕后的黑手很可能是何皇后。

不久之后，王美人被毒死于宫中，刘宏闻讯悲恸不已，随即勃然大怒，他当然知道凶手是谁。盛怒之下的刘宏，当即要废黜何皇后，但身边的太监苦苦求情，加之还有其他的顾虑，刘宏才勉强答应，但儿子刘协不能再留在宫中了，因为他很清楚，既然何氏能对王美人下手，那就同样能对儿子刘协下毒手。

汉灵帝刘宏将刘协交给母亲董太后抚养，因此刘协被称董侯。刘宏此举并未引起何氏的激烈反应，因为她的儿子也养在宫外。之前宫中的皇子连连夭折，刘宏觉得宫里养不住孩子，就把皇子刘辩寄养到道人史子眇家，因养在史家，人称史侯。

何皇后靠着太监们成功闯关，也欠了太监们一个天大的人情。

贵为天子的刘宏连自己心爱的女人也保护不了，自己的小儿子只能送给母亲才能确保安全，即使在皇宫里，皇帝也不是无所不能的，对杀人凶手他除了发一通脾气，也毫无办法。

刘宏时常想起曾经带给他无限快乐与美好回忆的王美人，并写下《追德赋》《令仪颂》以寄托思念之情。

王美人事件后，汉灵帝跟自己的皇后很难说还会有多少感情，而这也影响到他对继承人的选择。

刘宏只有两个儿子，何皇后生的刘辩和王美人生的刘协。相比刘辩，他更喜欢小儿子刘协。

有没有证据呢？有，刘宏生前一直没有册立太子。

尽管群臣曾请求早日册立太子，这事关国本，但汉灵帝不表态，也就是不同意。因为如果要立，刘辩无疑是第一人选，因为他是长子，更是皇后的儿子，虽说他出生时，他母亲何氏还不是皇后，但刘宏也没有更多的选择，因为前任皇后没给他生儿子，刘辩的优势是明显的，刘宏迟迟不立太子，说明他内心是犹豫的，或者说他更想立小儿子刘协。这就可以解释，尽管何氏早已是正宫皇后，她的哥哥也成了大将军，但儿子刘辩的身份仍是皇子，身份跟刘协相同，并无特殊之处。

刘宏不册立刘辩的理由是认为刘辩举止轻佻，不合适做皇帝，想立刘协，但何氏兄妹那里，他不能不有所顾虑，索性就一直拖着。

如果说之前，刘宏不肯过早册立太子，还可以用他时值壮年，两个儿子年纪还小做借口，那么到了中平六年（189），事情已经不能再拖了，刘宏自己也意识到，他的大限将至，而在升天之前，他必须做出决定。

群雄逐鹿

（二）外戚何进　宦官蹇硕

最后时刻，刘宏还是想立自己喜欢的小儿子刘协，但他很清楚，何氏兄妹决不会答应，尤其何进还掌握军队。

汉灵帝刘宏数月前曾设西园八校尉，领兵主将是他的亲信太监蹇硕，刘宏布下此局，就是以防万一，以便必要时采取行动，使何氏不敢轻举妄动。

据说，刘宏临死前曾将刘协托付给蹇硕，让他拥立刘协为帝。而西园八校尉属下的这支军队就是保障刘协顺利登基的武力后盾。

汉代的校尉是直接领兵的军事长官，相当于现在的师长，掌握实权，只要官名带校尉的手下都有兵，而比校尉级别更高的将军，类似后世军长、军区司令之类官职。官虽大，但不一定带兵，有些将军完全是名誉称号，只是虚衔，手下一个兵都没有。

大太监蹇硕虽只是八校尉之一，但权力却比其他七个大，这是灵帝有意安排。尽管想法不错，但他忽略了重要的一点——身份。何进的身份是国舅，贵戚，虽然以前他只是个屠户，但今时不同往日，如今何大将军身份高贵，手握大权，众多士大夫聚集在他周围，进入大将军府的就有八俊之一长史王粲之父王谦、世家子弟代表袁绍、宗室代表刘表、名士代表令史边让等。每天怀揣名刺等待接见的士子，可以从城门一直排到将军府。何进身边人才济济，他不愁没人捧场。

但蹇硕就不同了，虽然深受皇帝的信任，但说到底也只是一个太监，在标榜气节崇尚节义操守"士气"高涨的东汉，很多士大夫是不屑于跟太监往来的，觉得丢人，至于说投靠太监的，虽然也大有人在，但很多还是遮遮掩掩，蹇硕身边即使有几位谋士门客，其阵容与实力也无法与何进相提并论。

何进那边每天府里都是高朋满座，门庭若市。蹇硕就只能跟身边的几个小宦官消磨无聊的时光。

蹇硕心里很清楚，在宫外何进的势力是自己不能比的，在外面自己绝不是何进的对手。但宫里是他的地盘，皇宫在汉灵帝时代是太监的天下。蹇硕并不准备到宫外找何进决斗，而是希望把国舅"请"进宫，"内部"解决。就在蹇硕想着怎样才能解决何进的时候，汉灵帝刘宏已经不行了，这位老兄等不到儿子刘协当太子的那一天就急着去地府报到了。

中平六年四月十一丙辰日（189年5月13日），刘宏走完了自己短暂的一生，在嘉德殿"升天"，终年三十四岁。

刘宏死时，大将军何进尚在宫外，即使是外戚也不能时刻待在宫里，这就是蹇硕的优势。他是最先知道皇帝死讯的人。

蹇硕决定把何进骗进宫，在宫里解决何进，然后拥立刘协登基称帝。作为何进的死对头，刘辩若是成了皇帝，蹇硕必然死无葬身之地。汉灵帝刘宏曾是他的后台保护伞，现在后台没了，一切只能靠自己。说干就干。蹇硕派人去请大将军进宫议事。与其同时，吩咐亲信埋伏在何进进宫的必经之路上，专等猎物上门。

每逢新老交替之际，是帝国最为微妙的时刻，无数人的命运，一生的奋斗，往往就取决于这短短的几天甚至几个时辰的决策、行动。

这个时候各派势力争斗最为激烈，十几年甚至几十年的阴谋阳谋，就要在这时赌输赢，成功即大权在握位极人臣；失败则人头落地，黄泉路上通常不会孤单，为防政敌东山再起，获胜一方都会将对头诛杀三族（父族、母族、妻族）。

何进接到通知，也没多想，就起身进宫。

何进刚进宫门，迎面遇见老友潘隐，潘隐此时的身份是蹇硕的司马，但他同时也是何进的相识旧交，在这种场合遇见熟人自然要上前寒暄寒暄，顺便问问宫里的情况。

何进正要上前搭话，却见潘隐表情严肃，一个劲儿朝他使眼色，看着潘隐丰富的面部表情，在确认他不是抽风之后，何进瞬间就明白了——不妙，这里有事。

何进发觉事情不对头，马上后转开溜。好在他跑得快，要不然他的追悼会就会跟他妹夫刘宏一块儿开。

此后何进推说自己有病，再不敢轻易入宫。蹇硕的阴谋破产，他已经没有机会了，他的势力范围仅限皇宫，外面是何进的天下。

灵帝驾崩两天后（夏四月十三戊午日，189 年 5 月 15 日），皇子刘辩继位，史称少帝。朝廷宣布大赦天下，改元光熹。但这个年号知道的人并不多，原因很简单，因为它没用多久，就被废黜。刘辩在灵帝去世当年改元，这本身就不合礼制。而刘辩也是东汉历史上鲜有的以皇子而不是皇太子身份继位的皇帝。东汉一朝除迎立外藩，很少出现这种现象，总之，一切都显得怪怪的，这似乎也预示了刘辩不久之后的悲剧命运。

刘辩继位后封九岁的皇弟刘协为渤海王，封后将军袁隗为太傅，与大将军何进同录尚书事，母亲何皇后也"晋升"皇太后。

刘辩的继位也就意味着蹇硕的失败，到底让何进赢了，蹇硕并不甘心束手待毙，毕竟自己手里还有兵权，但事到临头，他才发现自己根本指挥不动手下的军队。

密谋政变失败，想闹事又闹不成，蹇硕只有等死的份儿了。何进自从上次皇宫受惊后，就发誓要灭蹇硕，这时他有个部下叫袁绍，是三国知名人物，关于这位兄弟的身世履历后面还要详细介绍，他是下场戏的主角。

袁绍作为清流士大夫子弟跟宦官可谓一天二地仇三江四海恨，早就想收拾嚣张跋扈的死太监。

当上皇帝的外甥也不过才十四岁，还是个孩子，朝廷大权落入大将军何进之手，何进俨然成了"太上皇"。

袁绍看出何进想对太监动手，于是在旁煽风点火，自己劝不算还拉上何进的门客张津一起上。

张津在何进身边多年，对自己主公的了解程度不亚于其本人，何进心里想什么他一清二楚，摸准了脉动起来也能对症下药：这些黄门常侍（太监官名）以前仗着先帝的宠信大权在握，又跟董太后（汉灵帝生母，董太后跟何皇后婆媳不和，这也是生物界固有的矛盾）勾结，若不早点铲除，恐怕将来会带来麻烦。何进听了不住点头，对，必须收拾他们，越快越好。

多年的宫廷斗争经验，使蹇硕的嗅觉异常灵敏，他觉察到了危险，但自知不是何进的对手，便写信给大太监中常侍赵忠等人："如今何进掌权，与党人合谋，要尽除我等先帝近臣，若非我手握兵权，统领禁军，令他们有所顾忌，一时不敢动手，恐怕我等早已身首异处。与其坐以待毙，不如先发制人，免除后患。"

蹇硕本以为自己的提议会得到积极响应，但令他大感意外的是，根本没人搭理他。

谁说外戚跟宦官就不能和平共处，中常侍郭胜就是典型，郭胜跟何进是老乡，何皇后和何进能有今天之富贵，郭胜是出过力的，如今何氏兄妹当政，自己的好日子就在眼前，跟这个过气的太监对抗自己的合伙人，除非脑子进水，郭胜的脑子没进水，所以他不仅没答应蹇硕，在与赵忠等人商议后，将蹇硕写给他们的信交给了何进，蹇硕被出卖了。

赵忠等也有恩于何皇后，当年何皇后毒死刘协的母亲王美人，要不是他们求情，何后早就被废了，所以赵忠等人也认为自己乃何氏恩人，何进总不会拿恩人开刀。抱着这种想法，赵忠等人满心期待着跟何进的合作，对蹇硕的邀请，嗤之以鼻不予理睬。

蹇硕这回真的死定了，连同类都抛弃了他，不久之后，蹇硕被何进杀了，部队也被何进收编。

收拾完蹇硕，何进的下一个目标——董太后。这个死老婆子总跟我妹妹过不去，你儿子不在了，看谁还能给你撑腰。

婆媳关系号称人类社会最难处理的关系之一，即使是帝王之家也不能免俗。董太后跟何皇后婆媳不和早已是全国皆知的秘密。何皇后有了儿子就容不得别人生儿子，王美人被害死后，为了跟刁蛮儿媳对抗，董太后毅然担负起抚养刘协的责任，而董太后抚养的刘协也是何皇后儿子刘辩皇位的唯一的威胁。

两个女人在皇宫里上演婆媳大战，宫里斗得不亦乐乎，宫外同样也没闲着，何皇后有哥哥大将军何进撑腰，董太后有自己的侄子骠骑将军董重做后盾。汉灵帝刘宏没死时，两伙人就经常对骂。

但现在形势变了，何氏兄妹掌权，董太后再想参政就不行了，董太后刚想有点动作，何皇后就出面制止百般阻挠，完全没把婆婆放在眼里。

一次，两人在宫中不期而遇，董太后见到何皇后再也按捺不住满腔的怒火，指着何氏破口大骂："小贱人，嚣张什么，你不就是有你哥哥做靠山吗？告诉你，我让我侄子杀你哥哥易如反掌。"

董太后确实被激怒了，放出这种狠话，脸已经撕破了，虽然董太后一直都很牛，但她明显是吹牛了，易如反掌是真的，不过主语换成了她自己。虽然痛骂儿媳妇出了气，但她这个儿媳妇却也不是个省油的灯。

失去儿子这个大靠山的董太后在大将军何进面前不堪一击，何皇后被董太后痛骂了一顿，回去就跟自己的哥哥说了，何进生气了，后果很严重。

五月，汉灵帝死后不到一个月，何进派兵包围董太后侄子骠骑将军董重的将军府，董重被迫自杀。

六月，董太后突然神秘死亡，虽然官方极力说明董太后是自然死亡，但全国人民都知道凶手是谁。不错，人家是骂了你几句，但人家儿子刚死，你就对人家老妈下手，实在干得不地道。何进兄妹因此大失人心。

七月，汉灵帝刘宏被安葬于文陵，入土为安。不知刘宏能不能在黄泉遇见自己的娘亲，害死他娘亲的正是他的那位何皇后，母亲与心爱的女人相继惨死，他这个皇帝对此却无能为力，如果不是后来董卓进京，他的小儿子刘协恐怕也难免遭何氏兄妹的毒手。

068

群雄逐鹿

灵帝死后，董卓进京之前，东汉帝国的实际执政人是何进。

（三）何进的前世今生

何进的父亲叫何真，何进的母亲在他尚未成年时便去世了。何真中年丧妻，又娶了一个寡妇做继室，这位寡妇就是后来的"舞阳君"。舞阳君的前夫姓朱，生了个儿子，叫朱苗。朱苗跟母亲嫁进何家后改姓何，从此叫何苗。

何进和何苗是同住一个屋檐下的兄弟，却没有丝毫的血缘关系，这也就为他们二人日后的悲剧埋下了伏笔。

而何真与舞阳君婚后又生了两个女儿（名字不详），大女儿就是后来的何皇后。

何真去世后，长子何进成为一家之主。熹平四年（175）秋，何进找到宦官郭胜，送上一大笔钱，将妹妹送入皇宫。

何氏进宫后，因姿色出众，很快得到皇帝刘宏的宠爱。

光和三年（180）十二月，何贵人被立为皇后。

何皇后登上后位，何氏家族也随之飞黄腾达。

光和四年（181），何皇后派人毒死了王美人！灵帝刘宏龙颜大怒，执意废后，幸而中常侍张让等人支持何皇后，磕头求饶，刘宏见外戚竟与宦官合流，不便追究，此事便不了了之。

弘农杨氏和汝南袁氏都是当时的名门望族，何进曾拜杨赐为师，这是出身寒微的何进，努力跻身于上层社会所做出的积极努力，中平二年（185）杨赐逝世时，何进亲自前往吊唁。

中平元年（184）八九月间，一个叫韩约的人作为凉州州吏前往京师洛阳汇报工作，韩约就是后来臭名昭著的叛军首领韩遂，此时的他还是凉州名士。

何进久仰其大名，特意安排与他见面，而韩约当场提出了一个令何进瞠目结舌的建议：诛杀宦官！何进闻言大惊，即便是他这个手握兵权的大将军也不敢把这话拿到台面上讲。

韩约回凉州后不久，十一月，凉州爆发北宫伯玉、李文侯为首的叛乱，韩约入伙，成为叛军首领之一。次年，凉州叛军进犯三辅，叛军的口号仍是诛杀宦官。

黄巾军被平定后，何进将主要精力都用于经营自己的势力；网罗名士，招纳贤才。之后几年，何进幕府里聚集了一大批人才，但以陈寔、荀爽为代表的颍川名士却拒绝了何进的征辟。

中平年间（184—187），何进一直在努力融入士人集团。应该说他部分做到了。

何进当了大将军后，何苗做了河南尹。中平四年（187），何苗也因"军功"晋升车骑将军。

何氏兄弟位居显官，各拥强兵。

中平六年（189）五月，朝廷大权完全落入何进手中，何氏权倾天下！

何进收拾了蹇硕又解决了董太后，志得意满，暂时不想生事，但偏偏有人想找事。这个没事找事的就是袁绍，名门第一公子。

（四）名门公子袁绍

袁绍（153—202），字本初，豫州汝南郡汝阳（今河南商水西北）人。出身名门望族，真正的名门。

从袁绍爷爷的爷爷开始，这家人就不再从事其他职业，他们的职业就只有一个——做官。从儿子到孙子再到重孙子世代为官，而且官还做得很大，四世三公，已经不能再大了。

袁绍的爷爷的爷爷袁安做到三公之一的司徒，袁安的儿子袁京后来官至蜀郡太守，另一个儿子袁敞当了三公之一的司空。袁京虽然没有做过三公，但他的儿子袁汤是三公之一的太尉。而袁氏的光荣还在延续，袁汤的两个儿子，袁隗成为太傅，另一个儿子袁逢也当了三公之一的司空，而这个袁逢有两个儿子，一个叫袁绍，另一个叫袁术。

东汉一朝，一门四代做过三公的，屈指可数。

作为袁家公子的袁绍和袁术，从小锦衣玉食自不必说，长大后也不必去求功名，只要家中坐就有官位送上门。想想就让人羡慕！

从爷爷的爷爷开始，就在朝廷里混，要知道人家在朝廷上班除了干工作之外，最大的爱好就是广交天下贤士，三公接触到的人的层次与寻常百姓自然不可同日而语，简而言之，非富即贵，天下之人谁不想与三公结交，一代又一代，都是如此。到了袁绍这一代，袁氏已是全国知名的四世三公，门生故吏遍天下。从中央到地方到处都有袁氏门生，关系网遍布全国。

人脉就是资源，人脉就是财富。这么通俗简单的道理，现代人明白，古人也懂。

袁绍出身名门且长得仪表堂堂，标准的帅哥，典型的高富帅，而更重要的是人家还有背景，将来的前途一片光明。

家里有权有势，自然不会穷，本身又是个翩翩公子，这么好的条件要是不出去威风威风，实在对不起自己。但袁绍却没这么做，虽然他的出身在同时代几乎无人能比，但他却比谁都低调，当然，很多人都看出来了，袁绍在装。

袁绍对前来拜访的士大夫礼貌周到，在士大夫圈子里口碑极好，朋友也多，袁绍在京城属于一线人物，随着年龄的增长交际圈的扩大，名声也越来越大。

在洛阳，袁大公子是家喻户晓的明星人物。风度翩翩的袁公子成为无数闺中少女的崇拜对象和梦中情人。少女杀手的绰号，袁大公子是当之无愧的，但袁公子属于事业型男人，暂时对漂亮妹妹并不感冒，对男人而言事业更重要。

对于出身名门的袁绍来说，他需要的是名望、成就。至于步入仕途，对他而言，举手之劳。

东汉是一个崇尚儒学的王朝，开国皇帝刘秀一改祖宗刘邦往儒生帽子里尿尿的坏习惯，特重视儒学，这跟刘秀本人早年的经历有关，刘秀年轻时曾到当时的京城长安求学，虽然水平一般，但却受到学术熏陶，即位后，大力倡导儒学，风气一开，上行下效，武将都以明儒学做儒将为荣。

通晓儒家经典的读书人会受到朝廷重用，渐渐形成攻读诗书入仕为官的儒学世家，家族的传统就是读书、做官，加之世代积累的人脉，形成东汉极具特色的世家大族。

这些家族的特点是"诗书传家"、世代为官，在地方和朝廷都具有相当的势力跟人脉。他们利用关系和权力刻意培养门生，为自己效力。这些家族之间还彼此勾结，结成儿女亲家，形成盘根错节的关系网。

东汉王朝就是这些世家大族出身的士大夫在支撑，他们是帝国的支柱，但上天偏偏安排了外戚和宦官两个利益集团来"抢戏"，三派为抢蛋糕，打成一团。外戚、士大夫、宦官，彼此渗透，有勾结，有争斗，派系众多，矛盾重重，这就是东汉末年的政治。

袁绍是世家大族士大夫的新生派代表，所以外戚大将军何进看上了袁绍的身份也看中了他本人，极力拉拢袁绍进入自己的幕府。

虽然大将军何进表现出"求贤若渴"的姿态，多次发出邀请，但一开始袁大公子反应冷淡，因为袁绍觉得造势造得还不够，怎能轻易出来做官！如果大将军一请，自己就去，那实在有失世家公子的风度。

东汉崇尚气节、忠孝节义，那是一个"士气"蓬勃的时代，为了迎合时代的需要，也为了自己的名望与前程，免不了一些做作的表演。

袁绍为了表示自己的孝顺（汉朝以孝治天下，崇尚孝道），在给母亲服丧三年之后，又自愿追加孝期，为自己死去多年的父亲服孝三年，这样一来，袁绍的光荣事迹经过众多友人的吹捧与刻意渲染，名气更大了。

但袁绍面对一堆堆肉麻的吹捧，并没有自我满足，他觉得还不够，又努力结交其他世家大族的知名人物，朝廷多次让他出来当官，都被他拒绝。这时中常侍赵忠不干了，赵忠看得出来，袁绍不是不想当官，而是为了增加身价在那沽名钓誉。

赵妈妈不高兴，后果很严重，袁绍的叔叔老官僚袁隗知道后把袁绍找来臭骂了一顿："臭小子，你要干吗？不应征辟，在家胡混，赵公公已对你有所不满，这样下去，必为家门招祸。"

袁绍被骂了一顿，也不装了，乖乖地去何进那里报到。

袁大公子正式出场。

袁绍主动投怀送抱让大将军何进喜出望外，袁绍在何进的大将军府开始了自己的公务员生涯。先是侍御史，不久升任虎贲中郎将。188年又成为西园八校尉之一的佐军校尉。

前文说过，宦官跟士大夫经常斗得你死我活，袁绍打算借何进之手消灭张让等宦官势力。

何进是个优柔寡断缺乏魄力的人，虽然他跟张让、赵忠有矛盾，但真让他动手，一时还真难以下定决心。

为说服何进，袁大公子使出了浑身解数，将自己的口才发挥到极致，但对袁绍一向言听计从的何进这回却一反常态，毕竟，事关重大，所以任凭袁大公子说得天花乱坠，何进就是不表态。

跟了何进这么久，袁绍对何进还是比较了解的，作为外戚的何进当然不喜欢太监跟自己抢权，但让他翻脸动手，既缺乏胆量也没有自信。前任窦武的例子就在那里。何进不想做窦武第二。

虽说这时何进已经是大将军，兵权在握，但在重大问题上却优柔寡断，他的水平与能力，与他所担任的职务并不相称。

何进不愿折腾，但袁绍却执意要铲除太监，有人要问，袁绍跟太监们有何深仇大恨，非要跟人家过不去呢？

当然有仇，而且是大仇。这要从袁绍的身份说起，袁绍是世家大族出身，作为士大夫，他们的职业就是做官，但太监们抢了他们的饭碗，太监们在帮助皇帝从外戚手中夺权的过程中立下大功赢得了皇帝的信任因而得宠，得势的太监们把自己的子弟亲戚们全都安排了位置，这样一来，原本属于士大夫的官位就被太监的亲友霸占了相当的份额。

被抢了饭碗的士大夫们当然不干，他们联合在朝廷里当官的朋友同学跟太监们斗，前几个回合都以失败告终，结果就是太监们弄出来一个党锢之祸，把跟他们作对的士大夫杀的杀，贬的贬，剩下的全都赶回老家待业。所以士大夫们恨死了太监。

自小在士大夫圈里长大的袁绍整天满耳朵听到的都是太监们的"光荣事迹"，在京城长大的袁绍对太监们的嚣张跋扈也是领教过的，经过这些年的"熏陶"，袁绍已经成为一个铁杆反太监分子。

作为士大夫的代表，袁绍自然要为本阶层的利益跟太监们斗。

袁绍答应出来做官，其中一个目的就是要利用外戚何进的势力斗倒太监，夺回被抢走的仕途。

当蹇硕与董氏集团被顺利铲除之后，何进信赖的袁绍向他提出："将军应为天下扫除宦官，名垂后世，即使周朝的申伯，也比不上您的功劳！"何进深以为然。

为了说服何进与太监彻底决裂，袁绍使尽浑身解数，不断给何进壮胆打气："窦武之所以失败是因为他所用的都是京城之兵，这些人自幼长在京师，耳闻目睹宦官的嚣张跋扈，见了宦官就像老鼠见猫，仗还没打就怂了，怎么可能成事。

将军您就不同了，您兄弟几人手握重兵，手下精兵猛将云集，您又礼贤下士，天下士大夫都愿投到您的麾下，您振臂一呼，必然一呼百应，有兵有将，铲除几个太监易如反掌。宦官祸国殃民，从大臣到百姓都恨透了他们，只是敢怒不敢言。将军您如能消灭他们，便是汉朝中兴第一功臣，名垂青史流芳百世，到那时朝廷里还有谁的威望能超过您。机不可失，时不再来，您还犹豫什么呢！"

何进心动了。心动不如行动，何进决定动手。

袁绍能说服何进是因为他摸准了何进的脉，有些事看起来很复杂，其实也简单。何进肯听袁绍的，只因为这符合何进的利益。

士大夫是支持何进的，兵权也在他手上，何进充分利用"四世三公"为天下所归的袁氏的政治声望，争取朝野公卿的支持，并让袁绍、袁术兄弟统领军队。

京师驻军中，北军中侯刘表是何进的人，虎贲中郎将袁术所在的南军也归心何进，西园军的中军校尉袁绍、典军校尉曹操等校尉都是何进的支持者。

实力雄厚是何进敢于对宦官动手，他的底气就在于有兵权。

何进掌权后也想有一番作为，他也的确做了许多，比如征用天下贤达，敬贤礼士收取人望。但他缺乏做大事的胆魄、能力与威望，总是优柔寡断、胆小怕事，尤其威望不够，难以驾驭他的一班名士部下，特别是袁绍。

何进进宫来找妹妹商议，何进把自己的想法（将宫中的中常侍换成三署郎）跟妹妹何太后说了。让何进没想到的是，何太后当场拒绝。跟她哥哥不同，何太后跟太监们的关系好得很，何进想把太监们赶出宫再收拾的把戏没有瞒过他这个妹妹。

不过，何太后拒绝的理由是中常侍一向用太监，而三署郎是士人。何太后说："宫内历来的规矩都是用太监管事，自高祖刘邦那会儿就这样，祖上定的规矩岂是说变就变的。再说，这些中常侍在宫里多年干得也挺好，突然换人多有不便。"

何进的最大困难来了，虽然有军队跟士大夫的支持拥护，但反对的声音却来自何氏内部，作为何氏核心成员的何太后及何苗竟都反对何进对宦官动武。何进犹豫了。

这时袁绍又站出来给他打气："这些太监之所以嚣张无非是先皇宠信他们、太后惯着他们，宦官出纳王命，干涉朝政，党羽众多，若不早除，必为后患。"

太监们耳目灵通，听到风声，知道大事不妙，虽然这些年过得逍遥，但表面很风光，其实很脆弱。他们自己也清楚嚣张只因皇帝的宠信，现在遇到生存危机，好在还有钱。

钱能通神，这是千百年来被千百次证明过的真理。

太监们决定行贿，当然不能给何进，人家不缺钱，但有人缺钱——太后母亲舞阳君和弟弟何苗就很爱钱。舞阳君、何苗果然被糖衣炮弹打中，本来两家关系就不错，也无深仇大恨，且看在钱的份上也要为"老朋友"说话。

舞阳君、何苗与何进不同，他们本就亲近宦官而与士人疏远。何进与何太后、何苗明显是两种政治倾向，前者亲士大夫，后者亲宦官。何氏内部就不统一，这就为何氏的覆灭埋下隐患。

舞阳君、何苗很厚道，收钱就办事，马上跑到何太后那里为太监求情，何太后与太监们的关系本就不错，现在亲友团又来说情，更坚定了何太后保护太监的决心。何进在袁绍的鼓动下一次次游说太后却一次次被挡了回来。何进又想知难而退。

三国之群雄逐鹿

（五）何进被杀

袁绍知道夜长了梦就多，现在阻扰计划的关键人物不是何进而是何太后，忽悠何进已经不起作用，必须搞定太后。而要搞定太后，忽悠是不够的，吓唬是必须的，女人嘛，只要吓吓就行，袁绍就是这么想的。

于是他给何进出主意，一个地地道道的馊主意——召外兵。袁绍的意思是，既然太后不买账就从外地调兵进京，来京城武装示威逼太后就范。

袁绍不知道他这个主意带来的是一场巨大的灾难，他召来的各路兵马中，有一路的领兵主将叫董卓，董卓没有解决太监却解决了他，袁绍最后也被董卓整得家破人亡，典型的损人不利己。

请神容易送神难，尤其是像董卓这样的瘟神，来了就不走，最后还把袁绍这个请他来的主人给赶走了。

袁绍的主意马上得到何进的响应，虽然袁绍糊涂、何进愚蠢，但何进身边并不缺明白人。

主簿陈琳就坚决反对。陈琳说："将军手握重兵，收拾几个太监易如反掌，即使为防不测京城的兵也足够用，一旦召外兵进京，到时这些军队不听调遣，借机生事，就会天下大乱。"但何进的糨糊脑袋完全听不进良言相劝。

尽管反对的人很多，何进最终还是采用袁绍的意见，征召张杨的上司武猛都尉丁原、东郡太守桥瑁以及屯驻河东郡的并州牧董卓。

被何进派去外地征兵的使者主要有五批：

王匡去徐州征强弩兵。

骑都尉鲍信去兖州征泰山兵。

都尉毌丘毅（刘备随行）去扬州丹阳征兵。

张杨去并州征兵。

张辽去冀州征兵。

征调外地军队三批：

东郡太守桥瑁奉命从兖州东郡至司隶河南尹治下成皋县屯驻。

武猛都尉丁原从司隶河内郡至司隶河南尹孟津屯驻。

并州牧董卓从河东郡至关中上林苑屯驻。何进令董卓屯兵上林苑，并未让他直接来洛阳。

丁原是中平五年（188）任并州刺史，十月雒阳阅兵时派张杨、张辽率军进京，此后被任命为武猛都尉。

当何进向驻扎在各地的军队发出诏令的时候，他已经向魔鬼发出了召唤，潘多拉的盒子被何进、袁绍这两个蠢人打开，一切都已不可挽回，东汉的历史、无数人的命运就此将发生根本改变。

消灭宦官到底需不需要召外兵？曹操当时就提议，"合法"诛杀有罪宦官（首恶）即可，而何进此时被袁绍蒙蔽，认为自己现在做的事，是在完成二十年前大将军窦武没有完成的事业。只有铲除宦官，他何进才会真正被士人接纳，南阳何氏才会跻身世家名门。

此时何进的优势显而易见，兵精将勇，谋士如云。汉军精锐的北军，掌控在何氏手里，皇宫羽林、虎贲军，分别由桓典、袁术掌管，这些人都是支持他的。名士荀攸、郑泰、陈琳、何颙、逢纪、鲍信、王匡等二十余人为之出谋划策。

在征召董卓这个问题上，卢植和郑泰表示强烈反对，郑泰甚至因此愤然辞职。郑泰临走前对幕僚荀攸说，何公不是能成就大事的人。郑泰等人之所以反对征召董卓，因为他们对董卓及其率领的凉州羌胡兵不放心，羌胡军纪废弛早已臭名昭著。而何进为稳妥起见做了折中处理，仅令董卓军驻扎在长安的上林苑。

与此同时，何进也向何太后及何苗摊牌，表示必须铲除宦官。

何太后明显不愿与太监决裂，更不信任士人。

而何苗的倾向就更为明显，他跟宦官集团的关系很好，明确表示不支持消灭宦官，劝何进不要跟宦官反目。

何苗、舞阳君私下里对何太后说："何进诛杀宦官就是为了自己专权。"何苗说，我们靠宦官才有今日的富贵，政事复杂，何必卷入纷争，不如和宦官和平共处，长享富贵。

但何进已是箭在弦上，不得不发！对何进来说，这个选择是做世族还是只做外戚。选择做外戚，总有失势的那天，而只有将其家族提升到世族地位，才能保证其家族的昌盛！何进或许在其下属面前，对这位没有血缘关系的弟弟成为自己的绊脚石表示了些许不满，这也为何苗之死埋下了祸根。

何进令丁原从河内率军渡河到对岸的孟津，然后举火，火烧孟津。再派人到雒阳上书请诛杀宦官，以此逼迫太后下诏罢免宦官。

三国

群雄逐鹿

身居深宫的何太后到了这时仍不肯下诏废黜宦官，反而派何苗去劝何进不要越陷越深，及时收手。

何苗劝何进说："当初从南阳来京师，何其贫贱，何氏是靠宦官才有今天的富贵。国家大事，谈何容易！一旦处置失当，酿成大祸，到时追悔莫及悔之晚矣。覆水难收，哥哥切不可操之过急，最好与宦官和睦相处。"

何进第一次向何太后摊牌时，并未把自己参与士人集团的全盘计划告诉何太后，所以何苗以为只是朝中士人（袁绍等）闹事，何进不过顺势而为，而何苗不知何进并不想与宦官和平相处，何进要的是"名垂后世"。

何苗只顾眼前的荣华富贵，宦官贪腐，士人抗争，不关他事。

何苗劝何进的话，很可能是宦官授意。宦官们与何苗相处融洽，自然相信何苗。而且张让等人自认为有恩于何氏，何进不至于薄情寡义要杀他们。

当何太后果真下诏废黜宦官，蒙在鼓里的宦官们还去找何进问出路；直到八月二十五日（政变当天），张让等人偷听何进与何太后谈话方知何进才是幕后主使。

武猛都尉丁原率并州军抵达孟津后，便上书何太后猛烈抨击宦官，火烧孟津，以示兵威，扬言要进京诛杀宦官，何太后望见雒阳城北浓烟滚滚遮天蔽日，不免心惊肉跳，但即便如此仍未松口。

这时，何进任命丁原为执金吾，王允为河南尹，袁绍为司隶校尉。

到了这步，每一个决策都至关重要。本来掌控全局的应是何进，但这时作为

"副手"的袁绍开始越权，他利用司隶校尉的身份和河南尹王允两人联手，查办宦官亲属在地方的违法乱纪行为（这种事情到处都有，很容易找），甚至伪造公文，让全国各地州郡一起查办。最败笔的是，他私下写信请董卓向雒阳进兵，许诺其军队可驻扎在平乐观（雒阳城外）。何进是让董卓待在长安的上林苑，长安雒阳相距三百余里，何进并非信任董卓。而真正让董卓进驻雒阳的，是袁绍！

董卓得到书信，大喜过望，立即率军启程。当何进得知董卓正率兵向京师赶来，不禁眉头紧锁，但对袁绍这位世族公子也无可奈何，虽不责怪，但也立刻派使者种劭前往渑池阻止董卓军前进，而董卓不听（加官晋爵的机会岂能放过）继续前行，直抵雒阳城外。种劭再次出城以劳军之名，要董卓撤军，董卓仍然不肯，唆使士兵趁势起哄威胁种劭，种劭临危不惧，怒斥董卓，董卓这才勉强象征性后撤二十里将部队驻扎在夕阳亭。

董卓为何如此大胆，公然抗旨？可能的原因是袁绍在给董卓的信中，许诺了若干条件。董卓有袁公子的承诺，底气十足，而何进却还蒙在鼓里。

董卓进京途中，也写了一封奏章向何太后施压。这时，何太后才真的怕了，于是她把宦官们找来，宣布中常侍、小黄门全部停职，只留下何进所信任的人在宫内。那些平日嚣张跋扈不可一世的宦官统统被扫地出门，躲在家里惶惶不可终日。

事情发展到现在，士人集团已经稳操胜券，后面就是善后，安排好宦官们的下岗分流就好，然而何进幕府里的袁绍已经停不下来了，他认为仅仅驱逐是不够的，他要的是宦官们人头落地！风言风语已传遍雒阳城，张让等宦官便去拜访何进，请求给条活路。何进想了想，说："你们何不告老还乡？"

袁绍的"流血解决"与何进的"和平解决"发生冲突，袁绍干脆撕破脸，完全不顾及何进的面子，直接越权。袁绍以下犯上，何进无法阻止，悲剧由此产生。

张让等人在宫中多年深知政治斗争的残酷，此刻就算真的回家也难逃一死，只有回到太后身边才安全。于是张让哭着对儿媳妇（何进、何苗、何太后最小的妹妹）说："老臣只求死之前，回宫服侍太后一回，哪怕一天也好，求你转告太后！"何小妹把张让的请求告诉了舞阳君，舞阳君又转告何太后，何太后心软了，答应了张让的请求，让宦官回皇宫当值。

如果袁绍不坚持将斗争弄到鱼死网破，能如曹操所说，诛杀元凶，不问胁从，或按何进的安排，将其放逐乡里，也不会闹到最后血流成河的地步。何太后最后心软作出的决定，断送了何进的性命，也送了自己一家人的性命！

何进控制不了局面，只有妥协，同意袁绍的做法，于是最后一次来到长乐宫请求太后下诏，铲除宦官。不料，张让等人早知这事跟何进有关，便去偷听，果然听到何进的"奸计"。

待何进出宫，这些人就骗他去南宫，说太后有事找他。何进居然信了，并未怀疑其中有诈，他还不知密谋已泄，这回没有潘隐帮忙，孤身一人的何进在嘉德殿前，被一群气势汹汹的宦官团团包围，张让愤怒地质问何进，说起当年如何帮助何氏爬上高位，接着痛骂何进的忘恩负义。骂过之后，尚方监渠穆拔剑将何进人头斩下。

解决了何进，张让、段珪几个大太监以皇帝名义发布诏书任命自己的亲信前任太尉樊陵当司隶校尉控制京城，任命另一个亲信许相当河南尹。

负责起草诏书的尚书深知此事非同小可，对诏旨的真伪产生怀疑，便推说事关重大，是否应请大将军共商大议，话音未落，一旁的中黄门就扔来一颗血淋淋的人头。阴谋变阳谋，尚书无奈，这时也只能照他们的指令而行。

司隶校尉相当于首都卫戍区司令兼北京市公安局局长，河南尹相当于北京市市长，所以太监们将其交给自己的亲信，想法不错，但以上被选中的两位老兄不知道的是，这个任命没给他们带来升官发财的好运却要了他们的命，委任状成了死亡通知书。

原因很简单，太监们自己搞的这一套，外面的公卿大夫根本不承认，大家都在京城里混，假传圣旨这招已经不新鲜了，诏书发出去根本没人理。也就是说，所谓的诏书成了一纸空文、一堆废纸。而太监们也许不知道，他们杀了何进却给了袁绍们杀他们的好借口。

（六）喋血京师　同归于尽

何进进宫不是一人来的，还带着几百侍卫，领兵的两个将校一个叫吴匡，一个叫张璋，都是何进的亲信。这两位带着几百兄弟在宫门外等何进，可何进进去以后就再没了消息，外面数百名士兵等到夕阳西下也不见何进从里面出来，吴匡、张璋这才感觉事情有点不妙，可能出事了，于是在外面拼命叫门，高喊："请大将军回府。"可他们不知道他们的大将军再也回不来了。

吴匡、张璋正卖力大喊，突然从宫里飞出一个圆滚滚的东西，这个东西在空中划出一道优美的抛物线，之后结束飞行砸到地上。大家上前仔细一看，好家伙，人头，再仔细一辨认，不禁大惊失色，这人头不是别人，正是自己的主公——大将军何进。

几百人当场就炸了锅，军人炸锅的第一反应，就是操家伙，几百人立刻群情激昂，在吴匡、张璋的带领下冲击皇宫，但太监们把宫门堵得死死的，他们很清楚，如果让外面情绪激动的大兵闯进来，会是什么后果。太监们手里也有一支保卫皇宫的御林军甲士，虽然人数有限，但对付眼前这几百人还是绰绰有余。

吴匡带领数百士兵进攻皇宫，但出门时，因为是担任警卫也没有攻城的工具，宫墙虽然没有城墙高，但想翻进去也不可能，所以几百人吵吵半天，也只能在外面转来转去。

这时吴匡脑袋还算清醒，赶紧回去搬兵。

人派出去，很快就回来了，怎么这么快？因为半路遇上了援兵，带兵的主将也是知名人物，袁绍的弟弟、著名的公子哥、官二代，时任虎贲中郎将的袁术。

这时候的袁术跟哥哥袁绍还是一个战壕的战友。事发时正巧袁绍不在，听到消息的袁术反应挺快，马上带上自己的人往皇宫赶。

待袁术率部赶到事发地青锁门，天已经黑了。袁术见宫墙高大厚实，里面又有太监带兵守着，自己这点人马一时半会儿打不下来，情急之中，袁术四处搜寻，最后把目光锁定在了宫门上。墙不好翻，宫门却是木头做的，袁术有了主意，马上令手下士兵搬运柴草堆到宫门前，火烧宫门。还别说，这招真管用，虽然宫门外面包着一层铁皮但里面却是木制的，大火很快将外面的铁皮烤化，宫门烧着了。

见此情景，外面的人兴高采烈，里面的人可蒙了。张让等几个人没了主意。

一来一往，时间一分一秒地过去了，宫门虽然高大厚实但也架不住火烧火烤，张让、段珪几个大太监一合计，干脆咱们也烧吧，放火谁不会！于是也在里面点起大火，火烧皇宫，袁术在外面放火，张让在里面放火，这下皇宫热闹了。宫内宫外火树银花，比过节还热闹。

不过，两伙人同样是放火，目的却不一样，袁术放火是为了烧宫门杀进来，张让等人放火是为了制造混乱，趁机跑路。

不过，张让等人在这样的危急时刻，并没有只顾自己逃跑，他们很有友爱精神，顺便把皇太后、皇帝刘辩、陈留王刘协，一个妇女两个少年一起带走。张让等人诳骗太后说大将军部下谋反，放火烧宫，情势危急，请太后移驾，之后不容分说，裹挟太后、皇帝、陈留王及省内官属从复道逃向北宫。

当时帝国皇宫分南宫、北宫，中有复道相连。南宫，因袁术率军在外面放火攻打，已经待不下去了，于是太监们率领亲信挟持人质从复道逃往北宫，但没走多远就遇上了拦路者，拦住去路的不是别人，正是与太监有着深仇大恨的尚书卢植。

如果你记性好，应该还记得，打黄巾的时候，卢植是主将，打张角最卖力气的人，就因为没给太监送礼，被黑不说，功劳不算，还被关进大牢。

此时此刻，冤家路窄，仇人见面分外眼红。

卢植手握长戟，仰头痛骂段珪、张让等，也许是做贼心虚，段珪等人放了何太后，带着皇帝和陈留王往北宫逃去。

就在张让、段珪跟宫外的袁术等人对峙的工夫，接到消息的袁绍也赶到了。

袁绍听说何进被杀，没有立即去皇宫，而是跟叔叔袁隗矫诏，将太监亲信樊陵、许相骗来，杀死，这两位老兄新官还未上任就被砍了脑袋。

解决外围之后，袁绍这才跟何进的弟弟何苗率军屯兵朱雀门，捕获大太监赵忠等。此时，双方已经剑拔弩张，不是你死就是我活，不需再演戏了，所以也没必要审问，袁绍直接砍了赵忠及其亲信党羽。

溅了一身血的袁绍，血性喷发，平日温文尔雅的袁大公子不见了，此时的袁绍手握钢刀，一副见谁跟谁玩命的架势。

袁绍的目光又盯住了一旁的何苗。

何苗收太监们的钱阻挠何进杀太监，袁绍早就知道。对于破坏自己计划的人，袁绍当然不能放过，何苗已经被袁绍列入了自己的黑名单。

袁绍冲着身边的心腹吴匡使了个眼色，吴匡心领神会，他也早对何苗不满，对身边情绪激动的士兵们说："就是车骑将军（何苗）勾结太监杀害大将军（何进）的，我们受大将军厚恩，要为大将军报仇。"说完，拔出腰刀直奔何苗砍过来，何苗想跑已经来不及了，被吴匡和随后赶上的士兵砍翻在地，转眼就被剁成肉泥。

随后，袁绍带兵杀进北宫。进了宫门，袁绍吩咐道："封锁大门，一个也别让跑了。"话音未落，几十个手拿长戟的士兵就守住了宫门。

袁绍这回可真是大开杀戒，一路之上只要看见太监模样的，二话不说，上来就砍，不管是大太监还是小宦官，照杀不误，一个不留。按袁绍的标准，真正做到了"除恶务尽"。

皇宫成了杀人的屠场，血腥的屠杀持续了整整一晚，两千多宦官，连同几个掌权的大太监几乎被斩杀殆尽。帝国的皇宫里到处弥漫着令人作呕的血腥味，花园、宫殿到处是被砍死的宦官的尸体，横七竖八躺在那里，血流满地。

袁绍这么干也有些过分，祸国殃民的大太监毕竟是少数，其他的小宦官也就是些差役下人，并无劣迹，不问青红皂白地滥杀，除了多制造一些冤魂野鬼，一点好处也没有。当兵的杀红了眼，见到没长胡子的就砍，从宫里杀到宫外，整个洛阳城都成了杀人场。

这可苦了一些正在发育还没长胡须的年轻小伙，远远地看见当兵的，二话不说就解裤子，动作相当麻利。在大街上宽衣解带，要是平常就会被当成流氓抓起来，但这时几乎成了年轻小伙子们的标准动作，这也没办法，不想被误会就要验明正身。

袁绍带兵一路穿屋过院直奔张让等人躲藏的尚书省而来，张让、段珪几个人被逼得没办法了，带着少帝刘辩、陈留王刘协和几十个同党从谷门逃出，一口气跑出洛阳来到小平津黄河渡口，因为跑得急，什么都没来得及带，连皇帝的玉玺都没带出来。

张让等人逃得狼狈，此时只有尚书卢植、河南中部掾闵贡一路在后紧追不舍。闵贡等人追到黄河边，夜已深了，此时正值九月，秋夜的黄河岸边冷风刺骨。小皇帝和他的兄弟陈留王金枝玉叶，哪遭过这份罪，兄弟俩被冻得瑟瑟发抖，抖作一团，只好搂在一起相互取暖。

张让、段珪等人逃到岸边，黑夜中不见一只渡船，走投无路，只能绝望地站在那里看着河水发呆。

就在张让等人惶惶不安之时，闵贡、卢植等人追了上来。昔日风光无限威风八面的张让等人如今垂头丧气再也威风不起来了。

闵贡指着张让等人大骂："你们这些祸国殃民的家伙，还不自己了断，还要我动手吗？"说着挥舞宝剑一连砍翻了几个张让的同党，张让、段珪眼看大势已去，冲着皇帝拜了几拜，转身跳入波涛滚滚的黄河。

大将军何进死了，曾经嚣张一时的太监们也被灭了，两个曾经斗得你死我活的外戚、宦官最后同归于尽，大家终于不闹了，可帝国也已经走到了尽头。

（一）狼子野心

身居深宫娇生惯养的小皇帝刘辩被一天的宫廷血斗，搞得已经精神崩溃。这一天的经历比他过去十几年经历的都多，此时早已吓得瘫在那里，两条腿不听使唤，站也站不起来。还是身边的陈留王刘协，年纪虽小却从容镇定。

君臣在这种情景下相见，百感交集，当即搂在一起抱头痛哭。哭过后，闵贡牵来自己的马让皇帝骑，因为马不够，闵贡跟陈留王共骑一马。

这时夜已深，京城洛阳也早已关门闭户，更何况荒郊野外，周围漆黑一片，四下里伸手不见五指。君臣人等只能摸黑赶路。

走了几里路好不容易遇到一户人家找了辆民间的平板车，走不动的人就坐在车上，其余人只能步行。幸好这一带有萤火虫发出的"照明弹"，一行人就靠着萤火虫发出的微弱光亮一路往前走。

八月二十七日晚，皇帝刘辩及闵贡一行抵达雒舍。次日清晨，皇帝刘辩、闵贡和陈留王刘协南返雒阳。公卿百官在北邙山下迎驾，前太尉崔烈在迎驾队伍前引导。

这时突然见不远处的前方烟尘四起，晨雾里看不清楚，只听见人马的嘶鸣声。听声音，来的人数不少，被昨天的混乱搞得神经兮兮的君臣此时犹如惊弓之鸟，不知这伙人是敌是友，心情只有一个词可以形容——忐忑。

来的这队人马不是别人，正是董卓率领的羌胡兵，小皇帝一见到凶悍的凉州兵，当场吓得面无血色，皇帝只有十四岁，陈留王更小，才九岁，都是孩子。

这时，前任太尉崔烈打马上前，距离近了，看清了。来的这支军队打着朝廷旗号，领兵大将乃是董卓。

董卓为何这时才来？

原来董卓被何进派出的种劭斥退，驻军于雒阳城西的夕阳亭。二十七日晚，董卓才得知雒阳发生政变，于是急忙进军。于二十八日晨抵达显阳苑，得知皇帝在北邙山，而公卿大臣都在山下迎驾，于是董卓急匆匆率军赶来北邙迎驾。

崔烈认识董卓，见是董卓，崔烈还想摆汉官威仪，呵斥董卓回避圣驾，董卓鼻子一哼，根本没理他，直接朝皇帝走去，把崔烈晾在一边。

董卓走到皇帝马前施礼道："臣，并州牧董卓，救驾来迟，还望陛下恕罪。"小皇帝惊魂未定，一句话也说不出来，这时旁边的弟弟刘协忙插话跟董卓交流起来，两人一问一答，刘协把昨天发生的事原原本本告诉了董卓。

董卓嘴上没说什么，心里却起了废立之心，这位皇帝别看年长几岁，反倒不如小的沉稳，不如把皇帝换了。自己初来乍到，很多人都不服气不买自己的账，就借这个机会树树自己的威风。连皇帝都能换，更何况你们这些人。

当天，皇帝在董卓等文武群臣的簇拥下回到都城，皇帝刘辩再次回到皇宫，宣布大赦天下，改年号光熹为昭宁，不久丢失的玉玺也被找回。朝廷上下希望就此安宁，但董卓来后，京师哪里会有安宁。

作为帝国的首都，朝廷在洛阳驻有帝国最精锐的部队，而且数量相当可观，仅西园八校尉统辖的部队就有上万，这还不算一般的驻防部队。

董卓只带来三千多人，想靠这点兵马镇住京城各方势力谈何容易。只能智取，董卓苦思多时，有了主意。他让自己的部队白天大摇大摆打着旗号擂着鼓排着整齐的队伍进城，黄昏后再让士兵们将军服藏起穿着老百姓的衣服，三三两两地出城。第二天士兵们穿着军服再来一次入城式，如此循环往复若干天，洛阳城里的人一看，每天都有董卓的部队开进城，都被镇住了。谁也搞不清董卓究竟带来多少人马，董卓就这样忽悠成功，夺取大权。

董卓的招数，明显是跟虞诩学的，当年虞诩在武都对付羌兵曾用过，这会儿被董卓拿来对付洛阳朝廷，效果依旧很好。

如此一来，董卓的自信大增，本来干的是边防军，上位全靠战场拼杀。初到京城，董卓还比较小心，但经过这些事，董卓发现，原来京城这帮人也不过如此，也是可以忽悠的。

渐渐地，董卓的胆子和野心大了。很多人看出了危险的苗头，骑都尉鲍信就是其中之一。京城大乱时，鲍信并不在京城，他奉何进之命到兖州一带招兵，何进被害时，鲍信在成皋桥瑁军驻地。二十八日，鲍信赶到雒阳，董卓也才到。

鲍信见董卓软硬兼施大肆吞并各路兵马，实力迅速膨胀，十分不安，长此以往，必为国家大患。于是来找袁绍商议，鲍信向袁绍提议趁董卓初到京师立足未稳将其除掉："董卓在京拥兵自重，久必为患，趁此时他根基不稳，不如寻机除之，待他羽翼丰满，则难图也。"而袁绍"畏"（董）卓，不敢动。鲍信见袁绍怯懦，言不听，计不从，情势如此，京师早晚必乱，是非之地不可久留，便告辞返回泰山郡，招兵买马，鲍信部后扩充至两万之众，骑兵七百，辎重数千辆。

袁绍也不傻，董卓的野心，他怎会看不出！只是袁绍对董卓多少心怀畏惧，此时的他很像之前的何进，而鲍信就是从前的他。袁绍犹豫不决，最终错失良机。

三国之

群雄逐鹿

（二）杀丁原　收吕布

鲍信走了，同是奉命进京的丁原却没走，也因此把命丢在了这里。

董卓的成功，也得益于贵人相助，太傅袁隗便是其中之一。二十八日，董卓进京不久，便以迅雷之势雷霆手段吞并何进旧部，由此全面掌控京师。吕布见董卓势盛，这才决意弃丁原，投董卓。

二十九日，吕布杀掉丁原，率部投奔董卓。吕布，董卓的第二个贵人。

丁原到京城后，很受重视，被任命为执金吾，负责宫廷内外警卫，不仅有实权且是荣誉职务，当年开国皇帝刘秀就十分羡慕执金吾。但升官并未给丁原带来好运却招来杀身之祸。因为他跟董卓有矛盾。

丁原跟董卓一样，也是边防军，带兵武将出身。身为职业军人，有了矛盾不会像舞文弄墨的文官那样玩阴的，武将表达不满的方式往往很直接，拿刀对砍。丁原与董卓，谁也不服谁，正所谓一山不容二虎，两人注定要有一场生死对决。

董卓很想灭丁原，但丁原手下也有兵，不好下手。这时有人给董卓出主意，突破口在一个人身上，此人就是赫赫有名的三姓家奴——吕布。

吕布，并州五原郡九原人（今内蒙古），从小在边境长大，见惯了打打杀杀，平时喜欢骑马射箭拿刀砍人，天生的军人，长大了自然干了最适合他的职业——当兵。他的上级就是丁原。

吕布臂力过人，马上步下功夫都十分了得，尤其是马上功夫，迅速敏捷，骑术精湛、箭术精准（参考后来的辕门射戟），军中号称飞将。如此猛人自然很得武将丁原的赏识，丁原就把吕布收到自己帐下做骑都尉，对吕布很信任。

丁原进京时也把爱将吕布带上了，不过让丁原没想到的是，最后杀他的就是这位爱将。

董卓想杀丁原，一直在寻找突破口，最后把宝押在了吕布身上。为了消灭丁原，董卓也真肯花钱，派人给吕布送去一批价值连城的金银珠宝，吕布从小在穷乡僻壤长大，穷怕了，看见眼前五光十色的珍宝，抓住就不肯放手，财色动人心。于是乎，丁原的亲信爱将吕布被董卓收买，来人还表示，这些只是见面礼，小意思，事成之后，董大人还有厚礼相赠。

要说人家吕布真是爽快人，二话不说，直接拿刀就奔丁原的大帐去了，进了里面，也不说话，挥刀便砍，丁原还没弄清是怎么回事，脑袋就搬了家。吕布直接拿着丁原的人头投奔董卓，整个过程一气呵成，吕布一点心理负担负罪感都没有，真不愧有奶就是娘的小人。

吕布来入伙，还带着一份厚礼，董卓自然乐得眉开眼笑，马上任命吕布为骑都尉，两人还认了干父子，说了许多肝胆相照、共享富贵的话。

丁原被杀后，董卓随即将丁原的部队收编，又收了吕布这员大将，实力大增，腰杆也硬了。

有了实力的董卓不再满足一般的忽悠，有了更高的追求。

董卓先是觉得自己的官实在太小，真是屈才，于是乎董卓开始找各种理由给自己升官。

三公是帝国最高职务，虽无实权却也是一种极高的荣誉，如在平常，董卓是不敢奢望三公的，他既无名望让人推举也没钱去买。但现在不同了，虽然没钱没背景更没名声，但有枪杆子有兵，前几样都没有也没关系，只要有最后这个枪杆子就够了。

有军队做靠山，董卓底气十足。董卓先是找了个借口将三公之一的司空刘弘罢免，免官的理由是天不下雨，听起来有点无厘头，老天爷不下雨也是我的错？对，就是你的错。这就是当时中国传统政治中比较搞笑的地方，这是自刘秀那会儿留下的传统，刘秀根本就没打算让三公管事，三公的职位纯属坐而论道的荣誉性职务，担任这个职务的都是帝国德高望重的官员，但到了后来，三公越来越不受待见，平常朝廷里有什么事都不找他们，但只要是哪里发生了天灾，例如，洪水、旱灾之类，就认为是三公的错，三公就得出来背黑锅。

从这个角度说，董卓也不算冤枉刘弘，至于刘弘走后，谁当这个司空，各位不必费心，董卓早就想好了人选，就是他自己，董大人也想过过三公的瘾，虽然没啥实惠，好歹也是荣誉称号。

（三）董卓"求贤若渴"

一提到董卓，很多人的第一印象就是那个猪脑肥肠、面目狰狞、心狠手辣的大军阀，禽兽或者说是禽兽不如的家伙。

这么想倒也没错，但如果认为董卓只是一个粗鲁的武夫，那就大错特错了，这个外表粗俗的人内心很狡猾。不然，在盛行权谋的官场是混不下去的，别说升官，不被挤出去就不错了，董卓这么多年不仅没被挤出去，官却越做越大，所以说董卓是智商情商都很高的人。

董卓刚来京城的时候，为了迷惑京城里的人，正经装了一阵正经人，而且根据各方面的反应，董卓表演得还很成功。这么看来，董卓不仅能打仗智商高，而且演技还好，至少暂时把京城的人给忽悠住了。

董卓到京后除积极给自己升官，就是忙着四处拉人。

董卓出身寒微又是边将出身，在朝中并无根基，这是他最大的政治缺陷，而且此前他在军中跋扈傲慢，不服调遣，已被洛阳权贵视为武夫粗人。董卓急于改变形象，他深知自己手下那些领兵校尉，是自己从政的武力后盾，但却不能参与政治本身，只适合在外围助阵，想在洛阳站稳脚跟，有所作为，就必须与京师的名流士大夫合作。

从这一点说，董卓还是懂点政治的。东汉的政权，其实，皇帝只是其中一个掌权人，帝国的基层乃至朝中基本都被这些世代读书垄断舆论的世家大族所控制，董卓深知其中奥妙，帝国的真正主人是这些世家大族。

起初，董卓还是挺有合作诚意的，一上来就对曾被太监打压的名士平反昭雪，还积极网络名士才子出山。这时候的董卓可谓"求贤若渴"，当然，他不是真正爱才，说穿了就是想召集一批有声望的名士到自己主持的朝廷做官，给自己撑门面。董卓发的第一批"请帖"中最有名的就是大才子大学问家蔡邕。

蔡邕（133—192），字伯喈，兖州陈留郡圉（今河南杞县西南）人。

蔡邕出身于书香门第，本人更是才学出众，博学多识，蔡邕于 170 年进入朝廷当郎中，后在东观校书。175 年，在蔡邕主持下对当时流行的六经重新刊定，改正了以前的许多错误，蔡邕还把改定后的六经刻在石碑上，供人学习。当时正值汉灵帝熹平四年（175），蔡邕刻的石经也称熹平石经。

石经刻好后，全国各地的读书人闻风而来，纷纷到洛阳抄写，轰动一时，蔡邕也因此名扬天下。

后来蔡邕卷入宫廷政治漩涡得罪宦官被发配流放，在外漂泊一十二载才回到洛阳。蔡邕的才名和坎坷的经历让他的名气更大了。颠沛流离的生活并没有影响蔡邕在士大夫群体中的知名度。树大招风，蔡邕不幸被董卓看中。

已成为三公的司空董大人专程派人请蔡邕出山做官，却被蔡邕婉言拒绝。蔡邕乃当朝名士，当时读书人看重名节，董卓是什么人，全国人民都知道，身为士大夫的蔡邕怎么会看得起董卓，自然不愿去。

被拒的董卓感到很没面子，当时就火了，放出狠话，要是不来就灭你全族。蔡邕到底是文人，惹不起军阀，只好乖乖来报到。董卓听说蔡邕来了，非常高兴，好歹拉来一个名人，董卓对蔡邕十分尊敬，格外重视，大力提拔，此后蔡邕"三月之间，周历三台"，"三台"是指尚书台、御史台、谒者台。蔡邕先后出任祭酒、持书御史、尚书等职，旋即又被董卓留在朝中做天子近臣侍中，名义是天子侍臣，实则是董卓的私人顾问。

董卓为收买朝廷大臣和在野的名流士大夫，给皇帝上书让公卿子弟都到朝廷做郎官。这时小皇帝已经是傀儡了，董卓想怎么搞就怎么搞。董卓才是三国时代第一个挟天子的人，只不过，董卓挟天子令不了诸侯，因为没人听。不过，这时候董卓说话还好使，特别是在朝廷。

汉代郎官是帝国的储备干部，一般在朝廷干几年就可外放做县令，董卓让朝臣子弟充任郎官是给这些人做官的机会，谁都看得出来，董卓这是收买人心，但人家领不领情就难说了。

董卓接下来又干了一件"好事"，上书皇帝为在党锢之乱中被太监害死的名士陈蕃、大将军窦武和被迫害的党人平反昭雪，董卓这么做无非是想重新树立自己的形象，拉近与士大夫的关系。其实，无论是太监还是党人跟他都没多大关系，不过，为给自己积聚人气，董卓确实没少费心思。

董卓进京之后，身边很快聚集了一批给他出谋划策的谋士，但很多人表面上帮董卓，背地里却有自己的小算盘。尚书武威人周毖、城门校尉汝南人伍琼劝董卓多提拔名士给自己在士大夫圈子里赢得口碑和知名度。董卓一听这是好事，满口答应。

董卓需要的是一批人，很快，又一批入选名单出炉，代表人物有荀爽、陈纪、韩融、申屠蟠等，都是当时声望极高的名士。几乎每届当权者都会向他们发出邀请，之前大将军何进就曾征召过荀爽等人，但却遭到后者的拒绝，这也让后者的知名度比之前更高。

而董大人的力度显然要强于何进，因为有之前蔡邕的先例。除申屠蟠外，颍川名士几乎悉数应征，不敢不去。而董卓对这些人的重视程度也是汉朝建立以来所少见的。

以荀爽为例，荀爽升官的速度堪称帝国官场的奇迹，刚出山就被任命为平原相，这是一个相当于郡太守的两千石高官，而在这之前，荀爽名望虽高，但也仅仅是一介布衣，从布衣到两千石，中间没有任何过渡，一步到位，好事还没完。

几天后，荀爽走到宛陵又有好消息传来，他又升官了！这次的职务是光禄勋——中央高级干部。在这个位置上荀爽只待了三天，跟同事们连脸还没混熟，很多人的名字还没记住，就走了，因为荀爽又升官了！这次的级别更高，直接拜为三公之一的司空。

从布衣百姓到三公卿相，荀爽只用了九十五天。这是一个神奇的升官速度，两汉四百年，如此升官，闻所未闻。荀爽创造了纪录，或者说董卓创造了历史。

这几位虽是布衣，但绝非普通百姓。

只要看看他们的履历就知道了，陈纪是大名士陈寔的儿子，韩融是大名士韩韶的儿子，荀爽是大名士荀淑的儿子，这些人的父辈都是当时大名鼎鼎的学者，虽然官都不大，但知名度相当高。

他们还有一个共同的身份，都是颍川人。

颍川是当时士大夫之乡，这里靠近国都，经济发达，文教事业更是全国知名，其中钟皓、韩韶、陈寔、荀淑都以清高有德闻名于世，合称"颍川四长"。

因为颍川是名士聚集之地，在当时的朝野分量很大，所以董卓把收买的重点放在了这里，一群幸运的或者说不幸的人被董卓选中拉进朝廷。

董卓重用的几乎都是有着深厚背景的名士，那真是平民的没有，官场潜规则，没背景想上位只能做梦。这里面还有一个被人们长期忽视的细节，虽然颍川人很牛，但全国出名士的地方多的是，跟颍川不相上下的地方也有，比如说袁绍的老家汝南也是一个名士辈出的地方，那为什么董卓偏偏喜欢颍川人呢？原因很简单，老乡情结。

也许有人会质疑，董卓是西北人，跟颍川根本不挨着，这算哪门子老乡呢？没错，董卓的确不是颍川人，但董卓的老父曾在颍川做官，董卓童年时也曾在颍川生活过，所以虽然颍川不是董卓的故乡，也是他的第二故乡，也因此董卓对颍川有一种难以名状的亲近感，董卓掌权后，除跟自己打拼的西北兄弟就是与颍川名士们比较亲近，当然很多名士不这么想，但董卓是这么想的。

在董卓看来，有西北的兄弟给自己打天下，有颍川的士大夫给自己出谋划策，文武相济，这就是董卓积极培养颍川人的奥秘之所在。不过从后来那些名士的所作所为看，董卓明显是一厢情愿，他把人家当老乡，人家从来没认过他这个"老乡"，至少在心里从未认同。

董卓在收买当朝及在野名士方面可谓不遗余力。不久，董卓又任命尚书韩馥为冀州牧、侍中刘岱为兖州刺史、陈留孔伷为豫州刺史、东平张邈为陈留太守、颍川张咨为南阳太守。

董卓起用的都是当世名士，请大家记住这些名字，记不住也没关系，因为他们不久之后即将出场，用自己的实际行动"报答"董卓的"知遇之恩"。

（四）董卓废立皇帝

在给自己升官之前，董卓还有一件大事要做，就是这件事把董卓彻底推到了风口浪尖上，成为全民公敌，搞到最后声名狼藉身首异处。

之前收买士大夫的一系列努力也因此事付之东流，他亲手提拔的人群起反对他。有人要问董卓究竟干了什么事，惹得众叛亲离，什么事！这事可大了——换皇帝。

皇帝，九五之尊。天子，天之子，岂是随意换的！

自古以来，废立皇帝都要冒灭族之险，即使本人侥幸逃过，后世子孙也会受到牵连。不自量力的董卓却要冒天下之大不韪，公然废黜皇帝。

董卓刚进洛阳时就有了这个心思，不过，废立皇帝事关重大，事前也需征询群臣的意见，探探众人的口风。

第一个被董卓找来谈话的是力主迎他入京的袁绍，袁绍袁公子这会儿肠子都悔青了。本来在京城除了大将军就是他。董卓来了以后，他这个昔日的二号人物被晾在了一边，郁闷失落是难免的，可这又能怪谁！路是自己走的，怨不得别人。

袁绍来见董卓，一阵寒暄过后，董卓直奔主题："天子乃天下之主，宜选贤德睿智者，每每想到灵帝所为，令人愤恨。董侯（刘协）贤德聪慧，如册立为君，必为一代贤君，尊意以为如何？"袁绍没想到董卓找他来是竟是谈废立之事，完全没有准备，不知如何是好，但董卓既然问了，又不能不答，但出于本能，袁绍自然是反对的，袁绍说："汉家君天下四百年，恩泽被于四海。今天子富于春秋（年纪不大，刚刚继位），未有大错（才继位，就算想犯错也来不及）。无故废立，恐朝臣议论，似有不妥。"

袁绍虽然反对，但话说得还是很含蓄的，尽管如此，董卓也听出了袁绍的意思，当场就火了，大吼道："天下之事，还不全在我，我想做的事，谁敢不从！"袁绍想不到董卓会当场发飙，袁绍见势不妙，赶紧赔笑说："此国家大事，请容我回去与太傅商议。"说完就退了出去。这一去就再也没有回来。

此事还有另一个版本，两人话不投机，当场翻脸，董卓面目狰狞，目露凶光，手按宝剑恶狠狠盯着袁绍说："天下之事还不是我说的算，我想办的事，谁敢阻拦。"袁绍也火了，手握佩刀说："天下英豪不止董公一人。"说罢横刀而出，扬长而去。

不论哪个版本是真，有一点是确定无疑的，即袁绍反对废立，并从此在政治上与董卓分道扬镳。

董卓和袁绍谈崩了。董卓又找来袁绍的叔叔太傅袁隗商议，袁隗表示无异议，您看着办吧。

袁绍从董卓处出来后，自知闯了大祸，为免遭毒手，不敢在洛阳停留，便将司隶校尉印绶悬挂于洛阳上东门，连夜逃出洛阳，出奔冀州避祸。

袁绍祖籍豫州汝南，却北奔冀州；此后出逃的曹操、袁术也都未回原籍，而是分别在陈留郡、南阳郡起兵。曹操后来是在陈留郡太守张邈及本地名士卫兹的资助下起兵，袁术在南阳郡也有宗承等世家的支持。支持袁绍的人就更多了，史称当时豪杰多附（投奔、归附）袁绍。

本初（袁绍的字）到哪里都是一面旗帜，逄纪、许攸等众多名士先后追随袁绍北上。袁氏四世三公的政治影响力此时终于彰显出来，袁绍此前折节士大夫，广交豪杰正是为了今天。

袁绍是世家大族的代表，袁绍都跑了，洛阳城里，再无人敢多言。

189 年八月三十日，董卓大会群僚，正式商议废立之事，百官悉数到场。看着满朝文武，董卓心中不免有几分得意，他很清楚即使他说出那个惊天大事，也没有谁敢不顺从，违逆他的意志。

想到这里，董卓朗声说道："当今陛下才智劣弱，不可奉宗庙，为天下之主。我今天准备效仿伊尹、霍光，拥立陈留王为天子，诸位以为如何？"

下面鸦雀无声。

董卓很满意，又接着提高嗓音说："前朝霍光废昌邑立宣帝，韩延年手握拔剑，说有敢违抗者，以军法论处。今天，我要效法前代先贤，有谁还有异议？"说着用眼睛扫视群臣。董卓这副架势，谁还敢有意见，都把脑袋往脖子里缩。

董卓正得意，突然有人说道："皇上虽然年轻但并无过失，怎能擅行废立，这是为人臣子当做的事吗？"董卓一听勃然大怒，循声望去，说话的原来是尚书卢植。董卓当场要杀卢植，这时，一旁的蔡邕等人赶紧上来劝解和稀泥，说：卢尚书海内大儒，素有声望，此人为人迂腐，大人要是杀了他，外间不明真相者，便会以为您不能容人，有害贤之名。不如免去他的官职以示惩戒也就是了。董卓这才作罢，宣布散会。

当天如果不是侍中蔡邕、议郎彭伯等人为之求情，卢植必然凶多吉少。

蔡邕为卢植求情，也是报答卢植当年的恩情，早年蔡邕被人陷害，流放朔方，满朝之中只有卢植上书为之申辩，正因当年义举，才有今日蔡邕的鼎力相救。

会后，董卓不出意料免去了卢植的职务。

卢植自知闯了大祸，不敢再在京城有片刻停留，随即告老还乡，不待照准，便匆匆离京而去。为防董卓追杀，卢植一路昼夜兼程，沿途不做停留，董卓果然派人来追，只是卢植走得太快，没有追上，躲过一劫的卢植回到上谷隐居，从此不问世事。

九月一日，崇德前殿，董卓手握宝剑站在皇帝身边，亲自主持仪式，让人把小皇帝刘辩"请下"皇帝宝座。可怜的刘辩只做了半年皇帝就被废黜。袁隗上前扶下刘辩，又将陈留王刘协扶上去。兄弟两人换了位置，刘辩被封弘农王，刘协成了新皇帝，就是汉献帝，东汉最后一位皇帝。整个过程中，何太后一直哭哭啼啼，抽泣不止，但这时她也是人家案板上的肉，只能任人摆弄。

董卓如愿以偿册立新君。

由来只有新人笑，哪闻旧人哭，自古被废的皇帝就没有好结局。董卓自然不会放过何太后母子。

刘辩九月一日被黜，九月三日，董卓便派亲信郎中令李儒用毒酒毒死何太后，对外的官方说法是抱病而亡，这不过是自欺欺人，欲盖弥彰。天下谁人不知，真正的凶手是董卓，可谁又敢说呢？关东兵起，董卓又用相同的方式毒杀弘农王刘辩，执行人仍是李儒。

直到十月三日，陈尸整整一月的何太后遗体才被允许下葬，与灵帝合葬文陵（后改称文昭陵）。董卓趁合葬开启文陵之际，顺手牵羊顺走了不少陪葬金银宝物。太后之母舞阳君也被董卓处死，董卓甚至将已经入土的何苗尸体挖出肢解。何氏被董卓彻底铲除，连死人都不放过！

献帝东迁后，曹操掌权开始政治清算，当时死于董卓、李郭之乱者得到抚恤——封侯，与董卓、李傕、郭汜凉州集团关系密切者则被处以极刑。何氏只有何进被视为有功之臣。

袁绍曾在奏章中写道：故大将军何进忠国疾乱，义心赫怒。何进在东汉的历史定位是忠臣。何氏血脉只有何晏（何进之孙）这一支保留下来。

九月十二日，董卓由司空改任太尉。十三日，太中大夫杨彪被提拔做了司空。二十一日，豫州牧黄琬被征入朝担任司徒（推测黄琬与杨彪是十三日当天同日受到的任命，不过黄琬在外地二十一日才赶到雒阳）。

太尉董卓、司徒黄琬、司空杨彪，三公终于凑齐了。

不久，在新任太尉董卓领衔下，司徒黄婉、司空杨彪署名，三公联名上书，正式请求天子为陈蕃、窦武及被冤党人平反昭雪，恢复陈蕃等人生前名誉，录用其子孙。陈蕃之子陈逸，复出为官，官至鲁相。窦武的孙子窦辅本年二十二岁，与当年救他的胡腾（认胡腾为义父）居住在荆州零陵，也在这年被荆州举为孝廉。

董卓自导自演的这场政治秀，圆了士人集团二十年的期盼。

十一月，董卓被拜为相国，封郿侯，天子准许他（当然是他自己要求的）"赞拜不名，剑履上殿"，如同当年的萧何。

董卓在洛阳缺乏政治基础，缺少门生故吏，董卓希望以此向士人示好，一厢情愿地拉拢士大夫集团靠向自己。

但董卓进京后的所作所为，让人实在难以对其产生好感。董卓手下大部是羌胡兵，野性十足，洛阳城里贵戚富户又多，军纪松散的董卓部士兵开始在洛阳及周边地区公开抢掠，抢夺过往商旅的财物，奸淫妇女。董卓对此，听之任之，一味地放纵，士兵们四处抢劫，董卓自己也没闲着，借着给何太后下葬的机会，将陪葬的金银宝物洗劫一空。董卓还时常出入皇宫，并经常夜不归宿，在宫中找来宫女甚至公主侍寝。

（五）并州白波军

朝廷余波未平，并州烽烟再起。黄巾军余部郭太等人于西河白波谷再次起兵，攻掠太原，席卷河东。并州百姓纷纷南下关中避难。

郭太最初起兵于白波谷，因而人称白波贼。白波谷（在今山西襄汾西南永固村）东濒汾河湍流，背依悬崖绝壁，隔河为古晋阳与河东间的汾河河谷大道，地处晋中与晋南交通咽喉和战略要冲。至今在永固村及周围村落仍有五座白波军营垒遗址。

白波军营垒都是黄土悬崖冲沟和夯土成墙的巨大土堡。土堡大的周长约700米，小的也有500米，土堡城墙高八到十米，厚度竟达八米。各土堡间均有地道相通，战时可以利用地道转移兵力，令敌人措手不及，土堡外还挖有护堡壕。

白波军的土堡大都依崖而建，尽可能借助悬崖代替板筑城墙，如此构造既可充分利用险要的地势又可省去许多工序，方便实用。

白波军依托险要的地形与完善的土堡防御体系，屡败官军。

白波军还与黄河两岸的黄巾军取得联系，互通消息，协同作战。

黄巾军失败后，朝廷准备集中兵力围剿白波军，白波军见形势不妙便接受了朝廷的招安。

汉灵帝死后，董卓乱政，天下大乱。白波军趁机重新起兵，白波军中不乏将才，曹操的大将徐晃就是白波军出身。白波军的主要将领还有杨奉、韩暹、波才、李乐，不久，这几位兄弟就会以一种特别的方式出场。

白波军与并州的南匈奴于夫罗部取得联系，双方组成联军，联合对抗朝廷的围剿大军。

匈奴自被汉武帝连续打击后，到汉宣帝时逐渐衰弱，直至分裂成南北匈奴。东汉开国，南匈奴成为汉朝的附属，接受汉的财帛钱粮，服从汉朝号令，助汉守边。灵帝时，南匈奴大部汉化，但仍保持了聚族而居的习俗。并州是南匈奴的主要聚居地。

当时匈奴老单于在部族内部的火拼中被杀，他的儿子于夫罗继位，但那些参与杀害老单于的人，自知与于夫罗结下深仇，索性拥立须卜骨都侯做单于。正宗的于夫罗反而无人理睬，于夫罗被逼无奈到洛阳告状，请朝廷为自己做主。

但他来得实在不是时候，正赶上灵帝驾崩，董卓进京，京城一片混乱，谁有工夫管他。于夫罗申诉无门，部族又回不去，赶上白波军在并州起兵，走投无路的于夫罗手下还有数千匈奴骑兵，白波军主要是步兵，而匈奴基本是骑兵，彼此需要，一拍即合。

白波军与南匈奴骑兵在并州、关中一带流动作战，董卓既已掌权，当然不能允许别人在自己的地盘上抢劫，于是派自己的女婿中郎将牛辅带兵征剿。可牛辅全仗老丈人的势力，打仗纯属外行，几仗下来被白波军打了个人仰马翻，牛辅领教了白波军的厉害，不敢出战，只好固守不出，任凭白波军四处劫掠。

再说袁绍，因反对董卓废立皇帝而出奔，这时的袁绍已从名门公子沦落成通缉犯，此时的袁绍处境危险，董卓只需派一个亭长就能将其擒获。但关键时刻，袁氏四世三公积累的人脉救了袁绍。

董卓身边的侍中周毖、城门校尉伍琼、议郎何颙，都是京城名士，与袁氏素有交情，世交子弟遭难，岂能袖手旁观，自然要伸以援手。

伍琼等人心向袁氏，但表面上又必须做出为董大人着想的姿态，救人要紧，却又不能明着救，虽然有难度，却难不倒几位官场老狐狸，他们游说董卓说："袁绍乳臭未干，不识大体，您对国家的忠心与深谋远虑，岂是他能明白的！袁绍出走，无非是因顶撞了您而心生恐惧，他不知您宽怀仁厚，不会与他计较，若通缉追捕，将他逼急了，袁家四世三公，门生故吏遍布天下。一旦他利用父祖的威望在地方兴风作浪，地方豪杰不明真相，难免受其蛊惑，关东诸郡势必大乱，那就不好办了。不如赦免他的罪过，拜为一郡太守，袁绍获知免罪，又被封官，欣喜之余，自然对您感恩戴德俯首听命，天下也就无事了。"

董卓听了觉得挺有道理，这时董卓对与士大夫合作还抱有幻想，并不想因此事与袁氏闹翻，也就顺水推舟，任命袁绍为渤海太守，封邟乡侯。

尽管董卓表现出了十足的诚意，给士大夫们加官晋爵，但这丝毫打动不了朝野士大夫的心。士大夫之所以不愿意跟董卓合作，原因出在身份上，在标榜门第的东汉，士族势力已经崛起，坐而论道的士大夫们从骨子里瞧不起出身寒微一介武夫的董卓。

在这些人心目中，只有出身高贵的世家子弟袁绍才是他们的代表，自己人。

可怜的董卓想用封官晋爵收买世家大族，费尽心思，到头来却是一场空，他一手提携的名士很快就用起兵讨董的实际行动来"报答"董卓了，董卓不久就会

三国
之
群雄逐鹿

品尝到自己种下的苦果。

（六）弃官出逃

继袁绍封官后，袁术、曹操也先后收到了董卓的任命书。袁术的职务是后将军，曹操则是骁骑校尉。但两人的反应出奇地一致——逃。

对董卓的邀请，世家子弟、京城公子或走或逃，给官也不做，态度很明确，拒绝合作。

袁氏兄弟的逃跑路线很有意思。袁绍北上逃奔冀州，袁术一路向南下南阳。此后袁绍雄踞北方跨有冀州，袁术则几经辗转割据淮南，兄弟两人一北一南，从此天各一方。

袁术出奔南阳，而这时长沙太守孙坚才杀了南阳太守张咨，在孙坚支持下，袁术占据南阳。

袁绍、袁术兄弟的出奔很顺利，不久之后，两人分别到达各自的目的地，也开始了此后迥异的人生。

三人中，以曹操的出逃经历最为惊险。

曹操接到董卓的任命，脸上没有丝毫的喜悦，反而有一种大难临头的感觉。树大招风，这也是没办法的事。

曹操是有远见的人，政治洞察力极其敏锐。曹操很清楚，董卓虽然当下很张狂，似乎操控全局，大权独揽。但董卓没有世家大族的支持，根本站不住脚，垮台是早晚的事，跟着他最后的下场只能是身首异处。连袁术都能看出来的事，曹操没理由看不出来。

但如果拒绝，马上会身首异处，董卓对不给自己面子的人向来都是有手段的。不想当董卓的官还想活命，那就只有逃。曹操换上便衣隐姓埋名，逃出京城，一路向东而去。

但令曹操没想到的是，他跑得快，董卓的追捕通缉令更快，他人还在路上，通缉他的文书就已经下达到各地州县，好不容易逃到中牟的曹操，却被一个小小的亭长抓住了。

这位亭长（相当于派出所所长）觉得曹操形迹可疑，看上去有点像逃亡的犯人（事实上也差不多），当即将其扣下扭送到县衙。曹操当然不肯承认自己就是曹操，但曹操在洛阳也是名人，认识他的人很多，曹操被押上大堂，县令旁边的功曹一眼就认出了曹操。但这位功曹并没点破而是劝县令将曹操放了，要说明的是，这个县令、功曹都是无名之辈，这里面没陈宫什么事。只能说明董卓不得人心，谁也不肯为他卖命。

捡了一条命的曹操，继续自己的逃亡之旅。路过成皋时，曹操去投奔了一个人，就是这次不经意的拜访，给曹操留下了千古恶名。

曹操路经成皋，这里住着他父亲的一个老友名叫吕伯奢，故人相见，尤其是在亡命时，自然显得格外亲切，吕伯奢热情挽留曹操在家小住。吕伯奢本是好意收留，却没想到引来一场杀身大祸。

说起来这是一场误会。当天晚上，曹操和几个随从在吕伯奢安排的客房里休息。曹操素来多疑（逃亡时，提高警惕相当必要），乱世，人心难测！就算老相识也未必可靠，所以曹操留了个心眼儿，即使在房里打盹儿休息也不敢真睡，还特意派一个亲信到前院打探动静。

这个亲信走到厨房听到里面有磨刀的声音，吓了一跳，贴上去往里一看，果然，有人在那磨刀，这个亲信赶紧跑回去报告曹操，曹操听了心里一惊，真是知人知面不知心，这吕伯奢看起来像个忠厚人，想不到也是个见利忘义之徒，幸好自己有防备，既然你不仁就不要怪我不念交情了，想到这，拔出佩刀，带着几个随从就冲了出来，见到吕家人就杀，一路杀到厨房，一阵砍杀后，仔细一看，曹操不禁一跺脚，错了，错了。原来，厨房里绑着一头猪，磨刀是为了杀猪，多疑的曹操误会了，但后悔已经晚了，人都杀了，人死不能复生，无法挽回。

曹操一声悲叹："宁可我对不起别人，也不能让别人对不起我。生逢乱世，不得不如此。"曹操心情复杂地上马离去。

曹操离京出奔之时，就已有讨伐国贼董卓之心。这时他本打算先回家乡谯县，途经陈留时，曹操遇见了陈留名士孝廉卫兹。曹操将自己的想法对卫兹和盘托出，当即得到后者的积极响应。两人一拍即合，在卫兹资助下，曹操在陈留出榜招兵，很快招到五千人，卫兹又出钱打造兵器铠甲，武装曹操。

中平六年（189）冬十二月，曹操在兖州陈留郡的己吾县正式起事，首倡义兵，率先吹响讨伐董卓的号角。

曹操率领这支自己亲手组建的部队走向战场，从此开始了他三十年的征战岁月。

（一）关东兵起

曹操在陈留起兵的消息很快传到冀州的渤海郡，刚刚当上渤海太守的袁绍，听说老友起兵异常兴奋，也跃跃欲试。但袁绍的起兵远没有曹操顺利。

此时的袁绍别说起兵，就连人身自由都受到限制，袁绍被软禁了。软禁袁绍的就是袁氏的门生故吏——冀州牧韩馥。

韩馥，字文节，豫州颍川人。说起来韩馥也是当时名士，早年跟袁家关系很不一般。韩馥是个胸无大志只想过安稳日子的无用之人，像他这样吃闲饭的所谓名士在当时并不少，乱世里，这等庸人注定要被大浪淘沙淘汰掉，成为历史的尘埃。

韩馥的冀州牧跟袁绍的渤海太守一样，也是董卓给的，也就是说，韩馥来冀州的时间也不长。董卓为收买人心，听从伍琼等名士的建议，在短时间内，提拔了大批名士到地方州郡任职，但董卓的提拔对象并非盲目，也有重点。

东汉盛产名士的地方主要有颍川、南阳、汝南。董卓的选拔对象也集中在这里，其中，颍川是重中之重，颍川名士韩馥被分到兵精粮足的冀州。

韩馥到冀州不久，袁绍也来了。袁绍年纪虽轻，却是当时拥有巨大声望的风云人物，受到各方瞩目。袁氏四世三公的背景只是原因之一，其本人的才干与在京城的表现为他赢得了政治资本，同出一门的弟弟袁术就相形见绌。

袁绍在京城将危害多年的宦官诛杀殆尽，将其彻底铲除，此举大快士心。那些在党锢之祸中遭到迫害牵连的士大夫，从此将袁绍视为自己的利益代言人。

而袁绍在董卓擅行废立之事上，表现出的勇气与果决，也令世人对他刮目相看。袁绍在洛阳时，就已名满天下。所以关东各地郡守都希望由袁绍出头带领大家讨伐董卓。

但袁绍的到来却给冀州牧韩馥带来了不小的压力，眼见人心归附袁氏，韩馥心中五味杂陈。他自知名望才干不如袁本初，更怕袁绍喧宾夺主，抢了自己的位置，对袁绍时时提防，处处小心，并派人监视袁绍，限制他的行动。

说起袁绍，世人因其后为曹操所败，又被当时名士荀彧、郭嘉等大肆贬低，加之后世的批判，袁绍刚愎自用、优柔寡断的形象早已根深蒂固。

历史总是由胜利者书写的，失败者难免被歪曲丑化的命运，真相往往隐藏于重重迷雾之中，而拨开迷雾还原历史是史学家的责任。

袁绍若是庸才又怎会得到天下豪杰的拥戴，若是庸才又怎会在日后扫平黑山、击败公孙瓒而雄踞河北？袁绍的不幸是因为他遇到了曹操，曹操是不世出的千古英豪，千年难遇，却被袁绍碰上了，袁绍确实犯过许多错误，如果没有曹操，或许，袁绍的命运会是另一种走向。但历史没有如果，不过袁绍仍可算当时的英雄豪杰。

袁绍自从离开洛阳，没有一天不想起兵，不仅仅是袁绍和曹操，那些被董卓提携的名士都有此心。东郡太守桥瑁就是其中之一，桥瑁让人造假文书，模仿京城三公司空杨彪、司徒黄琬笔迹给各州郡的州牧太守写信，信中历数董卓的种种罪恶暴行，这是非常必要的，古人讲究师出有名，名不正则言不顺，言不顺则事不成。最后也是最关键的，号召大家同举义兵，共赴国难，兴师讨贼。

冀州牧韩馥也接到了文书，他感到事关重大，自己拿不定主意，就将谋士部下召集起来开会，商议对策。

大家坐定后，韩馥拿出假文书对在座众人说："大家看看，我们是帮袁绍呢，还是帮董卓？"

韩馥的话音未落，冀州治中从事刘子惠马上反驳："我们兴兵是为了国家，说什么帮袁绍还是帮董卓，岂不荒唐！"韩馥自知失言，脸马上就成了猴屁股，表情尴尬。

刘子惠这时也觉得让长官难堪对自己没好处，话锋一转说："事关重大，我们不出这个头，不妨先看看其他各州的态度，如果他们起兵，我们随后响应也不晚。冀州兵多将广，战事一起，冀州即使起兵稍后，功劳也必不在各州之下，不如按兵不动，观望形势，再做决定。"

一旁的韩馥听了连连点头，这就是平时高谈阔论以名节自诩的封疆大吏的真实嘴脸。

韩馥随后给袁绍写信，同意后者起兵，袁绍这才被解除软禁。

袁绍当即在渤海宣布起兵讨董。袁公子的号召力果然非同凡响，各路诸侯听闻袁绍起兵，纷纷响应。

汉献帝初平元年（190）正月，渤海太守袁绍、后将军袁术、冀州牧韩馥、豫州刺史孔伷、兖州刺史刘岱、河内太守王匡、陈留太守张邈、东郡太守桥瑁、山阳太守袁遗、济北相鲍信同时起兵，这些名士不少是刚刚被提拔起来的，而提携他们的正是他们现在反对的——董卓。

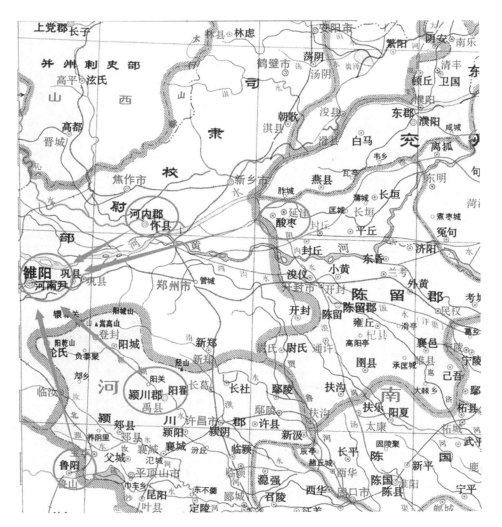

各路诸侯公推袁绍为盟主，组成联军。联军打出"诛除国贼，共赴国难"的旗号，声言要诛杀董卓，为国除害。袁绍自封车骑将军、司隶校尉（出逃前的官职），以壮大声势。

一时间，中原大地风起云涌，各地豪强趁势而起，以诛董卓为名，招兵买马，扩充势力。

反董联军成功地营造声势，形成举国共讨之的全国性讨董运动，否定董卓"废嫡立庶"的合法性，给董卓造成很大的政治压力，而"弘农王"刘辩的存在也就成了一个问题。

董卓授意弘农王府郎中令李儒毒杀刘辩。

汉献帝初平元年（190）正月十二日，董卓将刘辩请到高楼之上，让李儒进献毒酒一壶。李儒说："服此药酒，可祛瘟病。"刘辩当然明白，这是政治谋杀！于是大声疾呼，抵死不肯喝，李儒上前强行硬灌，刘辩不得已，恳请死前与妻子唐姬及妃嫔诀别，李儒同意了。

酒席上，刘辩与唐姬话别，并嘱咐她不要再嫁，以免受辱，随后服下毒酒，一命呜呼。朝廷给刘辩的谥号为弘农怀王，葬于故中常侍赵忠生前修的墓穴。

当时中原各州，即使未公开起兵的如幽州，州牧刘虞也暗中与联军往来，这些中间派还在观望，只要形势对联军有利，他们随时可能加入。

关东诸侯以讨伐董卓为名起兵，等同于宣布独立，赋税不再上交，而是用来扩充军队。联军人数迅速升至几十万。联军人多势众，兵力、财力等综合实力远在董卓之上。此时董卓的势力范围仅限于凉州、并州及京畿等关西一带。

董卓控制下的京师洛阳，地势平坦，缺乏地形依托，四面受敌，很容易被联军合围。而此时并州的白波军也极有可能趁机南下，切断董卓退往关中的后路。

形势对董卓相当不利，但董卓也并非全无优势，关东联军人数虽多，却多是仓促拼凑起来的乌合之众，人心不齐。观望形势，踯躅不前，保存实力者比比皆是，战斗力并不强，远非久经战阵的羌胡兵的对手。

若真打起来，胜负难料。

袁绍并非蠢材，对自己的优势与劣势，心知肚明。兵法云，知己知彼，百战不殆。而如何化优势为胜势，懂得扬长避短才是会用兵的人。

联军一上来就准备利用自己的人数优势压垮对方，至少在心理上给对方以震慑。

盟主袁绍与河内太守王匡屯兵洛阳以北的河内郡，从北面压迫洛阳，韩馥在

三国

之

群雄逐鹿

邺城为袁绍供应军粮做"后援"。

其他几路人马，兖州刺史刘岱、兖州东郡太守桥瑁、兖州济北相鲍信、兖州陈留太守张邈、兖州山阳太守袁遗、徐州广陵太守张超（张邈弟弟）跟曹操率军驻扎在洛阳东面陈留郡境内的酸枣（张邈的地盘）。

豫州刺史孔伷屯兵豫州颍川。

后将军袁术则驻军洛阳南面的鲁阳（今河南鲁山）。

中原各路人马会聚酸枣，才有了著名的酸枣盟誓。促成酸枣盟誓的重要推手是广陵郡功曹臧洪。臧洪满怀忠义、一心许国，是他首先说服上司太守张超，又与张超一起劝说张邈，兖州刺史刘岱、豫州刺史孔伷的起兵也与臧洪有关，可以说正是臧洪的积极奔走联络，才促成了酸枣联军的组成。酸枣联军更是关东联军的主力。

酸枣盟誓誓师大会上，诸位刺史太守互相推让，最后臧洪当仁不让主持大会，声讨董卓，"辞气慷慨，涕泣横下"，在场之人无不动容，深受感动。

兖州刺史刘岱，陈留太守张邈，陈留己吾曹操，陈留襄邑卫兹，东郡太守桥瑁，济北国相鲍信，鲍信弟弟鲍韬，山阳郡太守袁遗，豫州刺史孔伷，陈国相许靖从兄许场，徐州广陵太守张邈之弟张超，歃血为盟。

当时袁绍并不在酸枣，他的盟主是"遥领"，他也"遥"封酸枣各路诸侯，拜曹操奋武将军，拜鲍信破虏将军，拜鲍韬裨将军。

袁绍在邺城也与冀州太守、国相登坛盟誓，然后才率军前往河内增援王匡。史称袁绍会引英雄，兴师"百万"，饮马孟津，歃血漳河（漳水流经邺城）。

袁绍抵达河内后，并州上党张杨及南匈奴单于于夫罗相继归附，并州西河郡太守崔钧也于此时加入。袁绍率领的这路人马来自冀州、并州、司隶三地，屯兵河内郡。袁绍邺城盟誓组建的这支大军是酸枣联军之后的联军第二路主力。

董卓很快发现自己坐镇的洛阳处于关东诸侯的三面包围之中，而董卓虽握有京城兵权，其中不乏中央军精锐，但要对阵人数众多的联军，董卓心里也没底气。

董卓的关西兵与袁绍的关东联军，互相忌惮对方的实力，麻秆打狼两头害怕，谁也不敢轻举妄动。

董卓召集京城公卿开会，准备招兵扩军，再与联军决战。

京城的士大夫身在董营，心向关东。尚书郑泰为阻止董卓招兵，先是把袁绍为主的联军各路诸侯逐一贬低一番，说陈留太守张邈张孟卓不过是个终日高居稳坐的长者，豫州刺史孔伷孔公绪是一个只会高谈阔论的家伙，百无一用的草包。

又说关东兵承平日久，尽是些未经战阵的乌合之众。他说的也是实情，不完全是诓骗董卓，董卓也清楚，所以他的话更有说服力。

接下来，郑泰又不吝溢美之词，对董卓大加吹捧，说他征战西北，屡建功勋，用兵如神。郑泰又把董卓手下的关西兵狠吹了一通，说天下人所畏惧的并凉精兵、羌胡义从，如今都在您的麾下，良将精兵尽归于公，加之关中形胜之地，何惧关东鼠辈！

凉州兵精，并州将雄，这已是天下共识，董卓麾下有吕布，之后曹操手下有徐晃、张辽，刘备账下有关羽。

郑泰的马屁拍得有理有据，达到了随风潜入夜、润物细无声的境界，令董卓听了十分舒服顺耳。在郑泰等人的努力下，硬是将扩军的事给搅黄了。

尽管董卓在京城士大夫们的恭维下，又开始藐视对手，但关东联军从北东西三面对洛阳的合围，正在形成。

洛阳北面的河内郡袁绍军，洛阳东面的酸枣（今河南延津西面）大营，曹操、刘岱、张邈、张超、鲍信等率领的联军主力，洛阳南面鲁山的袁术军，联军正从三个方向对董卓展开弧形包围，步步逼近。

在军中多年的董卓，深知四面受敌的洛阳绝非久守之地。于是就在关东诸侯起兵的当年二月，董卓决意迁都长安，实施后退决战。不得已时，放弃洛阳，退守关中，在关中与联军决战。

三国之群雄逐鹿

（二）迁都长安

迁都，说起来容易，做起来难，迁都事大，难度丝毫不亚于换皇帝。东汉自光武帝刘秀定都洛阳，历经百年经营，宫殿苑囿、官寺府库，洛阳凝结了几代人的智慧与汗水，作为帝都，洛阳早已为天下共知，这里汇聚了四方财富，人文荟萃，公卿贵戚宅邸相望，洛阳的繁华与富庶，令天下神往！洛阳乃首善之区，但这一切很快就会被董卓亲手毁灭。

董卓要迁都的消息不胫而走，公卿百官的家都在洛阳，谁想走？谁又愿意走！长安早已废弃多年，根本无法与繁华的洛阳相比，可谁敢反对！董卓知道百官不愿迁都，但此事他主意已定，还是必须的，但董卓不愿亲自出面，便上表汉献帝，请求任命河南尹朱儁为太仆做自己的副手。使者带着诏书来见朱儁，朱儁却说什么也不肯拜受，使者见朱儁不受诏，自己无法交差，也不走了。朱儁干脆明说，西迁长安必令天下骚动，我不能受诏。结果朱儁硬是顶住压力，没有接受任命。

董卓的意思是让朱儁代替自己领衔主持迁都之事，朱儁也不傻，坚决不背这个黑锅，不上董卓的贼船。

董卓没办法只好亲自上阵，召集文武百官开会。会上，董卓首先发言，大谈迁都应合石包谶，必将有利国家。董卓讲了半天，吐沫横飞，口干舌燥。但董卓发现，下面一点反应都没有，百官一个个像木头一样立在那，全都低头，沉默不语，沉默是无声的反抗。

见此情景，董卓只好使出最后一招，挨个点名。董卓正要点名，三公之一的司徒杨彪发言了："迁都改制，关乎天下安危，应谨慎从事。殷商盘庚迁都，引发民众不满，昔日关中被赤眉焚毁，已是一片废墟，本朝自光武帝定都洛阳已有百年，百姓世代居此，安居乐业，现在突然让他们背井离乡，恐百姓骚动，更加之宗庙社稷都在此。迁都，一切均需重建，耗费巨大，国库空虚，恐难承受。石包谶乃妖妄之书，决不可信，还请相国三思。"

杨彪的话说出了百官的心声，大家虽然嘴上没说，心里都是这么想的，也都支持杨彪（当然是从心里）。

董卓见杨彪公然跟自己唱反调很不痛快，但杨彪德高望重在朝中很有威信，杨家也是四世三公的世家名门，论门第不在袁家之下，董卓还是给了杨彪几分面子，没有当场发作。

董卓很有耐心地对杨彪提出的困难逐一反驳："关中土地肥沃，地势险要，当年高祖刘邦据关中而后东向定天下。至于房屋殿舍，陇右盛产上好木材，杜陵有当年汉武帝留下的砖窑可烧制砖瓦。布衣百姓愚昧无知，以大兵驱之，谁敢不从。"

杨彪也急了："安土重迁，人之常情，安天下难，而令天下骚动，却只需一纸诏书。还请明公从长计议。"董卓也火了，这明摆着就是说自己迁都是错的嘛，董卓的脸晴转多云，阴沉似水，就差拔剑砍人了。董卓黑着脸冷冷地说道："你想阻挠国家大计吗？"

大殿里顿时充满火药味，气氛紧张。

三公之一的太尉黄琬看风头不对，赶忙过来打圆场："迁都事关重大，杨公也是为国家着想，他的话不无道理。"董卓拉着苦瓜脸也不答话，一时间，大殿上场面尴尬。

三公之一的司空荀爽见今天这个形势，知道说什么都没用，董卓主意已定，再多说，只能激怒董卓惹祸上身，赶紧过来和稀泥："迁都也是迫于无奈，乃不得已而为之，若不是关东叛乱，相国难道愿意迁都吗？相国考虑的是，关东叛乱非一日可定，迁都乃平叛需要，相国是效法当年高祖据关中以安天下。"

荀爽的一番话让董卓稍微舒服了一些，这才勉强挤出些许笑容，宣布退朝。

太尉黄琬回家后连夜写表章，将迁都的弊端一一列出，希望董卓能回心转意。奏章送上去后，董相国并未批复，他用实际行动做了回答。

几天后，董卓以各地连续出现灾害为由，罢免了杨彪、黄琬，前面说过，出现天灾，三公是要承担责任的，好像这是他们的错，这是帝国的传统也是收拾政敌的手段。

不听话，就给我滚。这就是董卓的风格。

董卓用光禄勋赵谦代替黄琬、用太仆王允接替杨彪。换上来的都是董卓的亲信，至少他自己这么认为。但他想不到的是几年之后，他会死在自己这个亲信手上，此人就是王允。

王允，字子师，并州太原郡祁县人。当年就是这个王允，在太监最嚣张的时候，上书检举揭发太监勾结黄巾军的叛逆罪行，可惜，他生不逢时遇上了昏君灵帝，结果王允非但无功，还险些把性命搭上，太监轻易化解了危机，便即刻反攻倒算陷害王允，要将王允置于死地，幸亏大将军何进和三公重臣纷纷求情，这才保住性命，但官是当不成了，京城也不能待了。

此后的几年，王允不得不四处逃亡、东躲西藏，在河内、陈留一带躲避追杀。

直到汉灵帝死后，大将军何进掌权，才将王允召回京城做从事中郎。不久，王允升任河南尹，汉朝京师所在郡的长官不叫太守而叫尹，西汉都城长安地区的长官叫京兆尹，王允是京师地区行政长官。这是一个位高权重握有实权的官。

何进死后，董卓来了，王允并没有像杨彪等人那样跟董卓针锋相对，而是曲意逢迎，暗中反董。多年的官场历练，当年那个仗义执言嫉恶如仇的青年不见了，取而代之的是一个精明老练的政治权谋老手。王允很清楚，对付董卓，必须智取。王允的策略是曲线救国。

当杨彪、黄琬在朝堂上与董卓据理力争时，王允却在积极为董卓做事。看上去他跟杨彪等人选择的是相反的道路，其实是殊途同归，目标相同，但手段不同，王允认为现在首要的是保存自己而后再伺机而动。

杨彪等人被免职后，王允走上前台。王允以自己卓越的政务处理能力迅速赢得董卓的信任。王允能受到何进、董卓前后两任执政的赏识，不是偶然的。任何时代，不论何人秉政，谁来掌权，都需要有真才实学、报国之心能独当一面的干才。

王允受到董卓重用，因为董卓需要有信得过的人为他处理繁杂的政务，只有王允跟他接近且精明强干，这样的人不用他用谁呢？

王允当上司徒，不久又被任命为尚书令，这是一个掌握实权的高官。东汉三公徒有虚名，所谓坐而论道是也，只具有象征意义，并不参与实际的政治决策，真正处理具体政务的是尚书，而尚书令是尚书的最高长官。

可见，董卓对王允已不仅仅是信任而是器重，但董卓暴虐无恩禽兽不如，稍有良知也不愿与他为伍。尽管他极力收买，无论是朝廷三公还是地方郡守，没几人领他的情，人心向背。

董卓对背叛自己"忘恩负义"的关东诸侯恨得咬牙切齿，当年推荐这些人的城门校尉伍琼、督军校尉周毖等人偏偏在这个时候来找董卓，劝他不要迁都。董卓正为关东起兵而恼火，这时又想起往事，新仇旧恨交织，董卓对伍琼、周毖就是一阵怒骂："当初，我初入京师，你们劝我礼用名士，我听了，结果这些人一到任，就起兵反对我，是你们出卖我董卓在先，我何曾亏待你们。"骂完，拉出去，砍了。

杨彪、黄琬听到消息吓得不轻，赶忙跑到相府认罪。董卓这时也冷静下来，自己以后还要用京城公卿，于是对两人好言安慰，又让两人做了光禄大夫。

朝廷内部暂时安定，洛阳城外却正好相反，对董卓构成威胁的不只关东诸侯，还有一支重要的军事力量——屯兵扶风的皇甫嵩大军。

皇甫嵩，这位昔日沙场建功的名将，已不复当年风采。因为得罪当权太监屡遭打压，董卓掌权后，皇甫嵩的处境不但没有改善，反而比之前更糟。两人曾在一起共事，但董卓对这位名将甚是反感，总想找机会报复，只不过进京之后，忙着吞并丁原、拉拢吕布，废旧立新换皇帝，一时顾不上"关照当年的同僚"，让皇甫嵩过了一段太平日子。

洛阳城里尘埃落定，董卓终于腾出手，准备对皇甫嵩下手，跟对付京城里那些坐而论道的士大夫不同，要解决皇甫嵩并非易事。

皇甫嵩堪称灵帝朝屈指可数的名将，在军中朝中都有威望，董卓不论战功还是资历都远不如人。这也是董卓瞅皇甫嵩不顺眼的原因，对皇甫嵩，董卓既恨又怕，不敢轻举妄动。

因为此时皇甫嵩手里还有三万精兵。

董卓决定先解除皇甫嵩的兵权，用和平的方式。董卓以皇帝名义召皇甫嵩进京做城门校尉，皇甫嵩明知这是董卓的意思但也不敢违抗，乖乖来京城自投罗网。

皇甫嵩，这位当年叱咤风云的铁血名将，此刻仿佛变了一个人，接到诏书虽也曾一度犹豫，但最后还是选择了屈服。

长史梁衍曾极力劝阻："董卓废立天子大逆不道，天下尽人皆知，您在朝中素有威望又手握重兵，此时正可号召天下起兵勤王，讨伐逆贼董卓。关东义军必群起响应，到时里应外合，天下一举而定。将军若只身入朝，恐性命难保也无益于国，还请将军三思。"

但皇甫嵩主意已定，还是上路了。

跟皇甫嵩一起被征入朝的还有京兆尹盖勋，盖勋也是一位忠勇之士，此时盖勋身在长安本想与皇甫嵩联手对抗董卓，但皇甫嵩一走，自己人单势孤、孤掌难鸣，也只好随之进京。就这样，西北军政大权全部被董卓掌控。

初平元年（190）二月十七日，东汉王朝正式迁都。汉献帝离开洛阳向长安进发，文武百官带着家眷一路随行。洛阳百姓被董卓军队逼迫，尽管不情愿，也收拾大包小裹，大小车辆，跟着往西走。离开祖祖辈辈生活的故土，洛阳城被哭喊声、悲号声淹没，古都即将遭受浩劫。一幕幕人间惨剧正在上演，董卓的士兵趁火打劫，抢夺财物，闹得城里鸡飞狗跳。

望着眼前这座雄伟的都城，董卓知道，它不久后就将更换主人，而在这之前，他要亲手毁灭它，宁可将它化为一片焦土，也绝不留给敌人。

撤离之前，除了毁城，董卓还有一件他认为的大事要做，董卓派人将洛阳城里的富商大贾尽数缉拿，然后随意安一个罪名处决，财产全部没收，因此家破人亡的不计其数，而董卓跟他的手下却大发横财。

普通洛阳百姓的命运更为悲惨。

百万洛阳居民在董卓部众驱迫下，犯人一般被押解着踏上西去之路。一路上，号哭之声不绝于耳，加之地冻天寒士兵鞭打，沿路之上，不断有人倒下，这是一次名副其实的死亡之旅，活着的人没有时间去悲伤，甚至来不及掩埋亲人的尸体，因为他们也不知自己能不能活着走完全程，即使侥幸到了长安，迎接他们的也只是未知的命运。

从洛阳到长安漫长旅途，只有少数人有马车、牛车，大部分百姓只能徒步赶路，男女老少混在一起，根本走不快。

到了晚上，根本没地方住，少数几间民房也都被军队占用，百姓只能露宿街

三国之

群雄逐鹿

头。二月的天气，在寒冷的北风中，在外过夜，又缺吃少穿，因此冻饿而死的百姓比比皆是，后面的人根本不用担心迷路，因为沿途不断出现的尸体，成了无声的路标，指引着通往前方的路，景象之凄惨，让人不忍多看。

洛阳城里，皇帝走了，皇宫内眷和公卿百官走了，百姓也走了。偌大的京城成了一座空城，往日喧闹的都城，现在死一般沉寂。

只有董卓还没走。董卓在洛阳的数月，呼风唤雨，大权在握，好不威风！借迁都又大发国难财，心满意足，不过看着满目萧条的洛阳城，董卓心里不免也有一丝失落，"要不是袁绍那些忘恩负义的关东鼠辈，老子现在还在皇宫里搂着美人喝酒呢。"

想到此，董卓攥紧了拳头："你们全都背叛了我，你们要为此付出代价，你袁绍跑了，可你叔叔一家还在！"想到这，董卓喊道："来人！"旁边马上过来几个亲信校尉，董卓吩咐道，"去，到袁家将那一家叛逆全给我杀了。""诺。"几个校尉领命而去。

董卓彻底翻脸了，他对士大夫失去了信心，与之分道扬镳。对那些跟他作对的人下了狠手，袁绍在外抓不到就拿他的家人下手，这也符合董卓的作风。

太傅袁隗、太仆袁基以及袁氏宗族在京者，男女老幼五十余口全部被杀，分葬于长安东南霸城门外与长安东北宣平门内，后担心有人盗尸，遂将尸体转移到郿县。

怒气未消的董卓退出洛阳前下令，焚毁帝都！决不能将京师留给那些关东叛军，随着董卓的一声令下，手下士兵闻令而动，在洛阳城里四处放火，很快皇宫烧着了，接着城中的官署，接二连三被点燃，宗庙社稷、亭台楼阁，也被熊熊大火所笼罩，大火迅速蔓延至全城。可叹，名都洛阳，多少代人付出无数心血凝结而成的人间奇迹，就这样被无情的大火吞噬。

（三）关西军对决关东联军

迁都长安、火烧洛阳后，董卓把长安政务交给"心腹"司徒王允全权处理，自己则以洛阳城外的毕圭苑做总司令部和指挥所，亲自指挥与关东联军的作战。

董卓的作战部署：以女婿中郎将牛辅守北面，防区包括黄河沿岸的孟津、小平津等重要渡口；以吕布为主将、大将徐荣为前锋集结主力于东面的成皋、荥阳、轩辕关、太谷关一线，在这里与关东联军决战；南面因为只有袁术一支人马威胁不大，董卓只派了几千兵守广成关、伊阙关。全军以洛阳为中心，形成一道环形防御线。

董卓不顾反对坚决迁都，冒天下之大不韪，公然焚毁帝都洛阳城，做了最坏的打算，焦土政策。一旦战败，就撤进关中，联军所能得到的也只是一片废墟、残壁断瓦。

联军摆出了战斗阵型，董卓军不甘示弱针锋相对也分成三个战斗群分头迎战。于是整个战场被分成了北线、东线、南线三个战场。

战斗在北线的黄河渡口小平津率先打响。联军的北线河内太守王匡率领的泰山兵云集小平津渡口黄河北岸，准备从这里渡河进攻洛阳。董卓决定先拿王匡开刀，给关东联军一个下马威。

董卓不愧是久经战阵的沙场老将，用兵颇有章法，很懂一些战术。他先让牛辅的部队向另一个黄河渡口平阴移动，做出要渡河攻击的假象，以吸引王匡。王匡果然上当，便不敢渡河，急忙率军往平阴赶。谁知，董卓这是虚晃一枪，平阴的只是疑兵，主力仍在小平津。南岸的董卓见王匡中计，立即命令大军渡河绕到王匡军背后发起突然袭击，王匡军毫无防备，被包了饺子，一场混战，王匡军几乎被围歼。王匡本人侥幸捡了条命，狼狈逃回大营。

败报传到联军大营，各路诸侯不寒而栗，本来就对讨伐董卓缺乏信心的各路诸侯，再不敢轻举妄动。北线袁绍、南线袁术，不约而同地选择了按兵不动，其他各路诸侯也纷纷作壁上观，谁也不肯更不敢主动挑战董卓。

联军中只有曹操主张积极进攻，在联军高级将领会议上，曹操慷慨陈词力主进攻，他说："我们兴兵讨贼是为了国家，现大兵云集，诸位还有什么可顾虑的，如果董卓听到我们起兵，挟持皇帝，凭关中险要跟我们对抗，倒也很难对付，可他却焚烧宫室、劫持天子西逃，这说明他害怕我们，他这么做是自取灭亡，并不足惧，此时正是进兵良机，一战可定天下。机不可失啊，诸位。"

可任凭曹操说得口干舌燥，各路诸侯却反应冷淡。曹操失望之余，只有仰天长叹。

这时的曹操在诸侯中还没有日后如日中天的声望与实力，他的话没分量，诸侯对他的建议多充耳不闻。只有好友张邈支持他，派卫兹率三千兵随行。

曹操一气之下，独自带着本部五千人马与卫兹的三千兵向成皋进军。鲍信、鲍韬也一同前往。此时就看出真友情了，卫兹资助曹操起兵，这时又一起出征，鲍氏兄弟更是曹操的坚定战友，当然，还有曹操自己的曹家军曹洪、曹仁、夏侯惇、夏侯渊。

（四）汴水之战

曹操西进的同时，董卓的东线主力前锋大将徐荣也在率军东进，两军在荥阳的汴水遭遇，随即爆发激战。

徐荣军是先锋部队，战斗力在董卓各部中堪称一流，不然董卓也不会派出来做前锋。主将徐荣这人更特别，董卓手下大将诸如李傕、郭汜等多是凉州人，跟董卓是老乡，董卓跟曹操的相似之处在于，在领兵大将的选择上，他们都喜欢用老乡，所以在几乎清一色的凉州人组成的董卓军中，徐荣绝对算是个异类，他是辽东人，但却深受董卓的信任跟赏识。董卓不派李傕、郭汜等凉州将领而派他打头阵，足以说明此人非寻常之辈。

曹操很快就领教了徐荣的厉害，在徐荣军的攻击下，虽然曹操率部拼死抵抗，但也仅仅坚持了一天，这支孤独的西征军打了本次远征的第一仗也是最后一仗后，曹操所部五千人马几乎全军覆没。

主帅曹操本人也身中箭伤险些当场阵亡，坐骑也未能幸免，曹操只好下马步行，好不狼狈，幸亏堂弟曹洪将自己的马让给曹操，不然曹操很可能做了徐荣的俘虏。汴水之战打了整整一天，此时天色渐暗，借助夜色的掩护，曹操才捡了一条命。

此战可谓惨烈。曹操一方，大将卫兹、鲍韬战死沙场，鲍信负伤，盟主袁绍封的三位将军奋武将军曹操、破虏将军鲍信、裨将军鲍韬，一死二伤，加上阵亡的卫兹，主将几乎无一幸免，非死即伤，主将尚且如此，士兵的伤亡就不难想象了。

不过，曹操军的抵抗也并非毫无意义，一天的恶仗打下来，虽然打胜了，徐荣却也感受到关东诸侯不好对付，如果关东部队都像曹操的兵这样能战，自己这点人马也难以成事。

曹操带着残兵败将回到酸枣大营，看到的却是一片歌舞升平的安逸景象。关东联军的各路诸侯，正在大帐里开怀畅饮。

曹操见此情景，气就不打一处来："诸君听我一言，请盟主（指袁绍）带兵从北面逼近孟津黄河渡口，大营（指酸枣）的各位将军占成皋，守敖仓，扼守太谷关险要，将洛阳周围的险关要隘控制起来，请南面的袁将军（指袁术）率领南阳兵马西进丹水县、析县，从南面进入武关威胁长安。其他各路兵马修筑营垒固守不出，在全局上形成对洛阳的包围态势，如此一来，董卓过不了多久就会灭亡。我等举义兵为的是诛杀国贼，现在大家却没有勇气奋力一战，我真为诸位感到羞耻。"

话说到这个份儿上，大家也就不欢而散。

当时盟主袁绍屯兵河内并不在这里，酸枣大营的实际决策者是兖州军的刘岱、张邈等人，因为大军就屯驻在兖州境内的陈留郡酸枣县，汇聚于此的也大多是兖州各郡兵马，所以称之为兖州军也不为过。

汴水之战，曹操惨败，兖州军锐气尽丧于此役，凉州军的厉害，经此一战，已经令各路诸侯刻骨铭心，不论是出于畏敌还是自保，酸枣大营的各路诸侯已无心再战。

不久，酸枣大营各路人马的粮食吃完，各自拔营起寨，撤军而去。

曹操孤掌难鸣，战后，曹操新组建的"曹家军"几乎拼光，曹操差不多就是一个"光杆司令"，他所提议的三路进兵的建议并不可行。因为他没权威，也没人支持，自己更没力量。愤而离开酸枣的曹操率部返回故乡谯县。

因曹洪与扬州刺史陈温关系好，曹操、曹洪等一行于是前往扬州募兵。

扬州刺史陈温、丹阳太守周昕给了曹操四千兵，曹操得到兵员补充，正要卷土重来，没想到部队走到龙亢，新募的丹阳兵不愿离乡而集体叛逃，一夜之间，曹操又变得一无所有。没办法，只好再次出榜募兵，在建平好不容易招了千余人，曹操带着这些人前往河内郡，等待再次起兵的机会。

至此，联军北线大败，东线瓦解，两条主战场的战事宣告结束，不过，讨伐董卓的战争并未结束，一支队伍的出现扭转了战局。

（五）猛将孙坚

三国时代的重量级猛人孙坚再次出场。之前，只是配角充当参谋角色的他，现在已经是战场响当当的主角，不需要潜规则，不需要送礼走后门，孙坚的角色转变，靠的完全是自己的实力。当然，以孙坚的草根身份，想靠也靠不上。

孙坚厉害，他的两个儿子孙策、孙权更厉害。孙策后来成了霸王，虽说前面带了个小字但也很牛了；另一个孙权干脆直接做了皇帝，虽然只负责江东这么一块"责任田"，但大小也是皇帝。孙坚生了一个霸王、一个皇帝，虽然这一切在他有生之年未曾看到，泉下有知也会欣慰了。

能做霸王和皇帝的爹，孙坚本人自然也十分了得。

孙坚，字文台，扬州吴郡富春人。

孙坚的出世经历颇有几分戏剧性。孙家世代布衣（平民），没想到，到了孙坚这一代，时来运转。

孙家的发迹还要从孙坚和他爹的一次旅行说起。

一次，父子俩坐船去钱塘，半路上遇上一伙海盗，这伙人刚打劫了几个商旅，正在岸上坐地分赃。路过的客商和过往行人见到这场面，谁还敢上前，全都躲得远远的。

孙坚见了贼，不但不怕反而十分亢奋，这就要上岸去抓海盗，对老爹说："这伙毛贼光天化日之下竟敢拦路抢劫，目无王法！爹，看我上岸去收拾他们。"孙坚他爹不想多事，拦着不让他去。但孙坚趁他爹不注意，纵身一跃，早已提刀上岸。

上岸后，孙坚并不急于进攻，而是挥舞大刀左比右画，像是在指挥人马左右包抄。这就是孙坚聪明的地方，孙坚勇武归勇武，却并不鲁莽，一个人再能打，也战不过一群海盗。孙坚并不打算硬拼，他要智取。正在分赃的海盗远远见孙坚在那装模作样地调兵遣将，吓得不轻，贼人胆虚，虽然这些人表面上看起来威风无比，其实心里也发虚，这些人搞不清状况，见孙坚那份镇定从容，还真以为官军杀来了，丢下东西，四散奔逃。

虚张声势的孙坚，见这伙蠢贼上当要跑，胆气更壮了，在后紧追不舍。

事情发展到现在，如果是一般人也就见好就收了。一个人忽悠一群海盗，已经很牛了。

但孙坚不是一般人，人家还有更高的追求。于是一个滑稽的场面出现了，前面一群海盗在跑，后面孙坚一个人提刀紧追。最后孙坚终于赶上一个跑得慢的倒霉家伙，追上去一刀把这位的脑袋砍了下来。

孙坚巧妙利用了海盗色厉内荏、做贼心虚的弱点，仅凭一人就吓跑海盗，夺回被抢财物，还亲手杀了一个贼人，表现出色，有勇有谋。

正是这次见义勇为令孙坚在家乡声名大噪，成了远近闻名的英雄，也彻底改变了他的人生轨迹。做了好事的孙坚很快便有好事找上门，县衙见他小小年纪却胆识过人，智勇双全，请他在县衙做了一名缉捕盗贼的尉官，这年孙坚才十七岁。

各位看到这里是不是有种似曾相识的感觉，类似的情节在另一部中国古典名著中也曾出现过，不错，就是《水浒传》里的武松武二爷。

武松在景阳冈上打死老虎后，从一个落魄青年摇身一变成了打虎英雄，并由此步入公门，成了衙门里的公人。

武松与孙坚最大的区别就是，武松是小说里的虚构人物，而孙坚是真实的经历。

不过，孙坚的仕途此后一直不顺，从熹平元年（172）到光和七年（184），十几年过去，孙坚依旧是县衙里的芝麻小官，先后做过盐渎县丞、下邳县丞，却始终得不到升迁。以孙坚的平民背景布衣出身，有这般境遇也不奇怪。

当时的察举（人事）权掌握在地方豪强手里，能入仕做官的多是有背景的世家子弟或依附于高官豪门的门生故吏。升迁这种好事很难轮到孙坚头上。不出意外，县级公务员孙坚很可能能在县丞的岗位上干到退休，然后回家抱孙子。但意外偏偏就发生了。184年，张角于河北起兵，黄巾军起事了。

当时，孙坚正在下邳，听到消息，迅速召集了一千多淮泗男儿。多年的底层工作经历让孙坚意识到这是他人生中一个难得的机遇。承平年代，以他的出身背景，即使业绩再出色，也难有出头之日，建立军功是他唯一的机会。

孙坚率领他的淮泗子弟跟随中郎将朱儁讨伐黄巾，孙坚十分珍惜搏战沙场的机会，打起仗来格外卖力，常身先士卒，深入敌阵。

一次，孙坚率部征讨汝南黄巾，击败黄巾军后，又来了当年追海盗的劲头，一时兴起，穷追不舍，结果孤军深入，陷入重围，混战中，孙坚负伤坠马，部队也被打散。孙坚躺在荒草丛中，不但敌人没发现他，连自己人也没找到他，幸运的是，孙坚的坐骑一匹青骢马，十分通人性，跑回军营，长鸣嘶叫，似乎是让人跟着它走，众人随着青骢马重返战场，这才在没人的荒草中找到孙坚将他抬回大营。

十几天后伤势痊愈，孙坚又跨上战马，接着打。就是这么顽强。

在著名的宛城之战中，又是孙坚督率一部独当一面，这时的孙坚已是朱儁帐前的得力干将，激战中，孙坚亲冒矢石带头爬城，勇不可当，众军见状，士气大振，鼓噪登城，一举攻下宛城。

以战功升任别部司马，朱儁将孙坚的战场表现上奏朝廷，孙坚的大名由此为朝廷所知。

关东兵起，各路诸侯联合讨董，时任长沙太守的孙坚也起兵响应。以他的风

三国之群雄逐鹿

格，不参战就不是孙坚了。

长沙归荆州管，但孙坚跟自己的上级荆州刺史王叡的关系却很僵。原因说起来很简单，世家名士的王叡看不起寒门出身的孙坚，两人曾共同出兵镇压零陵、桂阳叛乱，在一起共过事，当时的王叡就以一种极为鄙夷的表情对待孙坚，虽然王叡可能并没有说什么羞辱的话也没有过激的言行，人家毕竟是名士，涵养还是有的，但那种居高临下仿佛天生的优越感还是不自觉地散发出来，他的轻蔑和不屑全都写在了脸上。

孙坚这种从底层干起来的人，努力要强上进，自尊心却十分敏感脆弱，他们不怕战场上的血肉横飞，却忍受不了上司、同僚的那种傲慢、鄙夷。

孙坚早想收拾王叡，只是苦于一直没有机会。董卓乱起，机会来了。

打着讨伐董卓的旗号，孙坚带兵一路北上，路过王叡官署，带兵将王叡包围。王叡听说大兵围府，登楼下望，四下全是孙坚的兵，走投无路的王叡被迫吞金自杀。

孙坚率部北上来到荆州南阳。南阳太守张咨也参加了讨伐董卓的关东联军，大家是友军，但名士张咨犯了跟王叡一样的毛病——看不起孙坚。孙坚向他借粮，他推三阻四找各种借口不借，孙坚被惹火了，借请张咨吃饭的机会，就在酒席上把张咨砍了。

太守被杀，效果立竿见影，南阳郡再也没人敢惹孙坚，军粮给养源源不断送到孙坚大营，有求必应，十分热情。

张咨被杀，南阳无主，孙坚就把南阳郡送给了袁术，袁术这会儿正愁没地盘很高兴地笑纳了，礼尚往来，袁术也不白收礼，当即表奏朝廷让孙坚做破虏将军、豫州刺史。袁术坐镇南阳供应军粮，孙坚带兵北上，屯兵鲁阳（今河南鲁山）。

这时东线、北线的战斗已经结束，董卓听说孙坚带兵进至鲁阳，马上派几万大军前来迎战。

董卓军所部多是骑兵，行动迅速，机动性强，大队骑兵奉命长途奔袭鲁阳。董军杀来时，孙坚毫无觉察，他正在鲁阳城外开欢送会，为他的长史公仇称送行呢！这位长史的任务正是回去筹措军粮。

宴会在鲁阳城东门外临时搭建的大帐里举行，孙坚和部下们正在畅饮美酒，正喝得高兴，突然来了一群不速之客，几十个董卓的骑兵突然出现在鲁阳城外。这是一个不好的征兆，很明显这些人是董军斥候（侦察兵），说明大部队距此不会很远。

部下们脸上的笑容瞬间凝固，露出惊慌的神色，大家被这突如其来的意外搞蒙了，都没了主意，眼睛齐刷刷看向孙坚。谁知孙坚对周围的一切毫无反应，还在那里胡吃海喝，当然这些都是装的，经验丰富的孙坚知道，他是军中主帅也是全军之胆，如果他也慌乱了，部下们只会更乱，那局面就不好收拾了。

危急时刻，孙坚临危不乱、处变不惊，表现出大将风度。孙坚镇定自若分兵派将，指挥部队从容整队，列阵城外，然后有序退入城中。

孙坚整队入城，董卓数万大军随后而至，杀到城外。董军见孙坚已有准备，不敢贸然攻城，悄然退去。

到了初平二年（191），战斗在反董第一线的只有南线的孙坚军，虽然孙坚跟他的部队成了孤军，但这并没有影响这位猛人旺盛的斗志。

董卓部将徐荣、李蒙趁关东联军动摇，发动反击。凉州军中多是骑兵精锐，相比之下，关东联军多是步兵，前者的机动能力是后者无法比拟的。而董卓的凉州军充分利用了己方优势，趁联军势弱，机动能力又差，迅猛出击，意图再次给予联军以沉重打击。

凉州军善于长途奔袭，常常利用骑兵的速度远程奔袭联军驻地。为追求速度，几乎不带辎重，所需军资全靠就地补充（也就是抢）。因此，董卓所部每次出击，都伴随着一路抢掠。但以奔袭为主，抢掠是为了奔袭。

不久，徐荣部就与北伐军孙坚部在梁县附近遭遇，交战结果，再次证明徐荣军的实力，孙坚所部大败。

孙坚本人则陷入徐荣军的重重包围之中，眼见难以脱身，就要被擒，危急时刻，孙坚与心腹部将祖茂互换头巾盔甲，孙坚戴的红头巾在战场上十分显眼，成为徐荣军士兵竞相追逐的对象，当戴着红头巾的祖茂出现在战场上时，立刻把大部分徐军士兵吸引过去，纷纷去追假孙坚——祖茂。趁着敌兵注意力被引开，孙坚瞅准机会，在几十名亲兵的拼死护卫下杀出重围，从小路逃脱。但所部却折损大半。

祖茂也死于乱军之中，祖茂是替孙坚死的，如果没有祖茂，孙坚很可能被徐荣生擒或斩杀。

大将徐荣是一个被历史遗忘的名将，现存史料中，他打的仗只有三次，战绩：二胜一败，一胜汴水之战败曹操，二胜梁东之役败孙坚，而徐荣最后一次败给李傕、郭汜，却是事出有因，容后再说。

孙坚成功脱身，但跟随孙坚一同起兵的颍川太守李旻就没他那么幸运了，李旻被活捉。董卓处理俘虏的方式比较特别，他令人将李旻扔进一口大锅，加上水，在锅下烧火添柴硬是将李旻活活煮死，恐怖残忍至极。董卓特别喜欢尝试各种酷虐的杀人方法，捉到联军士兵，他常令人将其倒悬起来，再在身上缠满布帛，然后用熬好的热油从上灌进去。

但董卓的残暴却阻止不了孙坚的进攻。

孙坚在战后收拢被打散的士兵，在阳人（今河南汝阳）重建大营，但董卓显然没准备给孙坚喘息的机会。

董卓派大将东郡太守胡轸为大督护总领众将，进攻孙坚，以求一举歼灭孙坚。骑兵都督吕布被选为先锋，领兵五千先行进发。

胡轸平时自视甚高，在军中的地位远高于李傕、郭汜等人，对新近投奔的吕布更不屑一顾，一味要抢头功，出风头。手下的几个将领都很讨厌这个家伙，大家商量好决不能让胡轸立头功，那样的话，大家以后更没好日子过了。

大军一路开到广成已是黄昏，这里距孙坚屯兵的阳人还有几十里，按董卓事前的交代，大军就在此扎营，第二天再进兵，因为士兵长途行军走到这已是人困马乏，但以吕布为首的几人明知孙坚会有防备，却故意骗胡轸说，孙坚已经逃跑，应立即追击，不然就让孙坚逃了。

胡轸立功心切，当即命令全军不准休息继续前进，到阳人安营。结果，部队只能夜间行军，士兵们走到阳人，又渴又饿，连堑壕都没挖，纷纷卸去铠甲，躺倒在地，很快进入梦乡。

黑夜中，大军正在休息，士兵们熟睡之际，突然就听一声大喊：不好了，敌人杀出来了！士兵们被从睡梦中惊醒，睡眼惺忪的连方向都辨认不清，黑夜里，也摸不清敌人到底是从哪出来的，出来多少。部队立即陷入一片混乱，盔甲、马匹丢得到处都是，将士只顾各自逃命，在暗夜里像无头的苍蝇，四处乱窜。

一直闹到天明，天色大亮，部队才稳定下来，胡轸重整军马，等他再次来到阳人，想要攻城时，孙坚早已严阵以待。

其实，昨夜，根本就没有人出城，那一声惊呼是吕布干的，目的就是搅黄胡轸的计划，存心不让他立功。

这时，城门突然大开，孙坚率军从城内杀出，而折腾了一夜的胡轸军，早已如惊弓之鸟毫无斗志，被孙坚军杀得大败，都督华雄被孙坚于阵前斩杀。华雄本是无名小辈，也非关羽所杀。

阳人大捷的消息传来，让董卓和关东的诸侯都大吃一惊。

孙坚的盟友袁术更是惊讶得嘴巴都合不拢了。孙坚打了胜仗，一夜之间成为风云人物，知名度飙升。这时就有人犯了红眼病，出于羡慕嫉妒恨的心理，在袁术面前说孙坚的坏话："孙坚打了胜仗，如他占了洛阳，有了名望，做大势力，恐尾大不掉。"袁术被说动对孙坚起了疑心，便停止了对孙坚的军粮供应。

孙坚打了胜仗正要乘胜追击，忽然负责粮草的人报告说，军中的粮草快用完了，鲁阳的新粮一直未到。孙坚听了心里一沉，他知道准是有人在背后黑自己，大军征战，岂可无粮。

心急如焚的孙坚连夜从阳人赶到鲁阳，两地相距一百多里，孙坚一个晚上就到了。

见了袁术，孙坚情绪激动，用刀在地上比画着说："孙坚跟董卓本无私仇，之所以亲冒矢石冲锋陷阵，不顾性命拼死杀敌，上是为国家铲除奸贼，下是为将军您报血海深仇，您一家上百口人都死于董卓之手，我这也是为您啊，现我军大胜正是进兵消灭董卓的好机会，您听信谗言不发军粮，这正中敌人下怀啊，将军！"一番话说得袁术面红耳赤理屈词穷，哑口无言。袁术表情尴尬，连连解释，很快将军粮装好运走。

董卓早年曾跟孙坚一起在张温手下共事，董卓对孙坚很了解，对长史刘艾说："关东诸侯，都是我的手下败将，只有孙坚这小子，是我的劲敌，告诉前线众将对孙坚要格外留神，不可轻敌。"

因为了解，所以董卓很忌惮孙坚，也因为了解，所以孙坚不怕董卓。

关东诸侯一是没胆，二是无心与董卓决战，没胆因为害怕，无心因为他们的心思都用在了自己身上，才不愿去为名存实亡的朝廷卖命。而孙坚就不同了，他出世以来，靠的就是军功，才一步一步走到今天。如果当年没有只身擒海盗的经历，就不会步入公门。如果不是黄巾之乱从军平叛也不会有他的二千石郡守，洛阳权贵更不可能知道他这么一个寒门小卒。

讨伐董卓，关东诸侯或许不是出于真心，孙坚却一心想建不世功勋，为自己也为朝廷。别人怕董卓，他却不怕，相反，一想到要打这个家伙，他还有点兴奋。从他打仗的卖力程度就能看出来，整场战争中，打仗最卖力的就两个人，一个是曹操，另一个就是孙坚。

董卓军与关东联军打得最激烈的几场大战就是跟孙坚、曹操打的，孙坚、曹操都遇到了劲敌——董卓大将徐荣。只有真心想打的人才会遇上这位猛人，孙坚与曹操先后遭遇徐荣并不是偶然而是必然，那些作壁上观的各路诸侯是永远碰不到徐荣的。

董卓一度派心腹李傕到孙坚军中讲和，转达董卓的"诚意"，承诺只要孙坚退兵，就保荐孙氏子弟为官。至于官职，刺史、太守随意挑，李傕还说，董太师有个女儿，如将军不弃，希望两家结为秦晋之好，成为儿女亲家，以后就是一家人了。

董卓认为自己的条件够优厚了，却遭到孙坚的严词拒绝："董卓擅行废立，谋杀皇帝，大逆不道，不灭董卓三族，我死不瞑目。李傕，你回去告诉董卓，让他引颈受戮吧。"

孙坚拒绝董卓的和亲，继续一路北上，兵进太谷，距洛阳只有九十里。

董卓见和谈无效，亲自领兵在洛阳城郊与孙坚打了起来，这里是皇家陵寝所在，董卓军跟孙坚所部就在陵墓间杀来杀去。孙坚越战越勇，而董卓的士兵们几个月来靠抢劫盗墓大发横财，谁也不愿卖力。结果，董卓战败，不得不退出洛阳，逃往渑池。

孙坚进军洛阳，跟吕布又打了一仗将吕布驱逐，接着孙坚派人把被董卓军挖开的皇陵一一掩埋修复，随即率军开进早已成为一片废墟的洛阳城。

此时的洛阳片瓦无存，孙坚只得领兵驻扎在城外，同时派兵深入新安、渑池间，切断董军退路。

董卓抵挡不住只好继续西撤，退到长安。

为了堵住孙坚。董卓将自己的人马重新做了调整部署：东中郎将董越守潼关外的渑池，中郎将段煨守潼关内的华阴，中郎将女婿牛辅屯兵安邑防备北面的白波贼以免后路被切断，其他几路将领分守潼关以东各县，摆出一个三角阵型。

孙坚虽收复洛阳，但洛阳城周围几百里都被董卓搞成了无人区，大白天都看不到一个鬼影，军粮更是无处筹集，洛阳无法久驻，孙坚只好率军撤出洛阳回鲁阳。

讨伐董卓的战争，随着孙坚洛阳撤军而宣告结束。

初平二年（191）四月，董卓在迁都三个月后来到长安。董卓军与关东联军各部脱离接触。

从初平元年（190）正月至初平二年（191）四月，仗打了一年多，最后，董卓被赶进潼关，与关东诸侯划关而治。

（一）轻取冀州

战争硝烟还未散尽，关东联军又陷入争夺地盘的内部火拼中，彼此混战。

讨董战争结束后，董卓的势力被限制在潼关以西的关中，关东处于群雄割据的状态。在讨董战争中，各方势力趁机壮大，他们打董卓不积极，打起友军来，却异常凶狠。

本来关东联军无论在兵力上还是在控制的地盘上都远比董卓占优势。如果关东的各路人马能同心协力，打败董卓不是没有可能，一个孙坚就把董卓打出了洛阳，若是诸路联军齐头并进，董卓恐怕连关中也保不住。但关东诸侯打着讨伐董卓的旗号，干的却都是挂羊头卖狗肉的勾当，打董卓是假，借机光明正大地招兵买马壮大势力才是真。

在搞兼并方面，盟主袁绍起了先锋模范作用。袁绍下手的对象就是之前把他关起来的冀州牧韩馥。盟主带头搞内斗，联盟的前景可想而知。

这时袁绍屯兵河内郡，袁绍充分利用自己的政治影响力，招兵买马，扩充实力，靠着袁氏名门四世三公的旗号，吸引了不少人前来投奔，张扬就是其中之一。

张扬，字稚叔，并州云中人。汉灵帝组建西园禁军时，曾召各地军校到京城，并州刺史丁原派张扬带兵到洛阳向蹇硕报到，蹇硕被杀后，张扬归属大将军何进，何进派张扬回并州招兵才招到千余人，传来消息京城大乱、何进被杀。董卓掌权后，张扬留在了上党。关东兵起，张扬率部响应，领兵攻打壶关，却打不下来，听说袁绍在河内，正在招人，就率部前来投奔。

南匈奴单于于夫罗也来投奔袁绍，与张扬的部队都驻扎在漳水。

不久，又一员大将麹义前来投奔。麹义原是韩馥部将，后跟韩馥闹翻，动了手，结果人单势孤的麹义打了败仗。他知道袁绍跟韩馥有过节，而且早就在打冀州的主意，敌人的敌人就是朋友，于是大将麹义义无反顾地投入袁绍的怀抱。

于夫罗投奔袁绍后，很快又后悔了，再次叛逃。于夫罗想让张扬跟自己一起走，但张扬不干，于夫罗干脆武装劫持张扬，带着张扬一路南下。袁绍听说于夫罗叛变，派新归附的大将麹义率兵追击，在邺城以南追上了匈奴兵，并将其击败。于夫罗劫持张杨南下来到黄河北岸的黎阳，击败度辽将军耿祉部屯兵黎阳。

群雄逐鹿的中原战场上，于夫罗所率领的匈奴兵是一支特殊的部队，他们原本是归附汉朝的塞外游牧民族，偏偏卷入中原混战。虽然于夫罗没什么名气，但他有个孙子却不得不提——刘渊。就是此人后来终结了大一统的西晋，使中原陷入五胡乱华的纷争。

再说冀州牧韩馥见天下豪杰归心袁绍，袁绍势力日渐膨胀，对自己构成直接的威胁。这才是真正的心腹之患，心中不免忧惧。这时袁绍的军粮还要靠韩馥接济，韩馥为压制袁绍，就在军粮上打起了主意，故意克扣、缓发，诸如往粮食里掺沙子，以次充好的事也没少干。

袁绍也知韩馥是故意使坏，但现在吃着人家的也不敢闹翻，只好忍气吞声，每天在大营里唉声叹气。谋士逢纪见状便献计道："将军要成就大事，需先跨有州郡，不然难以久存，仰人鼻息，看人脸色，终非长久之计，早晚会被人吞并。冀州户口众多，富庶殷实，将军可取而代之。"袁绍听了，叹气说："冀州兵强马壮，而我军中粮草匮乏，士兵连饭都吃不饱，取冀州谈何容易。恐怕到时冀州夺不下来反而连容身之地也没有了。"

逢纪近前一步道："韩馥不过愚人一个，冀州可用计取之。将军可给公孙瓒写一封密信，邀他出兵共取冀州，约定事成之后平分土地。公孙瓒急于扩大地盘，一定肯出兵，韩馥听说公孙瓒打来必怕得要死，到时将军遣一能言善辩之士劝其退位让贤，外逼内劝，韩馥素无胆略，仓促之中，会主动让位。到那时，将军您兵不血刃即可占据一州，何乐而不为。"

袁绍一听大喜，马上给公孙瓒写信请他带兵南下。公孙瓒接到信果然很听话，当即率军南下。

公孙瓒率军前来就是为了夺冀州，但名义上却打着讨伐董卓的旗号，韩馥就算再蠢，也知道公孙瓒舞剑，意在自己。韩馥派兵屯驻安平企图拦阻。公孙瓒率军冲破韩馥军的拦截，一路杀奔邺城而来。

韩馥接到败报果然没了主意，这时，董卓已回长安去了，袁绍也带兵从河内回到延津。袁绍知道时机已到，马上跟进，名士颍川辛评、荀谌、郭图等人纷纷前来游说韩馥："公孙瓒率幽州精兵南下，沿途郡县多有归降，袁车骑（袁绍自封车骑将军）率兵东来，未知何意，将军您处境危险啊。"

说到这里还要交代一句，当时人乡土观念特重，颍川人韩馥到冀州后，对冀州士大夫等冀州本土势力不冷不热，对颍川的老乡却格外热情。韩馥到任后将同为颍川人的辛评、荀谌、郭图等人召至冀州做自己的幕僚，原意是想让这些人为他出谋划策。

但袁绍来后，辛评、荀谌等人毫不犹豫站到了袁绍一边，将韩馥抛弃。在袁绍取冀州的过程中，这些名士兼老乡，不仅出卖自己的恩主，还积极为袁绍献计献策。

本就胆小怕事的韩馥，被辛评等人说得六神无主，只有任人摆布的份儿。韩馥随后问了一句历史上经常被用到的经典台词——如之奈何（怎么办）？

荀谌见韩馥已经上套，开始"循循善诱"："将军自以为宽德仁厚天下归心，与袁本初相比如何？"韩馥老实地说："不如。"又问："临危不惧、智勇过人，比之又如何？"回答还是："不如也。"再问："世代为官、门生故吏遍天下，（与袁绍相比）又如何？"答："我自己就是袁氏门生，如何比得。"

荀谌趁势步步紧逼："袁将军的渤海郡名义是郡，实力却相当一州，今将军既自知不如本初，而袁将军乃当世俊杰，必不愿久居人下。冀州是天下重地，兵精粮足，而公孙瓒率幽州铁骑乘胜而来，锐不可当。若袁绍与公孙瓒联合，一南一北夹击将军，您还保得住冀州吗？袁将军是您老友，又曾共同举兵讨董。现在将军最好的选择是将冀州让于袁绍，袁绍一定对您感恩戴德，公孙瓒也必不敢再打冀州，这样您对外既有让贤的美名，对内也能保全身家性命。两全其美，将军还有什么可疑虑的！"

韩馥被说动了，这就要往袁绍等人挖的坑里跳。但韩馥虽然糊涂，手下还是有明白人的，长史耿武、别驾闵纯、治中李历等冀州本土名士十分清楚冀州的实力和袁绍的处境，听说消息立即前来劝阻："将军，冀州带甲百万、粮食可用十年。袁绍所部不过一支孤军，全靠咱们接济，就好比手掌上的婴儿，只要切断其粮草供给，他就会像没奶吃的婴儿，不用打就自生自灭了。怎么能把冀州拱手让给他？"

但此时的韩馥已经被灌了迷魂汤，再加上对冀州本地名士的排斥，不管手下冀州人如何劝，就是听不进去。韩馥说："我本是袁氏故吏，才能远不如本初，让位贤者，古人所贵，我主意已定，诸位不必多言。"长史耿武等苦劝了一阵，见无法说动韩馥，只好摇头叹气地走开了。

韩馥的部将冀州都督从事赵浮、程奂率一万弩兵正驻守河阳，听说韩馥要让位，急忙从孟津顺河东下往回赶。

袁绍在朝歌清水口，赵浮、程奂率领数百艘战船、一万多人从袁绍大营旁敲着战鼓顺流而去，整整折腾了一夜。袁绍知道赵浮、程奂在故意向他示威，气得脸色发白。

赵浮、程奂回到邺城，见到韩馥苦劝："袁绍军中无粮，撑不了多久就会自行瓦解，张扬、于夫罗新近归附，未必会甘心为袁氏效力，主公只需派我等带兵前往阻截，不过十数日，袁军必土崩瓦解，主公只需在府中静待佳音，何必忧虑。"

但蠢到底的韩馥根本不听，当天就搬进原大太监赵忠的私宅，派儿子捧着冀州牧的印绶去黎阳送给袁绍。韩馥在政治上的幼稚跟愚蠢还有关键时刻颖川名士的集体倒戈，再加上公孙瓒在外的"配合"，终于让袁绍如愿以偿当上冀州牧，从此有了自己的地盘。

颖川人辛评、荀谌、郭图事前已经投入袁绍的怀抱。共同的出身、政治利益让颖川名士归心袁氏。辛评、郭图更是成为袁绍集团的核心骨干，直至袁氏覆灭。

在吸引颖川、汝南名士的同时，袁绍也积极招纳冀州本土士大夫加入。尽管从内心说，袁绍跟韩馥一样不喜欢冀州本地人，作为外来势力，袁绍跟冀州本地人始终有乡土隔膜，但袁绍虽然年轻，在政治上却比韩馥成熟得多，也聪明得多，这也是为什么袁绍能发迹而韩馥被淘汰的原因。

袁绍在酸枣大营跟曹操曾经有过一段对话，袁绍对曹操说自己要"南据大河，北阻燕代"，河是黄河，袁绍说的就是冀州，他早就相中了实力雄厚的冀州。

在袁绍的热情邀请下，一些原来在韩馥手下不如意的，还有那些游荡在河北的冀州名士纷纷前来投靠。

袁绍在诛杀宦官讨伐董卓的行动中为自己积累了足够的政治资本，袁绍的冀州成为与西北董卓集团对抗的另一个政治中心，袁绍的感召力和政治影响简直到了一呼百应的程度。

冀州广平人沮授、冀州魏郡人审配、冀州钜鹿人田丰纷纷来投袁绍。

冀州广平人，沮授，从小就志向远大，其家族在冀州也是呼风唤雨的角色，沮授有这样的背景仕途上也是一帆风顺，年纪轻轻就被举为茂才，前后做过两任县令。韩馥来后，也要照顾地方大族，沮授又做了韩馥的冀州别驾。袁绍自然也要关照地头蛇的利益，于是沮授又成了袁绍的别驾。不久之后，袁绍任命沮授为奋武将军，监军，统领各军掌控军权，相当于袁绍的国防部长。

袁绍成为冀州之主，给了前任韩馥一个奋威将军的头衔，没兵也没权，袁绍捡了天大一个便宜，美得连北都找不着了。

谋士沮授见主公兴致很高也忙着给袁绍戴高帽："将军弱冠（二十岁）之年名扬天下，董卓废立，您又抗命出奔（实际是逃跑），如今兵不血刃收取冀州，那些黄巾贼、黑山贼，怎是您的对手，河北四州不久将唯将军之命是从，届时将军威震天下，广招四方豪杰，东向平灭群贼，西进讨伐董卓，迎接圣上返回旧都。将军建不世之功勋，平定天下指日可待！"

袁绍给韩馥的官是奋威将军。此时天下大乱，所谓将军封号多是虚号，就连袁绍那个车骑将军也是自己封的。董卓控制的朝廷当然不承认，不过，袁绍也不在乎，反正自己的地盘自己做主，想封什么官，刻个印就行了。

冀州魏郡人审配，从小仰慕名士气节，立志忠君报国做名士，跟沮授一样，审配家也是地方豪族。韩馥在时不怎么搭理审配，不搭理自然有不搭理的回报，审配等地方豪族对韩馥同样不买账。

袁绍来了之后，知道自己要想在冀州扎根不被赶出去，千万不能得罪这些地头蛇——地方豪族。刚刚上任的袁绍就派人请审配到州府做官，而且还是大官——冀州治中别驾。这是冀州地位仅次于州牧的高官，相当于二三把手，平时冀州的政务袁绍也交给审配，这是一个相当于袁绍"国务总理"的角色。

冀州钜鹿人田丰博学多识，乃智谋之士，冀州的风云人物，很有号召力，田丰家族在当地也有背景，所以田丰年轻时被推举做了茂才，在朝廷当过侍御史，后来太监专权，又发生党锢之祸，田丰为避祸弃官回乡。袁绍早听说过田丰的大名，掌权后，马上把田丰请来做谋士，为他出谋划策。

袁绍此举更多还是做给本地人看，那意思虽然我袁绍是外来的，但冀州还是冀州人的冀州。在对待冀州人的态度上，袁绍跟韩馥是五十步笑百步，彼此彼此。只能说袁绍更狡猾。

与此同时，南阳人许攸、逢纪，也先后成了袁绍的谋士。

袁绍府前门庭若市，用天下归心形容这时的袁绍并不算过分。

袁绍重用被韩馥排斥的冀州本土名士，在冀州站稳了脚跟，确立了自己的统治地位。在"对外战争中"，袁绍又击败了风头正盛的公孙瓒，遏制了后者南下染指冀州的企图，树立了威信。

袁绍在冀州对内向各方示好，对外击败公孙瓒，摆平各方势力，成为北方的新霸主。

与袁绍府前的热闹相比，过气下野的前任州牧韩馥府邸却是门前冷落车马稀，无人理睬，门可罗雀。

袁绍新官上任，还没空理会韩馥，但拍马屁的人从来都不缺。袁绍新任命的都官从事河内人朱汉就属于此类。

朱汉从前是韩馥部下，但不受韩馥待见，现在来了新上司，朱汉觉得这是个既可报私仇又可巴结新上司的好机会，袁绍不好亲自出面，自己正好可以充当马前卒，为袁将军分忧解难，以期在袁绍心里留个好印象，将来自己的前途必然一片光明。

说干就干，朱汉未经请示（也没法请示）自己做主带兵包围韩馥府邸，报仇的机会终于到了。朱汉亲自上阵，拎着刀就闯了进去，韩馥退到二楼躲了起来，朱汉没抓到韩馥，却抓住了韩馥的大儿子，当场将其双腿折断。

袁绍得知后，马上派兵将朱汉逮捕，杀了，并派人好言安慰韩馥：您别怕，兄弟我绝对没有害您的意思，都是手下人擅自抗命，我已经把朱汉杀了，大哥，你别多心，放心在这住，我袁绍决不能干对不起朋友的事。

尽管袁绍赌咒发誓，吓破了胆的韩馥再也不敢在冀州待了，请求搬家，态度坚决，袁绍"苦留不住"，只好答应。就这样，韩馥被赶出冀州，前去投奔陈留太守张邈。

倒霉的是朱汉，虽然出了力，却半点便宜没占到反而把命搭了进去。不过，朱汉也没白死，袁绍用他的命，把戏做了全套，在公众面前维护了自己的高大形象。

到了陈留的韩馥，还是没能逃过一劫。一次，张邈跟韩馥在一起闲聊，这时袁绍的使者到了，这位仁兄见了张邈就咬耳朵，好像在说什么机密，有意不让韩馥听到。

被晾在一边的韩馥很是尴尬，坐也不是走也不是，在韩馥看来，袁绍使者此行就是冲自己来的。这时的韩馥已经无权无势，袁绍想杀他简直易如反掌。虽然袁绍想卸磨杀驴的心情相当迫切，但这事毕竟挺恶心，传出去有损他正人君子的形象，最好是韩馥知趣自己了断，省得自己动手。韩馥最终还是没让袁绍失望，韩馥也知道早晚有这么一天，干脆也别等人家动手，自己了结吧。

走投无路的韩馥，起身离席，一个人默默走进厕所，用裁纸刀结束了自己的生命。

（二）关东混战

自从关东兵起，董卓西迁，东汉朝廷实际上已不复存在，天下进入群雄逐鹿的混战时代。

皇帝成为权臣董卓的傀儡，与之对立的关东诸侯，并不承认董卓那个关中小朝廷，对董卓更是口诛笔伐，痛骂董卓是乱臣贼子，其实，袁绍也不是大汉纯臣，当初袁绍曾反对册立汉献帝，他担心就算联军击败董卓，还政于皇帝，天子也不会念他的好处，不论如何，毕竟自己曾经反对过现任皇帝。

出于政治斗争的需要，袁绍觉得有必要拥立一位新天子，董卓手里有一个傀儡皇帝，董卓动辄以皇帝的名义发号施令，虽然袁绍可以对此置之不理，但还是有些被动。

不如另立一个，如此一来，袁绍也可打天子旗号号令天下诸侯，与关中董卓控制下的朝廷分庭抗礼。

袁绍是这么想的也是这么干的，还在关东联军起兵反董时，袁绍就曾跟韩馥密谋册立当时的幽州牧刘虞为帝。刘虞既是汉室宗亲，又有声望，袁绍觉得这是个不错的人选，但当事人刘虞却抵死不从，袁绍只好作罢。

当时的天下，经济发达地区大都在长江以北，特别是黄河流域，是全国最富的地方。长江以南属于经济欠发达地区，好地方谁都想要，于是就在讨伐董卓的战争还在进行时，关东的各路诸侯为争夺地盘就已经开始了火拼。

对于一些地方实力派而言，友军对自己的威胁要远远大于董卓的威胁，在友军面前保存自己比在敌人面前保存自己更难。

于是，持续的战乱开始了，北方成了重灾区。北方，指的是秦岭淮河以北的司州、凉州、冀州、青州、幽州、并州、兖州、豫州、徐州。当时习惯以函谷关为界把北方分为关东和关西两部分，关东以黄河做分界线又分为河北、河南，这些地区是帝国的经济中心，也成为混战的主战场。

初平二年（191），袁绍占据冀州，弟弟袁术盘踞南阳，兄弟俩都成为有兵有将有地盘的地方实力派。本来挺不错的事，但哥儿俩偏偏不和，就像天生的冤家互相拆台。

兄弟不和的原因说起来比较搞笑，袁术认为哥哥袁绍过于招摇抢了自己的风头。以出身而言，袁术是嫡出也就是正妻所生，而袁绍是小妾生的，但袁绍仪表堂堂，才干超群，为士大夫所看好，名士们都聚集在袁绍周围却鲜有人去投奔袁术，这让袁术十分恼火。

兄弟两人或许对战国纵横术颇有研究，袁绍与袁术不约而同都玩起了远交近攻。当时公孙瓒盘踞幽州在袁绍北面，荆州牧刘表在袁术南面。于是，袁术派人联系北面的公孙瓒打击袁绍，袁绍也不甘示弱联络更南面的刘表打弟弟袁术。

初平二年（191）七月，袁绍刚刚占领冀州，十月便以盟主身份命亲信周昂为豫州刺史。冀州才到手，就把手伸向了豫州。这手伸得真是又快又长，在袁术看来这是不折不扣的挑衅，是可忍孰不可忍，袁术愤怒也是有原因的，因为就在不久之前，袁术也任命了自己的亲信孙坚当豫州刺史，一州不容两刺史。

关东联军瓦解后，各派势力都在抢地盘，关东各路诸侯之间的争斗和联盟日趋复杂化。袁绍发现势力日益强大的袁术是对自己扩张的威胁，对袁术采取了遏制策略。而袁术也不甘示弱采取反制措施，与公孙瓒联手。阳城之战就在此背景下发生。

袁绍先下手为强派兵偷袭孙坚据守的阳城。混战就此展开。周昂不是孙坚对手，被打得节节败退。其间，袁术向公孙瓒借兵援助孙坚，公孙瓒派自己的弟弟公孙越率数千骑兵南下增援，但公孙越在一次战斗中被乱箭射死。这下公孙瓒火了，为了给弟弟报仇也为了抢地盘，更为了报复袁绍，公孙瓒率军进驻磐河准备过河打袁绍。

上次你让我出兵打冀州，约定事成之后平分土地，可到最后你却独吞了冀州，让我白忙一场，这笔账我还没跟你算，现在你又杀了我弟弟（虽然不是袁绍杀的，但也是他的部下干的，公孙瓒把账算到了袁绍身上），袁绍，我跟你没完。

袁绍听说公孙瓒挥军南下，不免有些紧张，毕竟自己刚占冀州，立足未稳，而公孙瓒也正是看准了这一点，才急于进兵，想把袁绍挤出冀州。

袁绍来河北发展，严重侵犯了公孙瓒的利益，公孙瓒盘踞的幽州地处东北边境，往北就是塞外，那里是鲜卑、乌桓骑兵的势力范围，而东面是辽东，那里是有名的苦寒之地，地处偏远，人口也不多，公孙瓒想扩大地盘，只有向南，而南面就是冀州，袁绍夺了冀州的同时也封堵了公孙瓒的南下通道，所以自从袁绍占据了冀州，他与公孙瓒的对抗就从未停止过，这场旷日持久的对阵前后长达近十年，直到建安四年（199）公孙瓒被袁绍攻灭才结束。

献帝初年，袁曹正处于蜜月期，相互需要，袁绍因被公孙瓒牵制，无暇南顾，曹操得以在黄河以南从容发展，壮大实力。对曹操来说，这是非常宝贵的战略发展期，曹操征陶谦、灭吕布、攻袁术，都在这时。曹操着实应好好感谢一下公孙瓒在幽州牢牢拖住袁绍的后腿。

不过此时的袁绍实力还不强，袁绍不想这时跟公孙瓒开战，还是先稳住公孙瓒再说，为了安抚公孙瓒"那颗受伤的心"，袁绍把自己原来的渤海太守让给了公孙瓒的弟弟公孙范，袁绍想以土地换和平，暂时跟公孙瓒搞好关系，但公孙范上任后，一点也不领情，领着渤海兵帮着哥哥一起打袁绍。

袁术在南阳打不着袁绍就打袁绍任命的山阳太守袁遗。袁遗是个书呆子，根本不会打仗，袁术没费什么劲就把袁遗打跑了。天下大乱，原先没乱的地方现在也乱了。关东各州郡，有实力的就占州郡，没实力的就占县城，地方豪族也不甘寂寞，带着家兵民团四处打家劫舍抢地盘。而原来就以造反抢劫为业在河北活动的黑山军、并州的白波军更为活跃。

乱世英雄起四方，靠的是真正的实力，而那些平日衣冠楚楚尸位素餐的酒囊饭袋再也混不下去了，很快被淘汰。这些人或被杀，或被赶走，黯然退出历史舞台。

东郡太守桥瑁被兖州刺史刘岱所杀，河内太守王匡被曹操攻灭。山阳太守袁遗则被袁术赶跑。而兖州刺史刘岱、济北相鲍信不久后先后战死。冀州牧韩馥被袁绍排挤自杀。豫州刺史孔伷也被孙坚取代。而陈留太守张邈与其弟广陵太守张超也只多存活了几年就被曹操消灭。

初平元年（190）起兵讨董的那批诸侯，大浪淘沙后，生存下来并发展壮大的，只有袁绍、袁术兄弟以及曹操等少数人。

初平二年（191）七月，黑山军于毒、白绕、眭固等部十余万人攻入黄河下游的东郡，东郡太守王肱是个只会在衙门里喝茶水的行政型长官，不会打仗，根本不是黑山贼的对手。

曹操在大哥袁绍的支持下率兵进入东郡，虽然曹操兵少，但训练有素，曹操率军在濮阳击溃黑山军白绕部。

这时，袁绍跟曹操正好着，于是袁绍推举曹操做东郡太守，利用曹操将自己的触角深入兖州。东郡郡治原在濮阳，曹操将郡治迁到东武阳，以便背靠袁绍，至此，曹操也总算有了一块自己的地盘，结束了四处流浪的生活。

（三）青徐黄巾

这时的关东除黑山军外还有青徐黄巾，此时的青州刺史是袁绍任命的臧洪，比起之前那个只会求神祷告的焦和，臧洪不信天兵下凡，他只信自己，很快黄巾军被赶出青州，而徐州黄巾也被徐州刺史陶谦撵出徐州。

初平二年（191）十月，对外号称三十万的青徐黄巾涌入冀州渤海郡，企图与黑山军会师。

公孙瓒闻讯，率兵两万南下拦截。

对方有三十万，公孙瓒只有两万，他的自信源于手下的这两万人都是百里挑一的精兵。公孙瓒的官位是在战场上一刀一枪拼出来的。

公孙瓒长年驻守北方边塞，他的对手都是凶猛彪悍的鲜卑、乌桓骑兵，能跟这些马背民族玩骑兵对砍并生存下来，公孙瓒部队的野战能力绝非乌合之众的青徐黄巾可比。

公孙瓒，字伯珪，幽州辽西郡令支人。

辽西属幽州，这里是帝国的东北边境，再向北就是塞外。

桓、灵时代，朝政腐败，国力衰退，而边塞鲜卑趁势崛起，频频南下攻掠。

西北有羌乱，东北则有鲜卑入侵，幽州地处前线，成为鲜卑骑兵经常骚扰的重灾区。

公孙瓒从小在这样的环境中长大，练就一身本领，精于骑射。

公孙瓒曾师从名儒卢植，而与公孙瓒一起读书的还有一个师弟，这位师弟后来的名声远超他的老师、师兄，没错，这位师弟就是具有传奇经历的大汉皇叔，后来的蜀汉开国皇帝刘备刘玄德。

公孙瓒读了两年书，步入仕途，在辽西郡太守手下做文书，因为长得英俊，被太守看中，直接把女儿嫁给了他。公孙瓒能拜卢植为师，也是靠岳父的推荐，此后公孙瓒又被举为孝廉，任辽东属国长史。

一次，公孙瓒率领数十名骑兵在边境例行巡逻，突然跟几百个鲜卑骑兵不期而遇。

鲜卑骑兵战力强悍，就算人数对等，汉军骑兵也占不到便宜，更何况人数只有对方的十分之一。

公孙瓒见势不妙，带着部下打马狂奔。鲜卑骑兵在后紧追不舍。公孙瓒带着几十个兄弟躲进边境上一个废弃的烽火台，鲜卑骑兵随后赶到将公孙瓒团团包围。

公孙瓒看着几十张惶恐的脸说："弟兄们，事到如今只有拼了，大家不要怕，跟着我往外冲。"说着一马当先冲了出去。

公孙瓒纵马操矛冲向鲜卑骑兵，公孙瓒左冲右杀，带着部下拼命往外冲，虽死伤过半，但总算杀了出来。

公孙瓒靠军功，升任中郎将，封都亭侯。

不知不觉，公孙瓒在幽州待了十几年，在不断跟鲜卑骑兵切磋武艺的过程中，公孙瓒也带出了一支精兵——幽州铁骑。

打惯硬仗、恶仗的幽州铁骑，再打一支穿着各式服装拿着锄头扁担的群众武装，简直如同做游戏。

两军在青州东光相遇，战斗很快演变成一场屠杀，黄巾军被公孙瓒的幽州铁骑赶得四散奔逃。

战后，夕阳残照，到处都是黄巾军丢弃的武器、衣服、粮食、财物，战场上血流成河，尸横遍野，三万黄巾军（包括家属）的尸体交错横陈在几十里长的战场上。

被打败的黄巾争着往河对岸跑，公孙瓒早就在对岸等候多时了，公孙瓒的人马大部是骑兵，跑得快，公孙瓒带着先锋军绕道先跑到对岸等着，其余的人马在后面像赶羊一样在后面追，青州黄巾不知公孙瓒在对岸等候，争先恐后过河逃命。

公孙瓒耐心地等黄巾军渡河渡到一半，突然率军杀出，黄巾军被前后截杀，被杀死的、河里淹死的，又有几万人，血把河水都染红了，剩下的七万多人，打又打不过，逃又逃不了，只好乖乖投降，缴获的车辆、马匹、各种物资不计其数。公孙瓒凭借此战，确立了自己在河北的地位，又发了横财，可谓名利双收。

公孙瓒打败黄巾，意气风发，准备与袁绍决战，乘胜将冀州收入囊中。公孙瓒委任亲信严纲做冀州刺史、田楷为青州刺史、单经为兖州刺史，需要说明的是，以上官员是公孙瓒自己任命的，既没请示远在长安的皇帝，也没跟现任冀州牧袁绍打招呼。

公孙瓒一路南下，冀州许多郡县都派代表到公孙瓒处表示归顺，常山人赵云赵子龙也代表本郡来见公孙大人，在这里赵云遇到了一个让他追随一生的人——刘备。刘备这时也依附于公孙瓒。

（四）"汉室宗亲"刘玄德

刘备的知名度就不用说了，家喻户晓、妇孺皆知。但还是有必要简单介绍一下这位十分有名的仁兄。

刘备（161—223），字玄德，幽州涿郡涿县（今河北涿州）人。

《三国演义》上说刘备双臂过膝，也就是手臂长得超过膝盖，还长了一对特大号的招风耳，大到只要一扭头就能看见自己的耳朵。民间有个说法耳朵大有福，于是为了让刘备多福，刘备的耳朵就成了畸形。

同样的道理，让刘备的胳膊超过猿猴，也是出于罗贯中等人的设计，目的也是为了显示刘备的天赋异禀。于是乎，刘备就被打扮成了一个类人猿。

据刘备自己说，他是汉景帝儿子中山靖王的后代，顺便说一句，刘胜有一百二十多个儿子，从刘胜到刘备已经隔了三百多年，这一百多儿子，子孙繁衍，到了刘备这一代，其可信性颇为可疑，即使是真的，刘备的身份也很平常。

刘备这一支到了刘备的爷爷这代只当了个东郡范县的县令，刘备父亲刘弘，更是只在衙门里做了一名小吏，而且还死得很早。那时妇女没地位也不能出来工作，男人是家里的顶梁柱，刘备没了父亲，只能与母亲编些草席草鞋拿到市集上卖，换些钱，母子俩勉强度日，相依为命。

家里虽然穷，但小刘备从小就表现出领袖气质，成为附近小孩儿中的孩子王。刘备家东南角有株桑树有五丈多高，枝繁叶茂形如车盖，那时的马车，为了防日晒雨淋一般要在车上加车盖，刘备家的那棵树的树冠就像个车盖，于是就有了一个传言，说这棵树与众不同，这家一定会出贵人。

刘备经常跟族中的小孩儿在树下玩耍。

一次，小刘备指着门口的这棵桑树对小伙伴们说："看见没，我长大以后就要坐这种马车。"话音未落，刘备就感到背后有人打他的头，回头一看，原来是叔父刘子敬。刘子敬听到刘备的话吓得不轻，那年月只有皇帝才能坐羽葆盖车。刘子敬赶忙过来捂住刘备的嘴说："你小子，别胡说，这话要是被官府听到是要灭族的。"

刘备十五岁那年，母亲叫他出门读书，跟名儒卢植学儒家经典，刘备由此认识了同门大师兄公孙瓒。但刘备不喜欢读书，有点像当年的汉高祖刘邦，平时爱听流行音乐、打猎游玩，穿高档华贵的衣服。

但刘备这人有种特别的本领，很有人格魅力，虽然他给不了别人黄金白银、香车美女，却总能赢得周围人的拥护与支持，让人心甘情愿为他效力，这实在是一种奇妙的本事。刘备平时喜欢结交天下豪杰，到处都有他的朋友，其中很多人都是他的铁杆支持者，在众多的支持者中最有名的就是后来追随他南征北战的两个好兄弟关羽、张飞。

关羽（162—220），字云长，并州河东郡解县（今山西临猗县境内）人。

张飞（？—221），字益德，幽州涿郡（今河北涿州）人。

刘备、关羽、张飞何时相识不得而知，但三人却是形影不离，比亲兄弟还亲的异姓兄弟，白天一起喝酒，晚上睡一张床，盖一床被子。

刘备后来征战中原，屡遭挫败，两个兄弟自愿充当助手兼保镖，不管刘备得意还是失意，两兄弟都追随左右不离不弃，人一辈子能交到这样的兄弟也不枉此生了。

至于他们有没有桃园结义，那就只能问罗贯中了。

黄巾军起事时，刘备在家乡也招募了几百人，刘备带着关羽、张飞与几百名弟兄从军报国。在当时，寒门子弟想出人头地，从军是最现实的选择，因为他们没有官方背景，不可能像曹操那样举孝廉入仕。而且刘备这样的志愿兵需要自己配装备，马匹、铠甲都得自己买，数百人的全套配备，可是一笔不小的费用，我们说过，刘备是卖草鞋的，卖廉价大众用品也赚不到几个钱，刘备就算砸锅卖铁也凑不齐这么多钱。

正在刘备为钱发愁的时候，刘备认识的两个做生意的朋友中山人张世平、苏双仗义出钱，资助刘备，刘备这才拉起一支队伍。刘备起兵与曹操相似之处在于都有财阀在背后支持（不过财阀也有大小，刘备的朋友比不了曹操）。刘备后追随校尉邹靖征讨黄巾，屡建战功，事后，论功行赏，当了安喜县县尉（公安局局长）。

那时做官讲究背景靠山，做官的人要是朝里没人，官是做不长的，像刘备这样出身草根的人，即使能力再出色，业绩再优秀，上面没人，也别指望升迁，而一旦需要背黑锅，却总是第一人选。刘备对官场的黑暗内幕多少有一些了解，所以朝廷里有点风吹草动，刘备就坐卧不安。

不久，据"路边社"报道，朝廷准备免去一些靠军功得官的人，而他刘备就在这批名单里。

这是典型的卸磨杀驴，黄巾之乱已平，不再需要这些人了，既然没有利用的价值了，也就不能让这些人再待在位置上，空出的职位好用来安排亲信，还有那些花了钱买官的，至于这些人能力如何，那就不是上面考虑的事了。

很快，上级的检查团就到了，郡里派督邮到各县巡察，准备找借口罢免这些人的官。这一天，督邮到了安喜县，身为县尉的刘备早早就来到督邮下榻的官驿，想跟督邮私下里沟通沟通，联络联络感情，活动一下，事情或许还有转机。但督邮根本不见他。

督邮不肯见自己，传递出的信号再清楚不过，刘备知道，自己的官是肯定保不住了。既然如此，老子豁出去了。刘备也是一个热血男儿，加上年轻气盛，不让进就直接往里闯，到了里面，见到督邮，二话不说，冲上去就是一顿老拳，将督邮打翻在地，这还不算，刘备将督邮捆成粽子绑到大树上，用凉水蘸皮鞭，狠狠地抽了督邮二百鞭子。然后把官印挂到督邮脖子上，带着关羽、张飞，扬长而去。

刘备鞭打督邮，展现出刘备血性的一面，但到了后来罗贯中写小说，存心要把刘备塑造成一个忠厚长者，觉得打督邮这事虽然解气但太粗野，还是把这活儿安排给张飞比较合适，于是好兄弟张飞为了剧情的需要就替大哥刘备背了黑锅，一背就是一千多年。直到今天，还有很多人认为鞭打督邮是张飞干的。

刘备鞭打督邮，官自然是做不成了，这还不说，殴打朝廷命官是犯罪，虽说督邮不算什么大官，但挨了打的督邮岂能善罢甘休。刘备惹了官司，但他没打算打官司，只好带着两个兄弟四处逃亡。

这时天下大乱，机会对于像刘备这样的有志青年多的是。果然，过了两年，大将军何进派人在全国招兵，刘备在丹扬又重新入伍，跟大部队一路南下，在下邳遇到一股土匪，刘备知道要想翻身，对于没背景没靠山的自己，只有立功这一条路，所以打起仗来特别卖力。战后，凭战功，刘备又被提升为副县长。

不久，刘备被任命为高唐县县尉。但刘备的命很苦，舒服日子没过几天，高唐又来了一股黄巾。

县尉刘备手下也没多少兵，尽管拼尽全力，最后还是被赶出县城，再次无家可归。正好这时大师兄公孙瓒在幽州招兵买马，刘备只好去投公孙瓒。

（五）大战界桥

这时，公孙瓒跟袁绍为了争夺地盘，全面开战。

公孙瓒率领主力军进驻界桥，同时派自己的兖州刺史田楷带着刘备从侧翼进攻袁绍的青州。两个战场几乎同时开战。

先说主战场。公孙瓒自从大破青州黄巾后，屯兵广宗，为了争冀州，公孙瓒亲率主力南下，摆出决战架势。袁绍也不示弱，带兵北上迎战，驻军于广宗以东的界桥。

初平三年（192）正月，两军在界桥南二十里相遇。

公孙瓒有四万人，一万骑兵，三万步兵，全是跟随他征战多年的精锐部队。

袁绍也把自己的几万主力都投了进来，双方都知道，拼血本的时候到了。两军在界桥布开阵势，一场大战随即展开。

公孙瓒将自己的三万步兵列成方阵，摆在中央，左右侧翼各有五千骑兵，压住阵脚。大阵最前面是公孙瓒的嫡系部队——白马义从。

公孙瓒喜欢骑白马，为震慑敌军，让敌人在战场上第一时间看到自己，公孙瓒组建了一支精锐骑兵部队，这支部队最鲜明的特征是，所有骑兵的坐骑都是白马，入选的都是百里挑一的精兵。这支白马部队是公孙瓒的王牌。白马部队不仅是鲜卑骑兵的噩梦，更是横扫中原步兵的利器。

在没有火器的冷兵器时代，面对冲击力极强的骑兵，步兵想与之对抗，最有效的武器就是弓箭。但弓箭也有自己的缺点，那就是射程有限，靠人力发射的弓箭，有效的射程不超过一百米，而这个距离对于骑兵也就是一个冲刺，留给弓箭手放箭的机会有限，放不了两箭，骑兵的马刀就到了，而一旦骑兵冲入步兵中，速度加高度的优势，很容易占上风，公孙瓒能够以少胜多靠的就是手下这支冲击力杀伤力都超强的骑兵。

对于这些袁绍自然是了解的，因为后来被曹操打败，很多人轻视袁绍，但真实的袁绍绝不是平庸之辈，此人相当精明。

袁绍之所以最后失败只是因为他遇上了比他更精明更狡猾的曹操。

为了对付公孙瓒的骑兵，袁绍使用了另一种骑兵的天敌——弩机。

弩是一种靠机械力发射的先进武器，因为是机械力所以射程比弓箭远，而且更有穿透力，威力大的弩甚至可以洞穿重装骑兵的胸甲。弩的发射速度也明显快于弓，这时可以连续发射的连弩已经出现，后来诸葛亮发明的那个只是改进版。

射程远、威力大还可以连续发射，这就是弩比弓更强的地方。如果把弓比作单发步枪，那么弩机就是重机枪，在战场上可以起到"火力压制"的作用。

弩机之外，袁绍还特意准备了一个特种部队，专门对付公孙瓒的白马骑兵。

公孙瓒对袁绍的准备一无所知，自我感觉良好，根据以往的经验，他的白马部队只要在战场上一出现，等待对手的就只有崩溃。公孙瓒想不到这一次崩溃的人却是他自己，不久以后，他就会亲眼看见，他引以为荣的王牌部队在自己眼前崩溃。

为了震慑对手，公孙瓒把白马部队放在了最显眼的地方。阵前的白马部队，盔明甲亮，阳光照在盔甲上反射出的刺眼的光对敌人是一种很好的心理威慑。

袁绍阵前的先锋部队也是精锐，袁绍专门安排的特种部队——大将麹义率领的八百羌兵。八百羌兵后是一千手持弩机的弩手。再后是袁绍大军本阵。

麹义和他的兵常年在西北跟羌胡作战，战力彪悍，经验丰富。但公孙瓒并不知道，他见对方的前锋部队人很少，就直接命令骑兵发起冲锋，想靠骑兵的冲击力冲垮对方的阵型。

眼看公孙瓒的骑兵越冲越近，麹义不慌不忙一挥手，手下的兵全都匍匐在地上用盾牌护住身体，等到公孙瓒的骑兵冲到眼前，麹义突然一声令下，羌兵们突然从地上一跃而起，大叫着杀入阵中，后面弩兵弓弩乱发，几千支弩箭射向迎面而来的骑兵，高速奔跑的骑兵很难做出机动动作躲避，距离又这么近，几乎都成了活靶子，一阵乱箭之后，前面的骑兵纷纷中箭倒地，后面的来不及躲避也被绊倒，麹义的兵哪能放过这样好的机会，冲上来就是一顿乱砍。

可怜公孙瓒的精锐骑兵就这么被杀了大半。公孙瓒的冀州刺史严纲也死在乱军之中。

公孙瓒军大败，袁绍见前锋取胜，下令全军追击。公孙瓒的部队全面溃败，袁绍军则趁势掩杀，在后紧追不舍，被追急了的公孙瓒军连大营也来不及回，顺着大道拼命逃。

麹义带兵一口气追了二十里，一直追到界桥，这时公孙瓒带兵殿后见麹义不依不饶地穷追，实在有点欺人太甚，带兵折返又杀回来，但麹义跟部下犹如一群疯子，公孙瓒抵挡不住又败下去。麹义率军紧跟败兵追进公孙瓒大营，夺了营门前的牙门旗。公孙瓒军顿时士气大挫，败兵四散奔逃。

前锋麹义带着手下四处追杀公孙瓒败兵，袁绍见前军得胜，将主力全部投入追击，力求扩大战果。身边只留下几十名弓弩手和一百多个手持长戟的卫士。

但得意的袁绍差一点乐极生悲。

因为战斗在前方，袁绍认为自己在大帐很安全，但战场上情况瞬息万变，袁绍没想到，公孙瓒的一支两千多人的部队，可能是被打晕了，竟鬼使神差杀到了袁绍大帐前，将袁绍重重包围。四面围住后，就是开弓放箭，箭雨一阵紧似一阵地射来。

这时袁绍的谋士别驾田丰扶着袁绍，想保着他到旁边的破屋残垣找一个土墙躲避弓箭，袁绍这时显出硬汉本色，把头盔扔在地上，大喊道："大丈夫宁死阵前，岂能贪生怕死，躲在土墙后偷生。"说着甩开田丰，指挥身边的部下反击，不时有卫士中箭倒下，眼看敌人越逼越近，袁绍马上就要成烈士。

正在这时，麹义得到主公被围的消息，急忙带兵来救，公孙瓒的兵不知他们围住的是条大鱼，见敌人来了援兵也就撤了，袁绍这才捡了一条命。

袁绍大胜而归，在大营里跟众将和谋士们喝酒庆贺，正喝得高兴，突然有人从邺城而来，进了大帐跪地禀报："主公，大事不好，魏郡兵变，将黑山贼迎进城中，邺城已被叛军占领。"满桌的文武听到这个消息，全都傻了，谁也没料到会出这事。邺城是冀州牧袁绍的大本营，袁绍一家老小都在城里，不光是他，在座文武的家眷大部也在邺城，宴会上顿时鸦雀无声，众人的目光都齐刷刷看向袁绍。

袁绍并没有因邺城的沦陷而慌乱，他显得很镇定，突然的意外反而坚定了他消灭黑山贼的决心。

黑山军有十几路人马，头领的名字千奇百怪，黄龙、青牛角、左髭丈八、雷公、浮云、飞燕、白雀、杨凤、于毒、五鹿、李大目等。

黑山军首领张燕一度接受汉灵帝的招安，董卓之乱后，黑山军再度活跃，黑山军以太行山为依托，以黑山为根据地。黑山位于太行山脉南端，是张燕黑山军的大本营，就如同白波军的白波谷。黑山军活动于中山、常山、赵郡、上党、河内等太行山脉山间谷地。太行山脉高峰迭起，海拔多在两千米以上。山脉东南为河北平原，西北是山西高原，河北平原通向山西高原的陉道多分布在太行山脉之间。这一地势特点方便了分布在太行山群山中的黑山军各部相互联络。

朝廷曾派大将皇甫嵩带兵围剿，但不久西北战事吃紧，皇甫嵩不得不去救援，黑山军得以纵横河北。

初平元年（190），董卓挟献帝迁都长安，东汉朝廷失去对关东的控制。以声讨董卓为名的关东各路诸侯为争夺地盘厮杀。公孙瓒占有幽州大部，袁绍取代韩馥，自领冀州牧，双方为争夺冀州东部和青州展开激烈拉锯战。

此时形势对黑山军相当有利。东汉朝廷名存实亡，再也无法像镇压黄巾军那样调动中央军和地方军对其实行围剿。关东各军事集团忙于争夺地盘，无力也无心与黑山军开战。

黑山军则在张燕的率领下投入到关东军阀的混战之中。为在乱世中求生存谋发展，张燕采取以太行山脉为依托，在坚持独立自主的山地游击战的同时，不放弃有利的平原运动战，不断向邻近的魏郡、东郡、阳平郡等黄河中下游平原郡县发展。而这些地方都是袁绍的势力范围，双方的冲突也就不可避免。与袁绍对敌的公孙瓒成为黑山军的盟友，黑山军倒向了公孙瓒一边。

初平二年（191）秋，黑山军趁袁绍与公孙瓒在冀东、青州激战之际，于毒、白绕、眭固等十余万众攻掠魏郡、东郡，对袁绍的大本营邺城及其南翼安全构成威胁。与此同时，受青州刺史臧洪、徐州刺史陶谦的军事压力，初平二年（191），青、徐黄巾三十万众入渤海界，欲与黑山军会师河北，如果此计得逞，势必会改变关东黄河流域的军事对比。黑山军的盟友公孙瓒出于自身利益考虑，在渤海郡东光县将黄巾军击溃，并趁势将势力深入青州。而袁绍却将镇压黑山军的重任交给了曹操。经过激战，曹操在初平三年（192）春才将这股黑山军消灭。

黑山军趁袁绍与公孙瓒激战无法分身的机会，里应外合攻占袁绍的大本营——邺城。

（六）袁绍围剿黑山军

袁绍岂是好惹的，又怎能善罢甘休？袁绍随即分兵派将，准备痛击黑山军。正在这时，有人禀告，袁绍在邺城的家属被人送回来了，护送家属的人叫陶升，城破之时，陶升带兵保护袁绍家眷并把人安全送到袁绍屯兵的斥丘，袁绍深受感动，当场封陶升为建义中郎将。

初平二年（191）六月，怀着强烈的复仇愿望，袁绍带兵进入朝歌鹿肠山苍岩谷口，包围黑山军于毒部，接着就是大军围攻，五天之后攻破山寨，于毒和董卓任命的冀州牧壶寿死于乱军之中，黑山军被斩杀一万多人，袁绍军大获全胜。

黑山军对邺城的偷袭，让袁绍彻底清醒了。原本他没把这些山贼放在眼里，但让他没想到的是，人家山贼也会打仗还会用计，自己要征战天下，身边有这么一股土匪，怎能放心，袁绍决心彻底消灭这帮敢在他头上动土的山贼。

剿灭于毒部后，袁绍率军沿山谷继续北上，一路攻城拔寨，势如破竹，先后攻破黑山贼刘石、青牛角、黄龙、左校、郭大贤、李大目、于氏根等部山寨，又杀了几万人，沿途的黑山军营寨几乎被袁绍铲平。

黑山军损失惨重，张燕这才后悔，不该招惹袁绍这只老虎，但后悔也晚了，只好向雁门的乌桓骑兵求救。

袁绍大军在常山与张燕黑山军主力以及前来助阵的乌桓骑兵大战十余天。昏天黑地的恶战打下来，张燕损兵折将。袁军也疲惫不堪，双方都打得精疲力竭，于是各自收兵，但袁绍军毫无疑问占了上风。

黑山军的盟友公孙瓒出于自身利益的考虑，又在渤海东光大破青徐黄巾，阻止了两股势力的合流，黑山军被袁绍追剿，与青徐黄巾会师的计划又惨遭失败，只好退入太行山。

（七）幽州——一山不容二虎

袁绍、曹操与黑山军激战的同时，公孙瓒也没闲着，在外线与袁绍对抗之余，又在幽州打了一场"内战"。

说起这场"内战"，不得不说起幽州的另一主人——幽州牧刘虞。

刘虞，字伯安，徐州东海郡人。祖父刘嘉曾做过光禄勋。跟刘备那个来历不明的皇亲不同，刘虞是正宗的汉室宗亲。

刘虞早年举孝廉入仕，后任幽州刺史，在任期间，力主安抚鲜卑、乌桓，边境局势日趋平稳。

刘虞后被调离幽州。黄巾军起，前任中山相张纯勾结乌桓骑兵入塞抢掠，幽州、冀州首当其冲，右北平太守刘政、辽东太守阳终先后战死，面对乱局，朝廷束手无策，又想起刘虞，将刘虞派回幽州，镇抚北方。

刘虞到幽州后，利用自己之前与乌桓、鲜卑各部建立的良好关系，跟各部族首领联络，老朋友的面子自然要给，很快汉奸张纯就被无情地抛弃。失去鲜卑、乌桓支持的张纯叛乱被迅速平息。

董卓进京后对刘虞也刻意笼络，原有待遇照旧还有加码，刘虞被晋升为大司马，封襄贲侯。董卓如此优待，也是希望刘虞能守好幽州，不要参与袁绍的"叛乱"。

中郎将公孙瓒是刘虞的部下，但两人在对待鲜卑、乌桓的态度上产生了不可调和的矛盾。刘虞是有名的主和派，跟各部落首领关系不错，逢年过节还互赠礼品相互问候，而公孙瓒是武将，武将想升官只有靠军功，所以是主战派。

幽州之前全靠朝廷从其他各州调拨税款才能勉强维持，现在朝廷自身难保，其他各州也不再向朝廷上交收入，这部分收入没指望了。刘虞只能自己想办法搞创收，首要的自然是农桑，吃饱饭才谈得上发展，但种地不赚钱，为维持庞大的军政开支，只能另想对策。刘虞的办法是搞外贸，在上谷开设榷场与胡人互市，又在渔阳煮盐冶铁，这些都是赚钱的项目。幽州富了，日子好过了，乱世里堪称一方乐土，青徐百姓为避兵灾，纷纷涌入幽州。

刘虞能做到保境安民，实属不易。但公孙瓒却对此大为不满。

一个主和，一个主战，公孙瓒想打，刘虞不让，时间一长，矛盾越来越深。

朝廷迁都长安，各路诸侯忙于争夺地盘，长安的刘协被冷落在一旁无人理睬，只有万里之外的刘虞仍不忘朝廷，从事右北平人田畴、鲜于银等人奉刘虞之命穿越火线，冲破重重险阻，历尽千难万险，终于抵达长安，见到皇帝。

汉献帝刘协在长安做梦都想回洛阳，对田畴等从幽州远道而来，倍感欣慰之余，萌生了让刘虞派兵护送自己东归洛阳的计划。这时刘虞之子刘和在刘协身边做侍中，刘协于是派刘和回幽州搬兵救驾，因为潼关已被封锁，刘和只好南下武关，途经南阳时，后将军袁术得知了刘和的使命，出于私心，袁术热情地挽留刘和，派自己的使者去幽州，请刘虞派兵来南阳，与自己合兵，一起入关迎驾。

公孙瓒不出意料地反对发兵，刘虞根本不理他，派出数千骑兵南下迎接天子。公孙瓒一计不成又生一计，派人到南阳劝袁术扣押刘和，收编幽州的部队。刘虞得知此事，恨死了公孙瓒。

不久，刘和找了个机会从袁术那里逃了出来，谁知，走到冀州又被袁绍扣下。

公孙瓒界桥战败狼狈逃回幽州，之后，公孙瓒与袁绍你来我往，打成拉锯战。刘虞反对穷兵黩武，公孙瓒哪里肯听。

公孙瓒还多次抢劫刘虞赏给部族首领的财物，刘虞上书朝廷历数公孙瓒的罪状。

公孙瓒也不甘示弱，也向朝廷上书，说自己出兵剿匪，刘虞却不给自己供应军粮，两人告状的文书，一封接一封，比着往长安送，在文书里互相攻击，将笔墨官司打到皇帝那里。

之前两人就看对方不顺眼，这下彻底闹翻，双方都恨不得置对方于死地。

当时幽州的治所在蓟城，公孙瓒因为讨厌刘虞，也不在蓟城住了，自己在蓟城东南又修了一座小城。刘虞几次派人来请公孙瓒吃饭，公孙瓒推说自己病了，说什么也不去。

刘虞见讲和不成，决心出兵武力解决公孙瓒，以实现他的幽州永久和平。

趁公孙瓒的部队分散在外，初平四年（193），刘虞将自己能调动的各地驻屯兵，全部十万兵力集中起来，亲自率领部队将公孙瓒的小城团团包围。

发兵前，从事程绪劝他不要出兵，刘虞当众将其斩首示众，拿程绪的人头祭旗，刘虞还对部下说，此次行动，只杀伯珪，余者不问。

本来，刘虞行动公孙瓒并不知情，但刘虞部下从事公孙纪，抢在刘虞行动之前，将计划泄露给了公孙瓒。公孙瓒与公孙纪既是同姓，私交甚厚，估计公孙瓒是有意拉拢，想在刘虞身边安插一个自己的眼线。而关键时刻，正是这个公孙纪救了公孙瓒的命。

不过，等公孙瓒得知确切消息，距刘虞的总攻时间也只剩下一个晚上，公孙瓒来不及做准备。

第二天，刘虞的大军就到了，公孙瓒被困在城里，见刘虞人多势众，公孙瓒自感不敌，在东门悄悄挖掘地道准备逃跑，但刘虞在关键时刻暴露了自己名士的缺点——不会打仗。

虽然刘虞兵多，但他本人不会指挥，而且刘虞向来是主和派，老好人刘虞对百姓士兵都好，所以他的部队战斗力并不强，平时训练不足的弱点暴露无遗。刘虞又爱惜百姓，不准士兵放火焚烧庐舍。

久经战阵的公孙瓒很快就发现了刘虞的这些弱点，信心大增，也不怕了。

刘虞怕百姓受损，禁止部下放火，但刘虞不放不等于公孙瓒不放，公孙瓒可不管那些，顺风纵火，趁刘虞阵脚大乱之际，率兵冲出城，猛杀猛砍，刘虞大败，部队溃散。

刘虞带着败兵来不及回蓟城，一路北上进了居庸城，公孙瓒随后赶来将城四面合围。三天后，城被攻破，刘虞和一班手下被俘。

正巧，这时天子派使者段训前来班诏，公孙瓒胁迫段训，诬陷刘虞图谋称帝，将刘虞杀害。

刘虞虽死，但刘虞在幽州多年深得人心，受过他恩惠的人极多，部下鲜于辅、鲜于银、阎柔等人以为刘虞报仇相号召，很快召集溃兵数万又向乌桓峭王借兵，乌桓峭王感念刘虞昔日恩情派七千骑兵赶来助战，一同南下迎接刘和。

袁绍此前一直将刘和软禁在自己这里当作筹码，现在看形势，是该派上用场的时候了。

袁绍派大将麴义带着刘和北上，与刘虞旧部合兵一处，对外号称十万，与公孙瓒对抗。

兴平二年（195），麴义等人在鲍丘大败公孙瓒所部，斩首二万。公孙瓒不得已退保易京。

两军相持近一年，最后麴义粮尽，被迫撤兵。公孙瓒趁麴义退兵之际，出击掩杀，缴获大量辎重。公孙瓒之所以能挺住对方的进攻，得益于他在易京的屯田。这也是公孙瓒能与袁绍相持近十年之久的原因。

袁绍与公孙瓒因地缘形势关系，都将对方视为头号死敌，两人都想称雄河北，但最终只有一个可以存活，谁都想在乱世中生存下去，做那个胜者。于是，决战不可避免，袁绍与公孙瓒旷日持久的战争年复一年，看似永无尽头。

界桥战后，袁绍曾派大将崔巨业领兵三万进攻幽州，围攻故安（今河北易县东南），公孙瓒既要对付刘虞余部又要迎战袁绍，被南北夹击，腹背受敌。

公孙瓒用战绩证明他能在这个乱世中生存下来并成为割据一方的军阀绝非侥幸。

袁绍大将崔巨业围攻故安久攻不下，听说公孙瓒亲自带兵增援，知道不妙，赶紧撤兵，但还是慢了一步。

公孙瓒率三万主力昼夜兼程在后紧追袁军，终于在巨马水追上了撤退中的袁军，接下来一场混战，袁军大败，死伤惨重，狼狈逃回冀州。

公孙瓒报了界桥惨败的一箭之仇，却不依不饶，尾随败兵攻进冀州。公孙瓒与袁绍争夺冀州的同时，对青州也表现出了浓厚的兴趣，派部将田楷攻入青州。

公孙瓒的帐前大将田楷得令后率部与袁军在青州大战两年，最后双方军力耗尽，甚至公开抢掠百姓，兵荒马乱没人种地。种了，也不一定有命吃，所以粮食成了宝贵的战略物资，宝贵是因为短缺，连着耗了两年，大家都没的吃了，于是开始挖野草啃树皮，最后连草籽都吃光了。

这时袁绍派长子袁谭为青州刺史率军迎战田楷。青州本来是势均力敌，但袁谭的到来改变了军力对比，胜利的天平开始向袁军倾斜，田楷抵挡不住袁谭的攻势，被赶出青州。

（八）刘玄德义救孔文举

刘备投奔师兄公孙瓒后，因表现出色，从平原令升任平原相。在平原相任上，刘备干得有声有色。平原相，级别相当于太守，此时刘备已成为俸禄二千石的封疆大吏。

刘备的成功引起了平原大姓刘平的不满，刘平家是当地豪强，在平原很有势力。刘平看不起卖草鞋出身的刘玄德，觉得让这么一个人在平原发号施令，是对自己的羞辱，刘平派刺客前去行刺刘备。

刺客假装是去投奔刘备的门客，当时天下大乱，经常有人上门投奔，而刘备对前来投奔的人，一向热情款待，对这位刺客也是如此。

刘备本人出身寒微，饱尝人间冷暖，所以对来投之人，不分贵贱，一律以礼相待，平易近人，即使身份低微之人，刘备也与之同席而坐，吃同样的饭食。刘备还常常嘘寒问暖，对部下爱护有加。时间一长，就连刺客也深受感动。刺客有感于刘备的人格魅力，不忍刺杀，反而将实情告知刘备。

刘备在平原，对外抵御流寇，保一方平安；对内，与民休息，保护耕织，对来投的四方豪杰，更是英雄不问出处，与之推心置腹，在地方深得人心。

草根出身的刘备在群雄争霸的乱世打拼难度远大于袁绍、曹操这些高干子弟。

刘备没背景没人脉，没有父辈铺好的锦绣前程，一切都要靠他自己，除了胸中的一股豪侠之气，他几乎一无所有，前路漫漫，困难重重。但刘备天生就是一个成就大事的人，被打倒100次，就101次爬起，他一生打了许多败仗，投奔过很多人，却从未屈服，他没有强大的实力，却有强大的内心。

很多人慕名来投，刘备来者不拒，虽生活艰苦，但每次只要有人来，刘备都会倾其所有热情款待。

尽管中原大地烽火连天，但刘备治理下的平原，呈现的却是一番太平景象。

虽然刘备很努力，但跟出身显赫实力雄厚的袁绍、曹操、袁术相比，还只是一个微不足道的小人物，名气甚至不如公孙瓒、吕布。

但"无名之辈"刘备在干了一件事——救孔融——后，知名度大增。

文化名人孔融（153—208），字文举，鲁国人。东汉著名才子，"建安七子"

之首。建安文学的领军人物，当时的文坛领袖。

孔融的门第就连那些世家大族出身的人都不敢与之相比，因为他的先祖乃是至圣先师孔子。孔融从小便才学出众，年纪轻轻就已在文坛崭露头角。

孔融生平喜欢结交朋友，当然能跟孔融称兄道弟的自然也不是寻常之辈。比如陈留边让、平原祢衡，都是当时文坛才子，他们有一个共同的特点——恃才傲物。他们后来的命运不能不说也受此牵连，此所谓性格决定命运，在他们身上体现得最为鲜明。

三位文学才子，与当时的读书人一样，都选择进入仕途，偏偏他们先后都遇到了同一个人——曹操。虽然曹操也是文学大家，但偏偏与这三人水火难容，三人最后都不得善终死于非命，其中边让是被曹操直接处死，孔融是曹操利用职权，以朝廷名义灭其满门，而祢衡则是被曹操借黄祖之手间接除去。

说起孔融，首先想到的就是孔融让梨的故事。

据说，孔融四岁时，一次，家里买了一些梨，洗好后放在盘子里，孔融兄弟听说有梨吃，都来拿，孔融最小却第一个跑过去，大家以为他抢着来，一定会挑大的拿，谁知，孔融的举动却出人意料，他拿了一个最小的。

哥哥们很意外，父亲孔宙更是惊讶不已，就问孔融："那么多梨，你为什么要拿最小的？"四岁的孔融回答："我最小，所以应该拿最小的，大的留给哥哥们。"完了完了，答得太好了，想不出名都不行了。

此事经过刻意渲染，很快传开，孔融成了全国知名的神童，而这个称号至今还保留着。此案例也成为育儿的模范教材，被各种版本少儿书竞相引用。

孔融十岁的时候又干了件很牛的事。

这一年，小孔融跟随父亲孔宙到京城访亲拜友，孔宙忙于应酬，也没工夫带孩子，孔融居然自己一个人跑去拜访河南尹李膺。

李膺是当时的名士领袖，每天等着接见的人排成队，而且还要提前预约，因为是名人，所以李膺对访客的层次也是有要求的，人家可不是什么人都见的，必须是知名人士才行。

孔融一个十岁的小孩儿，想见李膺在当时真是比登天还难，但小孔融却做到了，他只用了一句话。

且说，小孔融大摇大摆来到李膺家府门前，很神气地对看门人说："烦劳通报，就说世交好友子弟前来拜访。"看门的一听是世交，不敢怠慢赶紧进去通报，李膺正在跟几个朋友聊天，听说是老朋友家的晚辈来拜访，就让人请了进来，但进来的却是一个小孩儿。

等孔融来到李膺面前，李膺看着这个小孩儿面生，就问："请问你的祖上跟我的祖上有何交情？"孔融镇定自若地答道："当然有了，我的先人孔子跟您的先人老子就是朋友，所以我才说咱们两家是世交，难道不对吗？"孔融答得巧妙机敏，让在座的客人无不称叹，都说这孩子小小年纪就这么聪敏，将来必定是个人物。

太中大夫陈炜晚来了一会儿，没听到这番精彩的对话，旁边的人讲给陈炜听，陈炜听了很不以为然地说："小时候聪明，长大了未必有出息。"这话让旁边的小孔融听到了。孔融接着来了一句："大人，那您小时候一定很聪明喽！"在座的众人听了哄堂大笑。

孔融四岁成名，长大后，脾气一点没变，饱读诗书出身名门的孔融，被当时另一名门世家司徒杨赐招入府中担任要职。

说起杨赐很多人或许不知道，但提起他的儿子杨彪、孙子杨修，那就无人不晓了，孙子比爷爷还有名。不过就官职而言，杨修比他爷爷差远了，司徒是三公之一，而杨修一辈子也只不过是丞相府的秘书长。

孔融步入仕途后，依然我行我素，特立独行，看到官场腐败总要说几句。别人不敢说，他敢；别人不敢惹宦官，他偏跟宦官对着干。

外戚何进晋升为大将军，各官署都派代表前往祝贺，这本来是交个礼单说两句客气话的任务，杨赐派孔融去了，到了孔融那里偏就出了事。

孔融带着名帖礼物到了何进府门前一看，这里早已是人山人海，送礼的人太多，照规矩，大家排队进场，孔融将名帖递进去后，很长时间也没轮到他，孔融等得不耐烦，干脆要回名片，扬长而去。何进得知后，大为光火，认为孔融看不起自己，准备收拾他，幸好旁边有人说好话，孔融才躲过一劫。

大将军何进掌权，孔融不逢迎；董卓进京掌权，孔融又跟董卓对着干，董卓要废立皇帝，别人都不敢反对，书生意气的孔融却仗义执言，公然跟董卓唱反调，让董卓很不爽，跟长官对着干的"好处"很快就体现出来，孔融这时的职务是虎贲中郎将，董卓将其转为议郎，没过多久，青州黄巾复起，北海国形势危急。

董卓暗示三公推荐孔融去做北海相，北海相跟刘备的平原相是一个级别，都是二千石。

董卓想借刀杀人，不好明着动手，那会让人觉得自己气量狭窄，于是就想借黄巾之手除去孔融。董卓对付孔融这招后来让曹操学会了，曹操用来对付孔融的朋友祢衡，董卓杀孔融因为刘备的及时出现没能达成目的，但曹操借刀杀人却成功了。

对这种谋杀式的升迁，孔融满不在乎，从容赴任。而在他人看来，这跟赴死并无区别，孔融此去怕是有去无回了。

果不其然，孔融刚上任，就遇上了一股二十万人的流寇涌入北海，孔融的第一反应居然是带兵迎战，勇气可嘉，但结果却惨不忍睹，大败。孔融，到底是名士，吃了不懂军事的亏。

孔融收集散兵，退守朱虚，军事非其所长，但孔融在文教上还是颇有建树，在此期间，孔融在北海修城寨、建学校，举荐当地大儒郑玄、邴原等。

过了不久，真正的黄巾军来了，孔融率部屯兵北海治下的都昌城，被黄巾军首领管亥带兵围困。

城池朝不保夕，危急时刻，一个人挺身而出，自告奋勇愿意杀出重围去请救兵，此人名叫太史慈（166—206），字子义，青州东莱人。说起这个太史慈还有一段故事。

孔融到北海后，听说太史慈大名，一心想与之结交，只是此时的太史慈为了避祸正在辽东，但老母还在当地。孔融爱才，虽然此前从未与之谋面，但对太史慈可谓神交已久，因此经常派人给太史慈家里送米送面，照顾得无微不至。

孔融被管亥围困，太史慈正好从辽东归来，来得早不如来得巧，太史慈回家后，其母感念孔融恩德，对太史慈说，恩人遭难，正是报恩之时，太史慈是孝子，为人又颇具侠士之风，轻生死，重大义。二话不说，当即单人匹马来见孔融。

太史慈趁着夜色，独自闯重围，进了都昌城。

这时的孔融苦盼援兵，已经到了望眼欲穿的程度。太史慈见了孔融说明来意，表示自己愿意带兵迎战，但孔融没同意，城中兵力本就不多，守城都不够，要是拼光了，别说解围，就是城都没人守了。

既然不能硬拼，那就只能派人出去求救，但附近谁也指望不上，黄巾人多势众，友军都在观望，谁也不愿冒险。

孔融想起了刘备，刘备跟孔融相距不远，这时刘备在地方已小有名气，刘备在青州一带口碑很好。孔融也久闻其名，他相信刘备会来救他，但派谁去呢？太史慈自告奋勇，表示自己愿闯重围去搬救兵。

但当孔融和太史慈来到城上向外看时，才发现城早已被四面合围。小小的都昌城被围得风雨不透，别说人，就连一只鸟都飞不出去。

孔融见此情景，目瞪口呆，虽然太史慈主动请缨，孔融却犹豫不决，但太史慈坚持要去，并说自己有出城的办法，到了这时，孔融别无选择，只好让太史慈冒险一试。

　　第二天天明，久闭的城门突然打开，从城里冲出三骑，太史慈佩弓挂箭带着两个随从从城里出来了。惹人注意的不是太史慈而是他的两个随从，这两位兄弟没带兵器，只是每人肩上扛着一个箭靶。

　　城外的黄巾军看见城门突然打开，开始还以为有人要闯营突围。等看清楚就出来三个人，而且两个没带兵器，心才放下。但转瞬又是一头雾水，搞不清楚三人不突围，还扛着箭靶，葫芦里究竟卖的什么药。

　　在众人惊诧狐疑的目光中，只见两个随从从容地来到城壕边，下马，一左一右将箭靶插入地中，太史慈则纵马奔驰左右开弓，不一会儿，两个箭靶上就插满了箭羽。这时，场外围观的黄巾军才弄明白，原来三人是在练习骑射。

　　弄清状况，大家也就放松下来，一个个席地而坐，观赏太史慈表演箭法。

　　太史慈射了一会儿，就跟两个随从收起箭靶回城去了。第二天又是如此，接连几天都是。几天后，太史慈再出来，已经没人理他，都习以为常，见怪不怪，太史慈要的就是这个效果。

群雄逐鹿

　　这天早上，太史慈又出城了。不过，这回就他一人，没带随从也没带箭靶。对面的黄巾军对他的出现，无动于衷。

　　太史慈知道机会来了，没等黄巾军反应过来，纵马狂奔冲了过去，遇上拦路的，太史慈就左右开弓，箭声响处，必有人中箭倒地。这些天的训练效果立竿见影。周围人见太史慈箭法精准，不敢靠近，只是远远尾随，就这么一路将太史慈"送"出大营。

　　太史慈冲出重围，快马加鞭，一路飞驰到了平原。

　　太史慈见到刘备呈上孔融的求救信，太史慈还怕刘备不出兵，说道："大人，我太史慈只是东莱一村夫，与孔北海非亲非故，之所以冒死相助也是敬佩孔大人的仁德爱民。将军素有仁义之名，能救人于危急之中，所以孔大人特派我拼死杀出重围前来求救，孔大人跟全城百姓性命全都仰仗将军了。还请将军仗义相助，速发救兵。"

　　刘备听完，双眼发光，情绪激动，之所以激动不是因为孔融向他求救，而是孔融这位天下知名的大人物居然知道他这个"无名小卒"，而且还专门派人来请自己，激动了，真的激动了："孔北海居然还知道世上有我刘备！"刘备无法抑制内心的兴奋之情。

多年来出生入死，九死一生，却始终在底层徘徊，眼看袁绍、曹操，甚至孙坚都已功成名就，刘备的心情怎一个苦字了得。

从小渴望建功立业的刘备不甘平庸，却屡遭挫折，辗转各地，仍寄人篱下。

得知孔融向自己求援，敏锐的刘备意识到这是一个立世扬名的好机会。孔融是朝野知名的人物，而自己不过是依附于公孙瓒的小部队长，要是救了孔融……

刘备没有犹豫，马上派出三千救兵随太史慈杀回昌都去救孔融。管亥听说刘备率军来救，很给面子，当即撤围而去。

事后，果如刘备所料，大难不死的孔融对刘备的仗义之举感恩戴德，逢人就夸刘备。与此同时，刘备援救名士孔融也赢得了青州、徐州一带士大夫的好感，这为不久后刘备入主徐州积聚了人气和人心。

徐州广陵太守陈登曾对自己的功曹陈矫说："雄姿杰出，有霸王之略，吾敬刘玄德。"在三国时代，想混出名堂，必须获得名士认可，尤其是当地世家大族的支持。

刘备声誉倍增，援救孔融在三国史上微不足道，但对刘备来说却意义非凡，这是草根出身的刘备逐鹿中原跻身诸侯之列迈出的坚实一步。

（九）围魏救赵败黑山

就在袁绍跟公孙瓒在冀州、青州打得难解难分之际，曹操也正率军与黑山军厮杀。

初平二年（191），黑山军白绕部进攻濮阳，袁绍派曹操前去迎敌。此时曹操尚无地盘，还要靠袁绍接济。黑山军在曹操一生所遇的对手中，不能算强，此战却是改变曹操命运的战役。曹操因此战发迹，战后袁绍上表曹操为东郡太守。

袁绍为什么愿意给曹操地盘？

黑山军与公孙瓒联合与袁绍对抗，而阳城之战让袁绍与袁术、公孙瓒彻底翻脸。此时的袁绍北面有公孙瓒，南面有袁术，还要对付黑山军，袁绍实在分身乏术。于是袁绍想到了曹操，让曹操为自己排忧解难。

再说让袁绍头痛的黑山军，之所以能在乱世生存，也是因为黑山军有自己的政治策略。

黑山军联盟公孙瓒，形成对袁绍军的黑山—公孙瓒—袁术包围网。袁绍腹背受敌，不得不用曹操围剿黑山军。

初平三年（192）春，曹操屯兵顿丘，黑山军于毒等人趁机进攻曹操的大本营东武阳。

消息传到顿丘曹操大营，军中将领听说大本营被围，主动请战，家眷都在城里，万一城破，后果不堪设想。

众将都主张立即回军救援，但曹操却否定了众人的意见："与其去救东武阳，不如西进，去攻于毒本屯。战国时，孙膑围魏救赵，以逸待劳，终大破魏军。此兵法攻其所必救是也。于毒听说我军西进必然撤围，他若不撤兵，我能攻破其营，而他却攻不下我的东武阳。"经过几年战火的锤炼，曹操已经不是当年那个纨绔子弟，而是一位经验丰富的军事统帅，对战局和敌我形势，曹操有他自己的判断，作为一个指挥官，这是必须具备的素质。

黑山军听说曹操带兵进山，果然回救本屯，曹操在其归路设伏以待，围城打援。

黑山军进入伏击圈后，突然周围杀声四起，黑山军被早已埋伏的曹军打了个措手不及，四散溃逃。

之后，曹操又带兵接连大败眭固、北上内黄击败南匈奴于夫罗部骑兵，在关东渐渐有了名气。

围剿黑山军，让曹操得以趁机扩大势力，有了东郡作为根据地并以此四出征战。

（十）曹操大战青州黄巾

初平三年（192）四月，青州黄巾主力百万（包括家属）赶着牲口背着行李携家带口涌进兖州。

黄巾军攻下任城后，转攻东平。

军情紧急，兖州刺史刘岱准备亲自率军出击，但却遭到部下鲍信的强烈反对，鲍信说："黄巾虽是一些乌合之众，但人数众多，而我军兵少力弱，士无战心、军无斗志。百姓听说黄巾入境都望风而逃。此时与黄巾决战，于我军不利。黄巾虽多却靠抢劫为生，只要我军坚守不出，将百姓、粮食集中到城里，坚壁清野，黄巾贼抢不到粮食，不出两月，必然土崩瓦解，不战自溃。到时，再出兵攻之，易如反掌。"

但刘岱不听，执意出战。结果，惨败，刘岱本人也被黄巾所杀。眼看兖州就要落入黄巾之手。兖州士大夫忧心如焚，此时急需有人站出来，力挽狂澜，击退黄巾，保全州境。

但举目四望，附近驻军只有曹操的部队最有战斗力，也只有曹操的军事才能足以应付当前的危局。

兖州名士陈宫就是这么认为的，此时非曹操不能救兖州。陈宫找到兖州别驾、治中极力推荐曹操，陈宫说："曹操乃当世雄杰，如能迎立他为一州之主，黄巾不足为虑。"鲍信等人也深表赞同。

于是，鲍信与万潜被推举为代表，前往东郡迎接曹操。

送官上门的好事，曹操哪有拒绝的道理，满口答应，随即率部开进兖州，就任州牧。

新官上任的曹操立即带兵出征，为摸清敌军虚实，曹操亲率步骑兵一千余人前往敌营探看。黄巾军出营迎战，曹操人少，被人多势众的黄巾军围攻，战死数百人，大败而回。黄巾军乘胜进逼。曹操带来的人马不多，新招募的士兵又未经训练，面对久经战阵人数又占优势的黄巾，难免军心浮动，惶恐不安。

为稳住军心振奋士气，曹操亲自巡营给士兵打气，还颁布了赏罚标准。

曹操熟读兵书战策，理论水平相当高，这几年又经实战锻炼，有理论有实践，寻常的草寇山贼早已不是他的对手。

曹操抓住敌军懈怠的机会，率军出击，频频得胜，战局开始扭转。

最后双方在寿张决战。黄巾军战败，曹操军也损兵折将，鲍信阵亡，连尸首都没有找到。曹操并没给溃散的黄巾军以喘息的机会，前堵后追，在济北将黄巾军余部包围，百万黄巾外无救兵内无粮草，勉强支撑一阵后，被迫投降。

曹操将投降的黄巾军，挑选精壮编入军中，加以训练，这支部队因大部是青州人，被称为青州兵。青州兵经曹操整训，成为一支百战精兵。

此后，曹操率领这支部队南征北战，打了无数胜仗，青州兵为曹操扫平中原立下汗马功劳，也受到曹操的特别青睐，在众军中独树一帜，特点鲜明。不过，过分的优宠，也使青州兵越发桀骜不驯，到了后期，除了曹操没人能指挥得动这支部队。

（一）跨江击刘表

自从关东联军解散之后，各地大小军阀互相火拼，其中以袁绍、袁术兄弟斗得最厉害。兄弟俩互相拆台，两人又都奉行远交近攻，关东逐渐形成以袁氏兄弟为核心的两大阵营。

袁术这有公孙瓒、孙坚、陶谦加盟，袁绍那有曹操、刘表助阵，双方你来我往，斗得不亦乐乎。

袁术自从占据南阳，纨绔子弟纵情享乐的本性暴露无遗，每日珍馐美味，花天酒地，骄奢淫逸的日子过得非常滋润。

袁术在南阳想广招豪杰，但跟他哥哥袁绍比起来，他的人气就差远了。袁绍那里高朋满座，名士云集。袁术这边无人理睬，袁术气不过，写信给公孙瓒，让他从北面打袁绍，又让孙坚打袁绍的盟友刘表。

能跟袁绍交朋友的刘表也不简单。这位仁兄的来历非同寻常。

刘表，字景升，兖州山阳郡高平人，汉室宗亲。晚年的刘表被群雄贬低成一个不思进取得过且过的庸人，但很多人不知道年轻时的刘表也曾是一位热血青年，与名流士大夫一起反对宦官专权，抨击时政，痛斥朝政的腐败。

当时的名士按才能品行都有名号，还有排行榜，类似水浒里的排座次，活跃的刘表也因为表现突出而名列其中，榜上有名。不过，有时出名未必是好事，党锢祸起，那些声誉显著的名士成了朝廷的重点通缉对象。而名士们搞的品题排名也方便了抓捕他们的官差，按名单抓，一抓一个准。

刘表也在通缉之列，不得已亡命天涯，东躲西藏，党禁解除后，刘表才公开露面。大将军何进招募四方贤士，刘表被召入大将军幕府，后一度出任北军中侯。荆州刺史王叡被孙坚所杀，朝廷遂任命刘表为荆州刺史。

北方董卓与关东联军在对峙，关东军阀之间的混战也在进行，南方的荆州虽不是主战场，却也并不太平。此时的荆州盗匪横行，局势混乱。

南方没有大军阀，却有大地主，东汉的豪强地主很多都有自己的私人武装，而且这些家族大都聚族而居，利用血缘关系控制族内大量人口，给自己种地开荒，附近民户，为躲避官府差役也有主动投靠的。时间一长，一些大地主在地方就形成了气候，就连太守也要给几分薄面。

南方的豪强地主虽无军队，却有家兵，谈不上跨州占郡，但占据县城倒也绰绰有余，刘表来时，荆州正乱着呢！

此时，荆州各地到处都有豪强地主的宗族武装作乱，长沙太守苏代等人抗命不从，各自为政。

刘表单人匹马，只身赴任。因袁术屯兵鲁阳，刘表只能先到南郡治下的宜城，为掌握当地虚实，了解情况，刘表特意请来荆州大族蒯良、蒯越兄弟以及襄阳人蔡瑁等共商大计。

蒯良一介儒生，说了一些以仁义治天下的大道理。刘表听了几句，就知道不需与他废话，直接看向蒯越。蒯越告诉刘表，宗族势力虽大，却不足为患，此辈所求在利，只要以钱财为诱饵，听命者有赏，抗拒者杀之。而后，安抚百姓，南据江陵，北守襄阳，荆州八郡，一举可定。即使袁术、孙坚来犯，也不能得逞。

南据江陵，北守襄阳，成为此后刘表的战略方针，正是这八个字确保荆州十余年的安定，使荆州成为战火纷飞中的一方乐土。直到赤壁战前，曹操到来才结束。

刘表与蒯越定下计策，由蒯越出面邀请各地宗族首领前来赴宴，酒桌上谈事是我国的光荣传统，这一传统美德至今仍在延续。但同时历史上在饭桌上动手解决政敌的鸿门宴更是不胜枚举，仅三国年间就发生过好几次，孙坚用过，刘备也用过。

请帖发出去了，还真有人来送死，总共来了十五位首领，悉数被砍了脑袋，然后刘表趁其首领被杀，群蛇无首（地头蛇不能算龙），混乱之际，派人偷袭，一举成功。

其他宗族武装收编的收编，遣散的遣散，刘表只用一场宴会，就迅速稳定了荆州大局，可谓省时省力高效快捷。

8

远交近攻

这时，荆州重镇襄阳城被江夏人张虎、陈坐占据，刘表派蒯越与庞季前往劝降，蒯越以他的三寸不烂之舌，成功地游说了对方，襄阳宣布归顺。

刘表进襄阳、占江陵，成为荆州的新主人。

刘表入主荆襄，屁股还没坐热，袁术便派兵打上门来。袁术早就相中了荆州这块宝地，没想到被刘表抢先一步，更让袁术气恼的是，刘表跟他的对头袁绍打得火热，敌人的朋友就是敌人。

袁术决定趁刘表在荆州立足未稳把刘表赶走。

袁术将攻取荆州的任务交给了孙坚。孙坚行动迅速，率军一路杀到樊城，在这里遇到了刘表的大将黄祖。

刘表接到孙坚来犯的消息，把自己最能打的部将黄祖派了出来。但孙坚用战绩证明，他能把董卓打得四处跑，绝不是靠运气，连超能打的凉州兵见了他都躲着走，黄祖当然不是他的对手，黄祖被孙坚杀得大败。

孙坚南阳战黄巾，洛阳败吕布，逼得董卓迁都。黄祖碰上孙坚也只能怨自己命苦。

连战连败的黄祖被迫放弃樊城，一路逃过汉水，但孙坚哪肯罢休，率军追过汉水，黄祖前脚刚逃进襄阳，孙坚后脚就杀到城下，将刘表的大本营团团包围。

一个漆黑的夜晚，黄祖带兵悄悄出城，准备偷袭孙坚大营，他想借夜色掩护偷营劫寨。明着打不过你，咱来暗的行不！但孙坚用事实教育了黄祖——不行。

黄祖觉得自己的行动神不知鬼不觉，他哪知道，人家孙坚早有防备，黄祖兴冲冲带兵杀进孙坚大营，却不料进去后就陷入重围，黄祖豁出老命才杀出来，孙坚带兵在后紧紧追赶，黄祖被追得晕头转向，襄阳回不去了，一头扎进岘山。孙坚紧追不放也紧跟着进了岘山。

但孙坚追得急了点儿，他跑得太快，把大部队远远甩在了后面，身边只有几十个骑兵跟随，岘山上竹林茂密，黄祖进了竹林就没了影。孙坚也不管里面有没有埋伏就闯进了竹林。黄祖这时已不知道跑到哪儿去了，但手下的士兵还很多，也都跟着进了竹林，这些兵远远看见孙坚只带了几十个人，便张弓搭箭瞄准孙坚，从竹林深处射出一阵箭雨，瞬间就把孙坚射成了刺猬。

孙坚被射杀在襄阳城南七里的凤林关。可怜，一代英豪孙坚惨死于乱箭之下。

主帅阵亡，军心大乱，仗没法再打下去了，孙坚的侄子孙贲只好带着部队撤回南阳去见袁术，袁术见到孙坚的尸体不由得大发悲声，抚尸大恸。袁术难过是有理由的，人才难得，猛将如孙坚，世间少有，袁术本指望孙坚帮自己打下荆州，实现霸业，却没想到荆州未得，却痛失大将，孙坚一死，袁术折去一条臂膀，再难有所作为。

与之相反，刘表的运气却出奇地好，本来连吃败仗，却又奇迹般反败为胜。

初平四年（193）正月，袁术的粮道被刘表切断，在南阳待不下去了，只好另寻出路。袁术选择率军北上进入兖州，那里是曹操的地盘。

袁术屯兵于兖州陈留郡的封丘，先后得到黑山军余部与南匈奴于夫罗的支持，军势大振。

袁术刚在南线刘表的荆州碰壁，又转而北上来找曹操的麻烦，说到底，还是因为他哥哥袁绍。此时的刘表与曹操都是袁绍的盟友，也就是说他们都是袁术的敌人。这就可以解释，袁术为何要南攻荆州北进兖州。

袁术派部将刘详屯兵匡亭。曹操是何等人，岂能容忍袁术入侵自己的地盘，当即率兵进攻刘详，刘详抵挡不住，向封丘的袁术求救，袁术急忙率军救援，与曹操、袁绍的部队大战于匡亭。

结果，袁术军大败，不得已退守封丘。曹操率军随后赶到，包围封丘。袁术眼见大事不妙，趁曹操的包围圈尚未合拢之际，率军出走，逃到陈留郡的襄邑。

袁术一口气跑到襄邑，气还没喘匀，追兵又到了，没办法，只能接着撤，到了太寿，曹操又掘水灌城，袁术只好带着残兵败将退到梁国宁陵。

但曹操又追踪而至，袁术逃得够快，但曹操追得更快。说曹操，曹操到，不是没道理的。

袁术被曹操赶来赶去，在中原无法立足，只好往南撤。荆州是不能去的，刘表正张网以待，益州更远，路又不通，只好去九江。

曹操一路追击，直到将袁术赶进扬州境内才收兵回去。

再说袁术，撤到九江，想投奔扬州刺史陈瑀，陈瑀是他一手提拔，袁术觉得自己是陈瑀的恩人，现在自己有难，看在往日的情分上，陈瑀不能对自己不理不睬。

陈瑀，字公玮，徐州下邳人。陈瑀的这个扬州刺史的确是袁术给的，但陈瑀对昔日恩主没有半分情面，让袁术结结实实吃了一次闭门羹，拒绝袁术入境，连城都没让袁术进，袁术被拒于寿春城外，寿春城是扬州刺史治所所在。

袁术率部退到阴陵，收容被打散的部队后，又带队杀回寿春。陈瑀抵挡不住卷起铺盖连夜逃回老家下邳，袁术打马进城，占领寿春。

袁术以寿春为基地，扩张地盘，不久大将张勋、桥蕤纷纷前来投奔，袁术虽然丢了南阳，但占了江北扬州，割据淮南，仍是一股不小的势力。

（二）关中小朝廷

关东各路军阀为争地盘打得不可开交，关中腹地长安城的董卓董大人也很忙，忙着给自己升官。从董卓来洛阳之后的一贯表现，可以看出，董卓对官位的执迷。

进京之前，董卓已是并州牧，但董大人的上进心似乎永无止境。

还在去长安的路上，董卓就授意朝廷，令光禄勋持节册拜其为太师，位在诸侯王之上。

董卓进长安的当天，百官早早来到城外迎候车驾。董卓坐着金华青盖车，前呼后拥，招摇过市，大队人马浩浩荡荡开进长安城，好不威风。此情此景，似乎让人淡忘了，董卓是打了败仗被孙坚赶进关的，这时的董卓哪里是败军之将，更像是一位得胜归来的将军。

虽然朝臣对董卓的战绩心知肚明，但谁又敢当众戳破。

早已安排好的乐队奏起欢迎的乐曲，长安城内外，彩旗飘舞，文武百官规规矩矩站在路旁迎候，手持长戟的卫士从城里一直排到城外，坐在车里的董卓看到盛大的欢迎场面得意扬扬。

在城外欢迎的人群里，董卓还看到了一张熟悉的面孔，老上级也是对头的皇甫嵩。

这时的皇甫嵩已被夺了兵权，规规矩矩站在路旁迎接董卓。看着昔日对手今天也驯服地拜在自己脚下，董卓心里说不出地畅快！

到了长安的董卓，仍是威风八面，有仇报仇，皇甫嵩既然已经屈服，就暂且放他一马，但董卓的另一位曾经的上司张温就没这么好运了。这年十月，董卓诬陷张温勾结袁术意图谋反，将张温鞭杀。

董卓西入关中，与皇甫嵩齐名的另一员大将朱儁留守洛阳，朱儁则暗中派人跟关东联军取得联系，准备里应外合推翻董卓，但时间一长，消息难免走漏出去。

朱儁从某些渠道探知，董卓很可能已经得知了他的密谋，朱儁怕被董卓暗算，不敢再在洛阳停留，带着部队南下荆州。朱儁刚走，董卓又让弘农人杨懿做河南尹留守洛阳。朱儁听说董卓并未亲自前来，洛阳依旧空虚，又杀了一个回马枪，率部杀了回来，赶走杨懿。

但这时的洛阳早已成了一片废墟，物资奇缺，部队给养无法得到补充，朱儁只好率部东移中牟屯驻，并写信给关东各地州牧、郡守，请他们出兵，共讨董卓。朱儁的信发出去后，很快得到响应，反应最积极的是徐州刺史陶谦，陶谦当即派三千精兵支援朱儁，其他如琅邪相阴德、东海相刘馗、北海相孔融、沛相袁忠也都派兵响应朱儁。

（三）陶谦的发迹史

陶谦，字恭祖，扬州丹阳郡人，父亲曾做过余姚县长。陶谦因是官僚子弟，以众所周知的原因被举为茂才，他的仕途比其父更为顺畅通达，陶谦先在州府任职，不久外放，先后做过县令、刺史。

陶谦性情刚直阴狠，绝非小说演义中所描写的谦谦君子，从一件小事上，就可以看出陶谦的性格。

陶谦做县令时，顶头上司太守名叫张磐，说起来，这位张磐与他父亲还是旧相识，本来这是好事，张磐拿陶谦当做友人子弟看待，有意关照。

陶谦因公事需要进出太守府邸，张磐常常在公事完后留陶谦饮宴，陶谦对此颇为反感，曾多次拒绝，但时间一长，又不好总推辞，只好留下。这一留就留出了事。

一次，张磐又宴请陶谦，喝到高兴处，张磐让陶谦表演一段舞蹈助兴，陶谦大为不满，阴沉着脸，坐在那里毫无反应。张磐见陶谦一动不动也很不痛快，偏要陶谦表演不可，两人僵持到最后，还是陶谦做了让步，站起身，勉强跳了几下，陶谦跳的舞蹈有一个转身的动作，可到了该转时，陶谦又不动了，太守对这段舞蹈也很熟悉，就问陶谦为何不接着往下跳了，但陶谦倔脾气上来，站在那里就是不动。

太守很不高兴，而陶谦更是觉得自己受了屈辱，宴会不欢而散。

陶谦之所以感到屈辱是因为，舞蹈表演是优伶（也就是演员）的分内之事，而自己是读书人，又是朝廷命官，当众舞蹈（手舞足蹈），实在有失体面，而且陶谦从心底里也看不起这位前辈兼官长。

陶谦虽是读书人，却精通军事，正是这个优势，改变了他的命运。

西北羌人叛乱，朝廷派征西将军皇甫嵩领兵征讨。皇甫嵩虽为名将，但也需要得力的下属辅佐。这时就需要有真本事的人，平常那些混日子的官僚就派不上用场了。

这时有人想起了陶谦，就这样，陶谦被调到京城，朝廷给了他一个新职务——扬武都尉。扬武都尉陶谦跟随征西将军皇甫嵩上了战场，几经征战，打败羌人，平息了叛乱，立下战功。

不久之后，边章、韩遂再次叛乱。这次朝廷任命张温为车骑将军带兵平叛，张温是个文官更需要助手，陶谦这时已小有名气，能者多劳，陶谦又被派往前线效力。

但陶谦这回又犯了倔脾气，跟上司张温又闹翻了。

陶谦有本事，所以只服气那些比他更有本事的人。皇甫嵩有本事，所以在皇甫嵩手下，陶谦很听话也服从指挥。但张温是个文官，领兵打仗纯属外行，陶谦从心里瞧不起这位上司。这点，陶谦与董卓倒是颇为相似。倒霉的是张温，本来是文官，却硬被派上战场，又总是遇上董卓、陶谦这类桀骜不驯让人不省心的部下，怎一个苦字了得。

陶谦这次闯祸又是在酒桌上。远征归来，照理要举办庆功宴，酒席上，张温示意陶谦起身敬酒，可陶谦却当众抗命，结结实实把张温羞辱了一番，这下老实人张温也被惹火了。张温虽说比较窝囊，但人还是不错的，对陶谦也很器重，但再老实的人也有脾气。

人家再怎么说也是你的上司，又没压制你，你却当众让上司下不来台，这就有点过分了。

陶谦在朝廷多年，对官场中的昏暗并非不明白，却还这般意气用事，人家不如你，你就要闹事，那些做大官的好多都是狗屁不懂的饭桶，你发几句牢骚就能改变世界了！外行领导内行，在官场中很平常，根本不算事，正所谓庸碌居高位，英俊沉下僚。这才是官场的真实写照。

但陶谦就像个不懂事的孩子，没事找事，张温曾上表要将陶谦发配边地，幸好有人劝和，张温这人也的确厚道，说到底人家也位列三公，宰相肚里能撑船，也就不再跟陶谦一般见识，一场风波才算平息。

黄巾事起，陶谦因为擅长军事，又有了出场的机会，朝廷除派皇甫嵩、朱儁几员主将追剿黄巾主力，在地方上也需要有人配合，那些平日只会清谈的名士此刻风光不再。

当时黄巾军的作战区域主要集中于黄河流域，徐州虽不是主战场，但也是

"黄祸"的重灾区，急需有人在此坐镇，挡住黄巾军，于是陶谦被再次起用，被任命为徐州刺史。

陶谦的职责是保境安民，陶谦没有让朝廷失望，几仗打下来，徐州黄巾就被陶谦驱逐出境。

陶谦能迅速平定境内黄巾，得力于他的部下。地方州郡缺乏武备，缺兵少将，而陶谦的办法是招安，招安的对象是山贼，毕竟这帮人打仗比较有经验，不用多训练，拉出去就能打，省时省力。

陶谦招安的是泰山山贼臧霸。让山贼打黄巾，打败黄巾除外患，打死山贼除内乱，故事情节类似水浒。宋江也是山东人，也是被招安，也是被朝廷派去讨伐造反的方腊。但臧霸的结局比宋江好多了。臧霸击败黄巾后，以军功升任骑都尉，成了朝廷的人。

招募山贼补充兵源是当时流行的做法。缺点是纪律差。但军情紧急，没有时间去整训军队，陶谦用这些人也是没有办法的办法。

等到董卓废立皇帝，关东兵起，天下大乱，董卓忙于经营关中，关东的各路军阀以袁绍、袁术兄弟为首，则为抢地盘打得头破血流，只有陶谦，一如既往地派使者到长安朝觐朝廷里那个无人理睬的小皇帝。

陶谦的一片"忠心"令小皇帝大为感动。稍后，朝廷下令徐州刺史陶谦晋升为徐州牧，加安东将军，封溧阳侯。陶谦治下的徐州，因为境内少有盗贼，比较太平，百姓安居乐业，四方躲避战乱的流民也纷纷涌入徐州，使得徐州更为繁荣，成为乱世中的一方乐土。

陶谦的故事后面还要讲，现在继续说关中的董卓。

（四）长安董太师

陶谦除派兵支持朱儁，还上表朝廷请求让朱儁代理车骑将军。

董卓得知后，当然不能允许朱儁的存在。192年的春节刚过，董卓就派女婿牛辅屯兵陕县（今河南三门峡）作为关中的第一道防线，牛辅则派自己的部下校尉凉州北地人李傕、校尉凉州张掖人郭汜、校尉凉州武威人张济领兵数万进攻屯兵中牟的朱儁。

凉州兵团的东征军阵容十分强大，除主帅牛辅是靠裙带关系上位，手下几个领兵主将都是凉州兵团中的得力大将。李傕、郭汜、张济都是沙场骁将。

朱儁势单力孤，被李傕、郭汜、张济带兵围攻，抵挡不住，只好撤退，但他并未走远。

李傕、郭汜、张济则趁着东征朱儁的机会，在豫州陈留、颍川一带大肆抢掠。豫州地处中原腹地，又毗邻国都，十分富庶，不少朝廷高官的家乡都在此地，尤以颍川为最。李傕、郭汜率领几万凉州兵好似风卷残云，所过之处，尸横遍野、鸡犬不留，财物被洗劫一空，当地百姓也被屠杀殆尽。

董卓此举有着更深层的用意，这里是关西与关东诸侯的中间地带，让手下前去扫荡，一则可以让士兵大发横财，代替军饷，二则可以给关东诸侯西进设置人为阻碍，一举两得。

赶走朱儁，董卓又谋求给自己升官，这时董卓已经是太师，但董太师似乎并不满足于此。部下文武都认为太师有功于社稷，拥立贤君，迁都长安，这些都是可以载之史册、传之后世的不朽功勋！也只有当年的周公可与之相比，于是纷纷上书要求太师称尊号，为尚父。这些人简直不知人间还有羞耻二字。

一天，董卓将蔡邕找来，说，你看我当尚父行不行，当年周武王封姜子牙做尚父，我之功勋不在其下，您以为如何？蔡邕一听，心中暗骂，如果同意让董卓称尚父，自己也将作为帮凶，成为汉朝的千古罪人。

蔡邕只好采取以退为进之计，先假意赞同，说太师您之功绩足以比肩姜尚，但话锋一转，又说只是现在关东叛军依旧猖獗，此事需待天下太平、车驾返还旧京，四海承平之日方可。董卓一听有理，这才暂时打消了念头，而蔡邕也长出了一口气。

董卓暂时不给自己升官，又开始给亲友、亲信安排官职，他的小儿子刚出生还没满月，还在小妾怀里就封了侯，李广要是活着，估计会气吐血。董卓的孙女董白才十一二岁也被封为渭阳君。

董卓兄弟三个，他排行老二，哥哥董擢，字孟高，死得早，好在他还有儿子；董卓的弟弟董旻，字叔颖，因为有哥哥这个大靠山，当上了左将军，封鄠侯；哥哥董擢的儿子董璜为侍中、中军校尉统率禁军。凡是董卓的亲戚只要能沾上边的，基本都在朝中为官，董卓得势，他的亲友也跟着飞黄腾达，一人得道、鸡犬升天。

董卓来到长安后，也许是背叛他的人太多，他那原本并不纯洁的心也深深受到了伤害，除了自己的亲信，对其他人，他都不放心。

为了确保自己的安全，董卓又在长安附近给自己建了一座新城，专供他自己和家人居住。董卓很怕"院墙"不够高，一再令人对其加高加厚，结果城建好后，才发现"院墙"比长安的城墙还要高，高度、厚度均达七丈，董卓还给自己的小城取了个名字——郿坞，号称万岁坞。

在那个靠天吃饭的年代，自然灾害频繁，而对此，古人大多时束手无策，发生饥荒是常有的事，虽然董太师尚不至于饿肚子，但为了保险，董卓还是一车又一车往自己的郿坞运粮，以备不时之需。

董卓于189年九月进入雒阳掌权，到长安造郿坞也才不过两年，仅仅两年，董卓便搜刮了数不尽的金银财宝。郿坞建成后，董卓将这些黄白之物统统转移到郿坞。

董卓搬进郿坞后，就很少上朝，大部分时间就在郿坞处理政务。自从董卓住进郿坞，帝国的政治中心也随之搬到了郿坞，三公九卿朝廷百官有事都要先来长安城外的郿坞请示汇报，然后才去皇宫向那个可怜的傀儡皇帝上一份表章，算是通报。

（五）董卓之死

董卓性格残暴，属下稍不如意便施以重刑，因此不管是朝廷官员还是身边的侍卫，都战战兢兢，倍加小心，深恐惹怒太师，性命不保。经常有官员、侍从因为一点小事被拉出去砍头，时间一长，弄得周围的人，人人自危。

司徒王允决心除掉这个祸国殃民的国贼。王允在前面已经出过场，这里不多做介绍，不管世事如何变换，王允读书人的本色始终没变，当年为了铲除专权的宦官，王允曾冒死上书，宦官被消灭后，董卓又来了。

面对这个比宦官集团更强大更凶残的敌人，王允知道，单靠正直、勇气是远远不够的，要想在险恶的环境中生存下来并战胜敌人，更需要智慧和忍耐。

为了消灭董卓，必须接近董卓，换取他的信任。此后，王允有意接近董卓，也赢得了董卓的信任，董卓在洛阳跟关东联军作战时，长安的一切大小事务都是王允负责处理，长安全靠王允坐镇统筹。但董卓做梦也想不到的是，这个平日里对他百依百顺的大臣，每天心里想的都是怎么除掉他。

董卓自己也知道，这些年，杀戮太重，树敌过多，想杀自己的人委实不少，视他人性命如草芥的董卓，却十分在意自己的安全，特别怕死，每次出巡都带着大批的卫士。

董卓的贴身卫队长是他从丁原那挖来的勇将吕布。

吕布的大名，可谓家喻户晓，武艺更是技压群雄，人中吕布、马中赤兔。号称飞将，有此人随侍左右，董卓才感到安心。

吕布这时官拜中郎将，封都亭侯。在太师府里，吕布也是董卓倚重的大将，但董卓性情粗鲁，脾气很坏，虽然这时的他已是当朝太师，但很显然，他的肚量并未随着官位的升高而有所扩容，即使如吕布这样的亲信，犯了错也难免遭受严惩重罚。

一次，因为吕布做错了事，惹火了董卓，气急败坏的董卓想动手打吕布，正好身边有个手戟，董卓想也没想，顺手抓起手戟就向吕布掷去，真要是扎上，非死即残。幸好吕布身手矫健，躲了过去。

事后，吕布主动找到董卓承认错误，并痛哭流涕地表示自己要痛改前非绝不再犯，而董卓也觉得自己做得有些过分，毕竟自己还要用吕布，也就好言安慰一番，又给了吕布一些赏赐，和好如初。

一场风波就这样过去了？那是不可能的，表面上似乎结束了，吕布认了错，董卓也原谅了他。但事情远没有这么简单。董卓可能没把这事放在心上，但吕布心里就复杂多了，从此恨死了董卓。

王允和吕布同朝为官又都在董太师手下，一文一武，看似都是董卓的亲信，两人还是老乡。王允是并州太原郡祁县人，吕布是并州五原郡九原人。他乡遇老乡，关系更进一层，加之王允有意接近，渐渐地两人就成了无话不谈的朋友，吕布有事常找王允倾诉。

司徒王允一直想为民除害，只是寻不到合适的机会，听说此事后，觉得有机可乘，王允知道吕布对董卓已经不满，决定见缝插针，把吕布拉过来。反董没有吕布。难以成事。若有吕布参加，大事必成。

掷戟事件后，吕布很苦闷，来找王允诉苦，言语中流露出不满情绪，王允见吕布的态度，知道此人可以争取，就将自己杀董卓的计划毫不隐瞒全都告诉了吕布，王允此举是冒了很大的风险的，一旦吕布在董卓那告上一状，王允必然性命难保。尽管有危险，王允还是这么做了，他明白机不可失，吕布是最有机会和可能杀董卓的人，必须把这个人争取过来。

王允为了杀董卓，确实用了离间计，离间董卓、吕布之间的"父子"感情，但并未使用美人计，所谓的貂蝉美人计是小说家编的。

不过，美人计的故事并非凭空杜撰，也有一些史实出处。

问题出在吕布身上，作为董卓的贴身卫队长，因为工作关系，吕布经常来董卓的太师府，而董卓因为事务繁多，经常不在家，而董太师的府里是有很多美女的，吕布因为常来，且身为侍卫长，可以进入内院，一来二去就跟董太师的一个小妾好上了，这个小妾就是罗贯中在《三国演义》中创作的美女貂蝉的生活原型。貂蝉是虚构的本不存在的人物，但董太师的小妾可是活生生的人。

虽然吕布很小心，每次跟美人约会，保密工作都做得非常出色，约会也是趁董卓不在家的时候，但吕布很清楚，时间长了，这种事不可能永远保密，而董卓的性格吕布是很了解的，董太师如果知道他的卫士长送给了他一个绿帽子，他不把吕布活劈生煮五马分尸才怪。

吕布也知道事情败露的后果，所以每次跟美人偷情也是心惊胆战，生怕东窗事发，性命不保。这是吕布决定反董的主因之一。

吕布听了王允的计划，先是大吃一惊，接下来就是犹豫不决，毕竟这是性命攸关的大事。吕布说："我和他毕竟有父子名分，我是他的干儿子，我杀了他，天下人会怎么看我？"

王允见吕布显然动了心，马上"添火加柴"："你姓吕，他姓董，你们本就不是父子。掷戟之时，何曾有过父子之情，现在性命难保，何谈其他。"

吕布听了王允的话连连点头，是啊，现在连命都快保不住了，还有什么好犹豫的，只有杀了老贼，才有活路。

于是吕布答应做内应，刺杀董卓。王允大喜，找来好友司隶校尉黄琬、尚书仆射士孙瑞、尚书杨瓒等人研究具体的行动计划。

初平三年（192）四月，小皇帝不久前生了一场大病，此时大病初愈。为了庆贺，要在长安的未央殿举行盛大朝会，文武百官都要参加。王允跟吕布、士孙瑞决定利用这个机会，趁董卓来参加朝会，就在朝会上动手。

当时，长安一带流传着一个童谣："千里草，何青青，十日卜，犹不生。"这是个猜字游戏，千里草就是董卓的董字，十日卜是董卓的卓字，犹不生意思就更直白了，这首童谣就是说董卓活不长了。

诸如此类的政治童谣，每每在关键的历史时刻出现，至于其可信性，姑妄言之，姑妄听之。

二十三日清晨，董卓带着自己豪华威武的卫队从郿坞出发浩浩荡荡向长安开进。董卓不知道的是，这将是他最后一次出行，而要他命的人就是此刻在他身边的卫队长吕布。

董卓还在路上，长安的王允这边已经张开了罗网严阵以待，按事前跟吕布的商议，让吕布的老乡同为并州五原郡人的李肃带着勇士秦谊、陈卫十几个亲信扮成卫士守在北掖门内。

不多时，董卓的大队人马到了，董卓的士兵从长安城门一直排到未央殿前北掖门，董卓周围也全都是手持长戟的士兵。但到了北掖门外，董卓也只有自己上殿，人马再多也只能守在外面。王允等的就是这个机会。

董卓的车刚进北掖门，早已等候在那里的李肃等人就操着长戟冲了上去，李肃照着董卓就是一戟，这一戟李肃几乎用尽了全身的力气，但竟然没扎动，李肃也是员武将，力气不算小，但就是没伤着董卓，奥秘就在董卓身上，原来这位在外衣里面还穿有内甲，长戟根本扎不进去。只是划伤了董卓的手臂，长戟除了可以刺还有一个倒钩，李肃见扎不死他，索性用倒钩将董卓从车上给扯了下来。

董卓被突如其来的意外搞蒙了，平时威风八面的他无论如何也想不到，竟然有人在大庭广众之下刺杀他，情急之下大喊："奉先我儿，快来救我！"事到如今，董卓还不知道，他这个干儿子不仅背叛了他，而且还是这次刺杀计划的主谋之一。

吕布听见董卓叫他，赶了上来，大喝一声："奉诏讨贼，董卓，今日就是你的死期！"董卓一听这才明白过来，大骂："奴才，你敢杀我！"吕布没理他，照准董卓的咽喉就是一戟，董卓当行毙命。旁边的卫士们还怕董卓没死，一拥而上对着董卓的尸体一顿乱砍。

董卓的主簿田仪和贴身仆人见主人遇难，急忙赶上来，被吕布一人一戟，全给扎了个透心凉。

杀死董卓后，吕布从怀中取出事先准备好的诏书，高声大喊："有诏讨贼，我奉皇命，诛杀逆臣董卓，其他人等一概不问。"董卓的兵士竟没有一个动的，全都高呼万岁。董卓平日刻薄寡恩，使得关键时刻无人肯为之尽力。

董卓被正法的消息传出，长安城沸腾了，城中百姓奔走相告，个个喜形于色，许多人自发地来到街上唱歌跳舞欢呼庆祝，比过节还热闹。

长安百姓这几年被董卓害苦了，许多人家破人亡，更多的人无家可归，就是那些高门大户也不比往日。一句话，大家的日子过得都很苦，而这一切的罪魁祸首就是董卓。虽然穷，但再穷也要庆祝，很多人把自己的金银首饰甚至衣服都典卖了，只为买肉酤酒庆贺。

三国

群雄逐鹿

庆祝活动从白天一直持续到深夜，长安的大街小巷到处都是欢庆的人群，人人脸上洋溢着幸福的微笑。

正义终于得到了伸张。

王允完全掌控朝政，派使者张种前往关东安抚袁绍、袁术等关东诸侯。

皇甫嵩率军前往郿坞（郿坞在郿县城外）捕杀董氏族人；吕布率军讨伐驻军弘农郡陕县的牛辅部。

皇甫嵩还没到，提前得到消息的董府家奴便自发自觉地行动起来，包括董旻、董璜在内的董氏宗族满门被其家奴砍杀殆尽。当然，混乱中，顺手牵羊的事估计也没少干，趁火打劫说的就是这种状况，不过董氏之财也是搜刮的民脂民膏，不义之财，尽可取之。

待皇甫嵩率人赶到，董氏族人早已横尸满地。不过，这倒也省了皇甫嵩不少工夫。

袁氏的门生故吏也行动起来，将之前埋葬在郿县的袁隗、袁基及其家人的尸骨挖出重新改葬。董氏被满门抄斩，尸体被烧成灰。袁氏门生故吏似乎还不解恨，将这些人的骨灰全都扬到大路上。与此同时，负责抄家的队伍也开进郿坞，从董卓家中查抄出的财物，仅黄金就有三万斤、白银九万斤，其他珍奇宝物不计其数。

董卓的尸体也被放置在通衢处陈尸示众，董卓的尸体一出现在长安街头，立即引来百姓的无数口水，人们争先恐后地向董卓身上投掷各种杂物，扔鸡蛋、扔菜叶的，总之，扔什么的都有，只为宣泄心中的愤怒。

动手慢的连出手的机会都没有，有个别情绪激动的还想上来踹几脚出出气，被负责看尸体的差役友善地劝开了。

当时正是农历四月，天气已经很热，董卓的尸体被横放在大街上，正午阳光一照，被晒得直冒油。董卓还是个猪脑肥肠的大胖子，一身肥肉，身上的油脂流了一地。

到了晚上，为了方便百姓围观，看护尸体的小吏在周围点上火把，负责看尸体的小吏充分发挥自己的聪明才智，这位仁兄看到董卓尸体上流出来的那些油脂，觉得就这么白白流走实在可惜，为了物尽其用，他将一个引火的火把插在了董卓的肚脐眼上，用尸体的油照明，还别说，董太师平时山珍海味，身上的油也是好油，照得周围亮堂堂，人们借着亮光在四周欢快地唱歌跳舞，尽情欢乐。

（六）王允的失策

董卓死了，论功行赏，王允功劳最大，他已是司徒，汉献帝又加其录尚书事的实权，全权负责朝中政务。吕布亲自诛杀董卓功劳仅次于王允，晋升奋威将军，封温侯，跟王允两人，一文一武执掌大权。

该杀的杀了，该赏的赏了，剩下的就是彻底清除董卓余党。本来王允之前的一系列策划堪称精彩，干得也漂亮，但在善后上，王允却犯了不可挽回的错误。

第一个错误就是杀了不该杀的人——蔡邕。

蔡邕时任左中郎将，听闻董卓死讯，蔡邕叹了一口气，董卓虽为人暴虐，对他还是不错的，但就是这一声叹息要了他的命，当时王允也在座，看到蔡邕竟然为董卓伤感，当场大怒，这时的王允大权在握，已经是朝政的实际掌控者，手握生杀大权，王允当即呵斥蔡邕："董卓国贼几乎葬送国家，你是大汉臣子，听到董卓伏法理应高兴，你却在此长吁短叹，难道在为董贼鸣不平吗？岂有此理！来人，将这个附逆的贼臣给我拿下！"马上过来两个武士将蔡邕绑了，蔡邕被关进大牢，不久就被以董卓同党的罪名处决。

蔡邕被抓后，很多人都来求情，太尉马日碑、黄门侍郎荀攸、尚书郑泰等人都来为蔡邕讲情，这些人都是在朝廷有声望的名士，也代表了朝野士大夫的态度，但王允却谁的情面也不给，执意要杀蔡邕，谁说也不行。最后还是把蔡邕杀了。

王允此举令他大失人望，也使自己陷入孤立，本来凭借诛杀董卓这一盖世奇功，王允的威望已经达到顶峰，但杀蔡邕后，很多人便不再看好王允，也不再支持他。

王允犯的第二个错误也是最致命的错误——没有及时安抚董卓旧部。

更糟的是王允和吕布两大功臣先起内讧，这也不奇怪，两人虽是同乡，却是出身泾渭分明的两个阶层，王允乃世族名士，而吕布出身寒微，又是武将，两人基本没有共同语言。

两人在诛杀董卓的共同利益的驱使下才走到一起，董卓死后，在利益的重新分配上，两人的矛盾产生了。

吕布为斩草除根也为了自身安全，要求将董卓旧部全部解决。董卓虽死，但凉州军势力尚存，吕布怕留下后患，不把这些人杀了，吕布是连觉也睡不好的。

但王允考虑的要比吕布长远，王允不同意吕布的建议，从大局着想，首恶既诛，对其部下从轻发落才能迅速平息事态。现在最重要的是稳定人心，况且这些人罪不至死，董卓死后，其部下将领除吕布外，徐荣、胡轸、段煨也都归顺了朝廷。这些人在董卓当政期间也没犯大的过错，王允对他们也给予了妥善安置，而这些人也表示了对朝廷的效忠。

吕布此人重利轻义，他曾要求将董卓家产分赏给有功将士，当然他自己也在封赏名单之上，况且以他的功劳，自然要分到最多的那份，但王允又拒绝了，这让吕布很是郁闷。

王允只是把吕布当成侠客、刺客之类的人物，并未把吕布看成国家栋梁，而吕布也感受到了来自王允的轻视，两人之间渐生裂痕。

王允跟朝中大臣的关系处得也不好，董卓死后，王允以功臣自居，行事独断专行，引起一些朝臣的不满，不少人有意与之保持距离。

王允一步步孤立自己，一步步地走向失败。

董卓死时他的主力部队还在前线，董卓被杀的消息传来，前线的凉州军都很恐慌，群龙无首的凉州兵不知朝廷会如何处置他们。一时间，谣言四起，人心惶惶。

这时，王允如果能及时派人安抚并妥善安置凉州兵，也就不会有接下来的大乱，但在至关重要的时刻，王允却什么也没做。

董卓部将树倒猢狲散，大难临头，各奔前程。非嫡系将军如徐荣、段煨等归顺了朝廷。而董卓的嫡系凉州众将以李傕、郭汜为首，却处于彷徨中，他们不敢去长安。

董卓的女婿中郎将牛辅压根儿就没打算投降，别人投降或许还有活路，但他却不能，对他而言，那是死路一条。

董卓出事时，牛辅正领兵驻守陕县。牛辅正忐忑不安，吕布派出的讨伐大军就到了，领兵的是李肃。两军接战，结果李肃大败，李肃带着残兵败将逃回长安见吕布，却被吕布斩首，打了败仗还有何面目回来见我！

尽管初战告捷，但凉州军依旧被恐慌、忧惧笼罩着，惶惶不安。

一天夜里，一伙凉州兵准备逃离军营，趁黑逃走，却被巡营士兵发现，两下里厮杀开来。夜深人静，军营里突然传来喊杀之声，令本已成惊弓之鸟的牛辅更惊了，他在大帐听到外面喧哗，以为军营哗变，当下这位军中主将再也不敢待在军营，连夜收拾金银细软，带着几个亲信从大营溜走，弃军而逃。

牛辅带着五六个亲信，一口气跑到黄河边，准备找船过河逃往并州。就在等船的时候，牛辅的一个亲信胡赤儿看着牛辅包袱里的金银财宝动了邪念，财色动人心，牛辅平时拿他当心腹，要不然也不能带着他一块儿跑。但在钱财的诱惑下，胡赤儿做出了自己的选择，此刻的他在牛辅身后，牛辅正在前面四处张望寻找渡船却不知危险正向他袭来，胡赤儿趁牛辅没防备瞅准机会，照着牛辅的后背就是一刀，可怜的牛辅还不知道是怎么回事，就已身首异处死于非命。

等李傕、郭汜等人听到消息率军赶回，牛辅已经死了，余下众人见主将已死，纷纷收拾包袱，也要逃离军营，返回家乡。

李傕、郭汜几个也不知所措，几人聚在一起商议，决定派人到长安找王允求情，请求赦免。派出去的人很快回来，带回的消息让李傕、郭汜几人彻底绝望，王允拒绝了他们的请求。

朝廷不赦免他们，留在此地也是等死，蔡邕并非董卓亲信，只因有感于董卓的知遇之恩，便被王允所杀，这令李傕、郭汜惶惶不可终日，以他们平日的所作所为，若追查起来，也是死罪。更何况，世人皆知，他们是董卓的爪牙亲信，一旦被捕，断无生理。与其被绳之以法，不如趁此时逃之夭夭。

于是，李傕、郭汜与张济、樊稠等人决定解散队伍，化整为零，各自逃命，至于能不能逃回去，那就看各自的运气了。

正当几位收拾包袱准备逃走时，一个人站出来拦住了他们，这个人的出现彻底改变了李傕、郭汜的命运，使局势逆转的这位仁兄乃是军中谋士——贾诩。

（七）搅局的贾诩

说起这位贾诩，也是凉州人。

贾诩，字文和，凉州武威郡姑臧县人。小时很普通并不出名，但汉阳郡（天水郡）大姓阎忠在一次偶然的机会认识了贾诩。阎忠很看好贾诩，认为这个年轻人是陈平、张良一类的人物。不得不服阎忠的眼光，他看人很准，贾诩因为阎忠的推荐，以孝廉身份到朝廷里做了一名郎官。

贾诩在朝中平静地做了两年的郎官，因为生了一场大病不得不辞去官职回乡养病。但就在回家的路上出事了，当时的陇西一带不太平，经常有羌人出没，抢掠过往商旅，为安全起见，过往行人常常数十人结伴而行，贾诩也是如此，与几十个同乡结伴而走。

尽管大家十分小心，心里暗中祈祷，千万不要遇上羌人，但怕什么来什么，路上还真遇上了叛羌，几十人全部被抓。

羌人磨刀霍霍，贾诩察言观色，看今天这情形，这些羌人是既要钱也要命，没打算留活口。为保命，贾诩灵机一动，计上心来，对羌人首领说："我乃段公外孙，你们别杀我，我家有钱，一定会花钱赎我。你们要是杀了我，我外公不会放过你们。"

贾诩说的段公就是段颎。段颎是汉朝名将，曾在西北围剿叛羌，在边疆征战十余年，多次大败叛羌，并平定羌人叛乱。段颎在羌人中的威名就如同当年李广在匈奴，威震敌胆，而段颎的赫赫武功远在李广之上。段颎大名，羌人闻之胆寒。

贾诩说段颎是自己的外公，这伙羌人不知是真是假，但万一真把段公的外孙杀了，段公是何等人，他的厉害，羌人是领教过的，那是血的教训，因此也就将贾诩放了，同行的其他人就没有他幸运了，全都被叛羌活埋。

董卓入洛阳，凉州人大受重用，贾诩因为是凉州人，也时来运转，一路高升，从平津校尉升到讨虏校尉，在中郎将牛辅帐下效力。董卓被杀时，贾诩就在牛辅军中。

贾诩见校尉李傕、郭汜要解散军队，马上站出来阻止说："听说长安城传来消息，要杀尽凉州人。各位将军如果现在丢弃大军，路上一个亭长就能将你们绑缚送交官府。此去凉州千里之遥，朝廷定会派人沿途追捕，你们认为自己能跑得回去吗？不如集合部队打回去，去长安为董太师报仇，如果成功最好，万一失败，那时再做打算也不迟。"

李傕、郭汜一听也是这么回事，也就不跑了，派人到附近乡镇到处造谣鼓动，将长安要杀凉州人的消息传得满城风雨，各地凉州兵听到消息，私下议论纷纷，为了活命纷纷前来投奔李傕、郭汜，几人带着人马一路西进，沿途不断有失散的凉州人加入队伍，李傕等人手下部众迅速扩充到十余万人。

（八）战长安

长安城里的王允听说李傕、郭汜纠集乱兵朝长安杀来，急忙调兵遣将。但此时长安城中朝局不稳，董卓死后，王允虽极力恢复秩序，但怎奈时间太短，城里还有许多董卓旧部，这些人当中不乏坐观成败的墙头草，他们归附朝廷本就并非自愿，这时，强敌压境，许多人不免发生动摇，这就埋下了巨大的隐患。

李傕、郭汜并没给王允充分的时间去协调处理内部事务，而王允与吕布的不和，也令吕布对抵御外敌并不十分尽心。

王允只好临时调拨人马，派胡轸、徐荣率军迎战。这两人是昔日董卓帐下大将，他们麾下士兵也多为董卓旧部，而他们即将面对的对手也是董卓余党，这也可算是董卓死后，董卓旧部的一场"内战"。

但李傕、郭汜军在得知并州人王允、吕布合谋杀死他们的董太师后，就在军中展开了大清洗，将军中的并州人斩杀殆尽。而徐荣、胡轸军中却掺杂着许多凉州人，因为同样的大清洗并未在长安发生。谣言只是谣言，王允可不是李傕、郭汜。

徐荣、胡轸军中的一些人对与叛军作战，并不积极，其中很多人甚至可能在阵前倒戈，主将胡轸就是其中之一，这样一支成分复杂、各怀心思临时拼凑的部队，与背水一战且人多势众的凉州兵对阵，其结局尚未开战便已注定。

两军在新丰（今陕西临潼东北）遭遇，一场混战，官军大败，名将徐荣战死沙场，胡轸则阵前投敌。

徐荣战败并非他的过错，是胡轸的反叛才导致局势逆转。徐荣是凉州军中不多的非凉州籍将领，一向受排挤，遭遇与吕布类似。这也是吕布、徐荣愿意归顺朝廷并为之力战的原因，吕布虽然后来与王允有了裂痕，但始终与李傕、郭汜等凉州籍将领对抗。

胡轸是凉州军的重要人物，董卓嫡系，不然打孙坚的时候也不会让他挂帅，连吕布都要在他手下，给他当先锋。胡轸在军中的地位远高于李傕、郭汜，当初归附朝廷也是迫于形势，并非真心，恐怕这家伙在出长安时就已打算叛变，去找"自己的队伍"，存了这种心思，打仗自然不会卖力，反而在阵前投敌反水，与李傕、郭汜一起杀回长安。

李傕、郭汜乘胜率部直抵长安城下，将长安城团团包围。不久，董卓旧部李蒙、王方也带兵前来汇合，昔日的凉州兵团在长安重新聚首，将长安城围了一个风雨不透。李傕等率部连攻了八天，日夜攻城，却始终打不下来，长安那可是前汉旧都，城墙又高又厚，不是一般小县城可比的。李傕等人久攻不下，战事陷入胶着。

如果仗就这么一直打下去，李傕等人未必能赢，王允或许还有转机，可坏事就坏在内鬼上。最坚固的堡垒往往是从内部被攻破的，长安城内还有为数众多的董卓旧部，其中不乏胡轸之流，随时打算投奔城外的叛军。

就在李傕几人一筹莫展无计可施的时候，初平三年（192）六月初一，内鬼再次出现。

原来城中吕布军中也有董卓余党，这些人与城外的凉州兵原本就是一伙的，此时距王允推翻董卓还不到两个月，这使得王允没有时间清理"杂草"。强敌压境兵临城下，城中的董卓旧部，有些人在观望，可有的人直接行动了。

这天夜里，长安城的城门被叛徒偷偷打开。

打着为董太师报仇的旗号，怀着抢劫发财的梦想，凉州兵潮水般涌入长安，接下来就是杀戮与抢掠。那一夜的长安是一座名副其实的人间地狱，百姓遭乱兵野蛮杀掠，叛军见东西就抢，见人就杀，城里乱成一团，到处火光冲天，杀声、喊声、哭叫声混杂在一起，令人胆战心惊。

李傕等人率军进城时，吕布正率部在城内巡查。部下有人叛变，他事前一无所知，等吕布得到消息，为时已晚，凉州兵像洪水一样涌进，吕布率领所部人马与入城的凉州兵团在城中展开混战。

尽管吕布率部拼死抵抗，但凉州兵却越来越多，加之城内叛变的士兵，李傕、郭汜的叛军已经占据上风。局势失控，吕布见大势已去，率部下几百人四处找王允，到王家没人，家人告诉吕布，王允听说敌军进城已经进宫护驾去了。

吕布率部打马奔皇宫而来，到了青锁门外，见到王允，但王允根本无意逃走，他显得非常从容，在王允的脸上，吕布看不到害怕、慌张，在这张脸上只有镇定和忠诚。

王允看着盔歪甲斜的吕布和他身后几百名狼狈不堪的士兵，还没等吕布开口，就什么都明白了。

情况紧急，吕布也没工夫跟王允细说详情，直截了当："司徒大人，敌兵已经进城，您还是赶快跟我走吧。"王允轻轻地摇了摇头："我不能走，主上年少。叛军入城，社稷危急，正是忠臣死节之时，为国而死，我死而无怨。将军快走吧，请转告关东诸君，凡事以天下为重。"

吕布再三苦劝，王允却执意不走，眼看追兵越来越近，没办法，吕布只好带着部下杀出长安城。

吕布走了，李傕、郭汜进了长安。

疾风知劲草，国乱显忠臣。此刻考验忠诚的时候到了，但贪生怕死趋利避害，永远都是大多数朝廷文武的本色。许多人选择逃走，逃不走的就逃避，反正就是不出头，但藏进深宅大院就能躲过一劫吗？

即便如此，仍有一些忠于汉室的大臣留在城内与叛军殊死拼杀，太常种拂面对危局，挺身而出，手提宝剑与乱兵搏斗，力战而死。种拂的儿子种劭就是那位单人匹马斥退董卓虎狼之师的使者，父子二人一体报国，不愧汉家忠臣，可惜的是，这种人太少了。

城里的战斗仍在继续，惨烈的巷战持续了整整一夜。

城内的大街小巷到处都是战死军民的尸体。太仆鲁馗、大鸿胪周奂、城门校尉崔烈、越骑校尉王颀全都死于乱军之中，军民死伤数万，血流成河。

乱兵趁机在城内不分男女老幼疯狂屠杀，之后闯入官府、民宅抢掠财物，为了掩盖罪行，杀掠之后，又点起大火毁尸灭迹。

经过一夜混战，天亮时，城里终于安静下来，叛军控制了长安城。

李傕、郭汜占领长安后，带兵直奔皇宫而来。这时王允带着汉献帝上了宣平城门躲避乱兵。

李傕等人知道皇帝和王允在宣平门，带着大队士兵蜂拥而来。到了宣平门，李傕、郭汜翻身下马，跪在地上向城上的皇帝叩拜，行君臣之礼。不过，不要误会，李傕、郭汜并非幡然悔悟叩首认罪，这只是做做样子，维持表面的礼节。

李傕、郭汜虽是一介武夫，但并不蠢，至少不十分蠢，因为蠢人是做不了他们做的事的。

想必在他们率兵杀进长安城的那一刻，他们意识到自己的机会来了。此刻的长安是帝国的政治中枢，皇帝在这里，朝廷在这里，占领长安，将皇帝控制在手，他们就是这个帝国真正的主人，挟天子以令诸侯。当然，诸侯听不听就另当别论了。

李傕、郭汜之前不过是董卓女婿中郎将牛辅手下的两个校尉。董卓麾下几员大将如牛辅、董越、段煨、胡轸、徐荣等，也不过官拜中郎将，而李傕、郭汜、樊稠、张济之流地位更在牛辅、段煨、胡轸、徐荣诸人之下，只是小小的校尉。

当年，董卓把持朝政，大权在握，但并未刻意提升手下将领的官职，而他在郿坞遥控朝局时，更是将凉州兵团的主力布置于长安外围，将主力部队分为三部，分别由他的三位中郎将率领，其中，牛辅屯安邑，董越屯华阴，段煨屯渑池。他们驻兵的地方都是关东诸侯进攻长安的必经之路。

只是董卓千算万算，却没算到，他最为倚重的两个并州人王允、吕布要杀他，董卓一心防备的是关东诸侯，却没料到变生肘腋，最直接的威胁并非远在关东互相火拼的诸侯，而是来自他的手下。

三国
之
群雄逐鹿

当时守卫长安的也多是董卓旧部。王允刺杀董卓后，派皇甫嵩带兵攻郿坞，诛杀董卓全家，皇甫嵩带的是自己的旧兵，并没用长安驻军。

董卓虽死，但他的部队几乎未受损失，主力尚存，其帐下大将牛辅、董越、段煨等率兵屯驻安邑、陕县、华阴一线，个个手握重兵。

但董卓死后，凉州军群龙无首，徐荣、段煨、胡轸先后归顺朝廷。牛辅、董越则不肯投降。其实，不是不想而是不敢，原因很简单，怕被清算，看看二人的身份就知道，牛辅是董卓的女婿，董越是董卓同族，有这层身份，如何敢投降。

董卓凉州军原班人马，以牛辅、董越、胡轸、段煨为军中四大中郎将。

入洛后，董卓吞并北军，提拔徐荣于行伍。于是，徐荣成了第五大中郎将。之后，董卓又吞并丁原的并州兵，以吕布为第六大中郎将。董卓全盛时期的兵马大致可分为：凉州系、并州系及后来归附的徐荣为首的旁系。

而董卓之前的凉州旧部内部又分为内外两系，内系为董卓弟弟董旻、侄子董璜统领的亲卫及董卓女婿牛辅所部，外系就是董越、胡轸、段煨各部。

并州系即吕布统率的并州军。

以亲信程度而言，董旻、董璜、牛辅居首，自家人。其次是董越，董卓族人。再次是胡轸，提拔于行伍。之后是段煨，同乡。不过，段煨乃汉末凉州三明太尉段颎的族人，出身名门，不同于董系其他将领那般粗俗。

进入洛阳后收编的徐荣、吕布二军，不是嫡系。所以，董卓很少让徐荣和吕布独自统兵。

若论勇武，自然吕布第一；以将才言，徐荣更优，毕竟是战败曹操和孙坚的人物。其次是段煨，受过良好的军事教育，明于事理。至于牛辅、董越等，碌碌之辈不足道哉。

既然不敢投降长安，那就要另寻出路，为此屯驻华阴的董越急匆匆赶往陕县牛辅驻军处找其商议对策，却未料到被牛辅所杀。董卓的主力部队尽归牛辅，牛辅又是董卓的女婿，他本是最有可能成为凉州军下一任统帅的人选，但此人却明显缺乏统帅之才，不仅未能力挽狂澜有所作为，反为部下所杀，丢了性命。

牛辅死后，凉州军中，中郎将一级的，死的死，降的降，于是李傕、郭汜等领兵的校尉终于有机会出现在历史的舞台上。

攻陷长安，可算是凉州军的二次复起，与董卓入洛都成为这支西北军团掌控朝局的标志。不论董卓还是李傕、郭汜，模式无外乎挟天子以令诸侯。

此刻，李傕、郭汜跪拜的皇帝，就是他们实现政治野心的工具。

这时候在下面跪着的才是手握生杀大权的主动者，而坐在上面的才是案板上的鱼肉。

汉献帝看着下面跪着的李傕、郭汜问："几位卿家，你们放纵士兵在京城杀掠意欲何为？"李傕被汉献帝这么一问，不知如何回答，倒是旁边的郭汜说："董太师对陛下忠心耿耿，却被吕布、王允等人残忍杀害，臣等起兵只是为了给董太师报仇，并不敢叛乱，只要臣等为太师报了血海深仇，就会自己去廷尉投案，听凭国法裁处。吕布虽然逃走，王允还在，请陛下将害死太师的罪人王允交给我们，我们杀了王允即刻退兵伏法。"

话虽然说得很客气，但却是赤裸裸的威胁。汉献帝知道，不交出王允，李傕、郭汜等人绝不会善罢甘休，但王允是功臣，更是忠臣，自己又如何忍心将他交给那些杀人不眨眼的豺狼。因此，汉献帝刘协沉默不语，左右为难。

王允看出了皇帝的心思，他自己走下了城楼，坦然面对李傕、郭汜及其凶神恶煞一般的手下。王允落入魔掌。

李傕、郭汜并未立即杀害王允，因为就在长安附近，王允的部下左冯翊宋翼、右扶风王宏尚在外，李傕、郭汜以朝廷的名义将二人骗入长安，然后才将王允及二人一并杀害。长安百姓听闻噩耗，无不悲痛，个个垂泪。

司徒王允遇害后，王允的家人也受到牵连，长子王盖、二子王景、三子王定，全家大小十余口全被李傕、郭汜派人杀死。只有侄子王陵、王晨逃出虎口回到家乡。司隶校尉黄琬先于王允遇害。只有尚书仆射士孙瑞幸免于难。

在李傕、郭汜胁迫下，汉献帝被迫为叛军将校加官晋爵，李傕被封扬武将军，郭汜为扬烈将军，其余如樊稠等也被晋升为中郎将。

李傕和郭汜打着为董卓报仇的旗号造反，得手后自然要给董卓翻案，还要给董卓重新办一场风光的葬礼，但董太师的尸体早就被长安人民烧成了灰，这几位四处派人寻找董卓遗骨，怎奈董太师的"人缘实在太好"，费了半天劲只找来几根没烧尽的烂骨头，拼成人形重新安葬，墓地就是太师生前盖的郿坞。

下葬那天，李傕、郭汜等董卓旧部悉数到场，还有许多朝廷官员也被迫前来充数。

在葬礼现场，发生了一件很诡异的事，本来晴空万里的好天气，到了"董太师"下葬时，风云突变，蔚蓝色的天空转眼乌云密布，与此同时，狂风大作，飞沙走石，正当在场众人被这突发的意外弄得不知所措，私下耳语议论纷纷时，伴随着划过天际的几个闪电，雷声轰鸣大雨倾盆而下，大雨如注，"董太师"的几根烂骨头刚被放进墓穴，转眼就被雨水灌满。

接下来发生的事更让人瞠目结舌，随着涌入墓穴的雨水越来越多，董太师的棺材竟然漂了起来，随后被大水冲得无影无踪，连老天都不想让董卓入土为安。看来人还是要多做善事。人间正道是沧桑。

李傕、郭汜虽肆意妄为，却也畏惧鬼神，非常迷信，葬礼草草收场，迁葬闹剧不了了之。

董卓之后，李傕、郭汜以武力为后盾，继续执掌大权，长安又成了凉州军的天下，天子也不过是高贵的囚徒。

八月，太傅马日磾、太仆赵岐奉命持节出关，前往关东。

这与其说是汉献帝本人的意愿，不如说是出自李傕、郭汜的授意更合适，其目的无外乎向关东各路诸侯传递政治信号，关中易主，新近掌权的李傕、郭汜希望与关东和解。

马日磾、赵岐到洛阳后便分道而行，马日磾去寿春见袁术，赵岐则前往河北。两位朝廷使者肩负着同样的使命，受到的待遇却有天壤之别。

太仆赵岐来到河北，正赶上袁绍、曹操与公孙瓒为争夺冀州打得不可开交。双方激战正酣，但袁绍、曹操听说老前辈赵岐来了，都亲自率兵在百里之外迎候，礼仪甚是恭敬。想当年，袁绍、曹操还是飞鹰走狗的雒阳少年时，赵岐便已海内知名，对这位三朝老臣，袁、曹很给面子，等赵岐说明来意，天子希望两方罢兵言和，袁绍、曹操当即表示谨遵朝廷旨意。赵岐又写信给公孙瓒晓以利害，公孙瓒是明白事的人，也很恭顺，不久也撤兵而去。

长安的李傕、郭汜将赵岐的成功看做自己的胜利，认为这是关东诸侯对他们的承认，这下鼠胆变狗胆，胆子更大了。

于是，不久之后，初平三年（192）九月，挟持天子的叛军兄弟们再次获得晋升。

李傕升车骑将军，封池阳侯，假节，领司隶校尉；郭汜升后将军，封美阳侯；樊稠升右将军，封万年侯；张济升骠骑将军，封平阳侯。

不愧是董太师的部下，跟董卓一个德行，都是超级官迷。反正现在长安是俺们说得算，想要多大官，就写多大官，只要找皇帝盖个章就行，皇帝不敢不听。

曾经不入流的西北小兵如今一个个也人模狗样，封侯拜将了！上哪说理去。

十月，荆州刺史刘表遣使进京贡献。李傕等人大喜，以为连南方的宗室刘表也承认了他们控制下的长安政权，当即以天子名义拜刘表为镇南将军、荆州牧，封成武侯。

李傕还想争取淮南的袁术，引为外援，以巩固自己的势力，又以朝廷之名任命袁术为左将军，假节，封阳翟侯。

李傕们得势后并未忘记救命恩人贾诩，也要给贾诩封侯。贾诩却坚决推辞，不肯受封。李傕等人欠贾诩一个天大的人情，总觉得过意不去，于是又想让贾诩做尚书仆射，贾诩推说自己名微望浅，最后勉强做了尚书。其间，贾诩对李傕等人多有规劝，也利用自己的特殊地位，营救保护了不少大臣，算是弥补了一些罪过。

过了不久，贾诩的母亲去世，贾诩借机从长安出逃。

贾诩刚走，长安就出事了。

董卓入关时，曾邀请西北叛军马腾、韩遂加入自己一方，共图大事。

马腾、韩遂见天下纷乱，觉得与其待在凉州，不如受招安去做官。

兴平元年（194），马腾、韩遂率部从陇右来到长安，屯兵灞桥。他们到时，董太师早死多时，连骨头都化成灰了。不过继任者李傕、郭汜仍信守承诺，马腾被授予征西将军之职，韩遂则被任命为镇西将军。

封官后，李傕、郭汜认为不能将此二人放在一处，日久必生祸乱，必须把他们拆开。很快，马腾、韩遂接到新的命令：韩遂带本部兵马回凉州驻扎，马腾率所部进驻郿县。

但不久，马腾因有求于李傕而未获满足，勃然大怒，率兵进攻李傕，汉献帝派人劝和，可两边谁也不听，远在凉州金城的韩遂听说后，也赶来劝架，可劝着劝着，韩遂就加入了马腾一伙，合伙打李傕。

侍中马宇、谏议大夫种邵、左中郎将刘范几人早就对李傕的飞扬跋扈不满，趁机与马腾联系。双方约定，由马宇、种邵、刘范在城中做内应，里应外合，一举消灭李傕。

当马腾、韩遂率部进驻长平观后，才得知马宇等事机不秘，已经逃出长安，到槐里去了。城中已无内应，李傕的大军正朝他们杀来。

郭汜、樊稠与李傕的侄子李利率军围攻马腾。

马腾率部拼死厮杀，好不容易杀出一条血路，向凉州方向撤退，樊稠却在后紧追不舍，这时韩遂正在大营，得知马腾战败，赶紧领兵出来接应，结果也被打败，两人只好带着败兵没命地逃。

韩遂见樊稠追得紧，派人传话给樊稠："何必苦苦相逼，天下事尚不可知，你我都是凉州人，今天虽有误会，他日可能一朝共事，何必赶尽杀绝？"樊稠听了也觉得有理。董太师怎样，大权在握，威风八面，还不是说被灭就被灭了，连个尸首都没留下。不如卖个人情。想到这，樊稠也不追了，韩遂与樊稠在马上交谈多时，之后，樊稠将韩遂"礼送出境"收兵回去。

樊稠给了韩遂生路，却没想到给自己惹来杀身大祸。樊稠忘了身边还有一个"监军"——李傕的侄子李利。樊稠跟韩遂的一番对话，因为离着远，李利没听到，但两人在马上聊天的情景李利却全都看在了眼里。

李利回到长安立即将此事告知叔叔李傕，李傕一听就火了，樊稠跟韩遂这么近乎，难不成是想跟马腾、韩遂勾结！李傕因而萌生杀意。

当时的长安城被分为三块，分别由李傕、郭汜、樊稠管理，虽然实现了划区而治，但长安却一天比一天乱，甚至有人大白天公然在街市抢掠，三人的部下也在长安横行无忌。

偏赶上那一年大旱，从四月到七月滴雨未下，谷子涨到五十万钱一斛，百姓买不起粮食，每天都有人饿死，长安城中甚至出现了人吃人。天子之都尚且如此，其他地方可想而知。

一位名叫刘翊的颍川人奉命前往长安。当时盗贼横行，各地派往长安的使者常在路上被盗贼劫杀，刘翊白天不敢赶路，只好昼伏夜行，历经艰险方才抵达长安。朝廷有感于他的忠心，任命他为陈留太守。刘翊来时随身带了一些金银珠宝，他把这些钱财全都周济了别人，只留下车马，出关东归。

沿路之上，到处可见因饥饿困窘而死的士大夫。刘翊为人乐善好施，在家乡时，每遇荒年都要拿出自家粮食接济乡民，这次也不例外，他不忍心士人们曝尸荒野，将马车变卖买棺椁安葬，路遇友人因饥饿而走不动路，刘翊又将驾车的牛杀了，给众人分食。这时有人劝他，路途尚远，您这样做，恐怕我们也到不了陈留了，刘翊却说，见人有难而不救，非志士所为。可是倾其所有，救人于危难的刘翊，果然跟大家一样，不久便与众士大夫一起饿死了。

另一则故事更为恐怖，司隶校尉部治下的京兆尹（治所在长安）下有长安、长陵、霸陵、杜陵、新丰、蓝田等十县。当时有一个叫鲍出的人，字文才，是京兆新丰人氏，此地与长安近在咫尺，他家兄弟五人还有一个老母，也因饥荒不得不外出采集野果，兄弟五人出去找吃的，留下老母看家。

几人好不容易采得些野果，鲍出担心家中的老母，就让三个兄弟先行一步，自己跟最小的弟弟再采一点晚些回去。谁知他的三个兄弟还没进家门，就发现一伙数十人的吃人贼从他家出来，将他们的母亲捉了，用绳贯穿手掌（以防止其逃跑）向外走。

当时在关中经常有成伙的土匪盗贼，因为饥饿到处捉活人回去煮了吃，因而被称作吃人贼。兄弟三人见对方人多势众，眼见母亲被捉去，也不敢去救。

等鲍出回来，不见母亲，一问缘由，不禁勃然大怒，独自一人在后追赶，追了几里，终于追上了这伙吃人贼。

这伙人见后面有人追来，且只有一人，也没在意，就地排开阵势，在那等着鲍出上前厮杀。再说鲍出，他之所以敢于孤身一人追赶贼人，也是因为他确有功夫。艺高人胆大的鲍出冲上去，与这伙贼人杀做一团，片刻工夫便砍倒五六个，剩下的贼人见势不妙，扭头便走。

鲍出追上去连杀十余人。贼人见他武艺高强又纠缠不休，打又打不过，跑又跑不了，被逼无奈就问鲍出为何对他们穷追不舍。鲍出指着自己的母亲说，这是我娘被你们抓了，你们放了我娘，我就饶了你们。贼人们怕了鲍出，只好放回他的老母。

鲍出的母亲是幸运的，但关中百姓就没这么好运了，被杀、被吃者不计其数。

长安城中，到处可见饿死的百姓，因死的人太多，来不及掩埋，正值夏季，城中尸臭难闻。

汉献帝刘协令侍御史侯汶将太仓的米豆取出赈济灾民，为饥民熬粥。可是，一段时间过后，每天饿死的人仍不见减少，汉献帝怀疑有人做了手脚，为了验证自己的猜测，汉献帝在宫中御座前亲自取了谷米煮粥做实验，想看看一升米究竟能熬多少粥。结果表明，其中果然有诈，汉献帝派侍中刘艾拷问主事者。在事实面前，侯汶无从抵赖，只好如实招供，将自己如何克扣赈灾粮的罪行一五一十和盘托出。汉献帝命人将侯汶打了五十板子，此后，再无人敢克扣救济饥民的粮食。

（九）凉州军内讧

自从樊稠放走韩遂，李傕就对樊稠起了杀心。

李傕找来郭汜，依李傕的意思就要带兵把樊稠灭了，郭汜却拦住了他："樊稠手下还有不少人，一旦打起来，就算能赢，也要损兵折将，不如设计擒他。"

几人经过商议，最后决定请樊稠前来赴宴，事前预伏刀斧手，就在酒桌上，摔杯为号，将其砍为肉泥。这又是一桌鸿门宴。汉末三国，阴谋阳谋，层出不穷，就连李傕、郭汜这等粗俗之人都学会用计了，智商不达标者，切不可卷入其中，这是一个考验智商的时代。

再说樊稠，他也有自己的亲信，听到风声，知道李傕要对他不利，为保命，樊稠打算离开是非之地，主动提出带兵出关，去打关东叛军。当然这不过是为脱身找一个借口罢了。樊稠还要求李傕给他增兵，李傕将计就计，请樊稠吃饭，在酒桌上当面商谈。樊稠听说张济特意从弘农赶来，就为调停此事，也没怀疑，就去了。结果可想而知，樊稠死在了酒桌上。

樊稠死后，凉州诸将互相猜疑。

兴平二年（195）樊稠的被杀，并未使凉州军内部的矛盾化解，反而更为激化，李傕、郭汜成为凉州军两个最大的实力派，如果这两人能精诚合作，凉州军还能维持关中小朝廷，但正是这两人的内讧让凉州军提早退出历史舞台。

再说马腾跟韩遂兵败逃回凉州，李傕、郭汜自顾不暇，又担心这两人在凉州再闹出新乱子，只好对其采取安抚策略，以皇帝名义下诏赦免了马腾、韩遂的"谋逆"大罪，并再次给两人封官，马腾为安狄将军，韩遂为安降将军。

马腾（？—211），字寿成，扶风茂陵（今陕西兴平）人。马腾的父亲马平曾任天水郡兰干县尉。后受排挤丢官，在天水混不下去，跑到陇右羌人聚居区，娶了一位羌女，生下马腾。

马腾有羌人血统，这为他经略西北提供了方便。

马腾年轻时是一个砍柴的阿哥，靠上山砍柴卖钱度日。到了汉灵帝时，韩遂

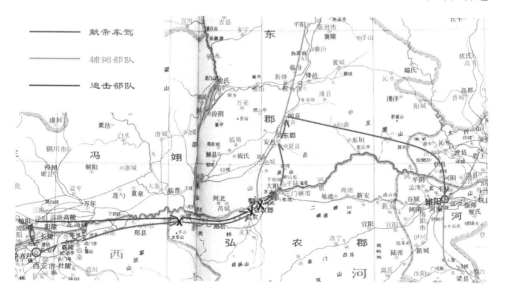

等人在陇右一带造反，凉州刺史耿鄙率六郡官军前往征讨。马腾报名参军，为通过奋斗改变命运，马腾在战场上打仗十分勇敢，事实证明马腾选对了职业，一身武艺的他很快在军中脱颖而出，因军功从一个小兵一路升到军司马。

后来耿鄙被部下所杀，官军屡战屡败，马腾对朝廷失去信心，索性也带着部下造反，加入韩遂一伙，拿起刀砍向昔日的战友。马腾不愧是职业杀手，不论是做官军还是当叛匪，砍人业绩都十分突出。凭借战功，马腾在叛军中的地位也扶摇直上，不久就跟资深元老韩遂平起平坐，两人成了搭档。

但后来叛军在陈仓被皇甫嵩打得大败，逃回去后，叛军首领不免互相埋怨，开始明争暗斗，马腾一度接受董卓的招安屯兵郿县，帮助董卓镇压羌人叛乱。马腾手下的大将庞德还因功晋升为校尉。

长安之战后，两人又被招安，并结成异姓兄弟。但好景不长，不久，因为两家部下爆发冲突，两位首领也卷入其中，最终导致两人反目，刀兵相见，结果马腾战败，被赶出凉州，马腾的妻子和一个儿子被韩遂杀害，从此两人成了不共戴天的死敌。

这时曹操挺进中原，派手下钟繇和韦端（后来被马超所杀的凉州刺史韦康的父亲）去劝和，经过劝说，双方勉强算是讲和，但两家已经闹翻，也不能在一起了。曹操就封马腾为前将军、假节，封槐里侯，屯兵槐里，防备西北羌胡。后来马腾的儿子马超出世，又在西北纵横一时，这是后话。

却说长安城里的李傕和郭汜，本来交情还不错，早年一起追随董卓，之后一起造反攻长安，一起杀樊稠。但"一山不容二虎"，长安虽大却容不下两个军阀。

两人分区而治的日子注定长久不了，但说起两人翻脸的起因，很有点搞笑。李傕为拉拢郭汜，经常请郭汜吃饭，觥筹交错，莺歌燕舞，常常通宵达旦，有时天晚了，李傕就留郭汜在自己府里过夜，郭汜也不见外，经常留宿李府。

郭汜经常夜不归宿，让郭汜的老婆起了疑心，怀疑自己的死鬼丈夫在外面金屋藏娇危及自己的地位，暗自思量应对之策。

一天，李傕派人给郭汜送来几盒精美的食品，正好郭汜不在家，郭汜的老婆收了礼物打发了来人。看着桌上的礼盒，郭汜的老婆灵机一动，计上心来，她派人到街上药店买了点泻药，将泻药全都倒入李傕送来的食物里。

晚上，郭汜回来，老婆端上食盒，郭汜吃完上吐下泻，折腾了整整一夜。这让郭汜怀疑李傕故意害他。这时郭汜的老婆故意在旁煽风点火："将军，俗话说一山不容二虎，现在长安城里除了李傕就是将军您了，平日里他对您殷勤笼络，全是假的，我看他早就对您不怀好意，将军不可不防。"郭汜听了，开始对李傕心怀不满。

过了几天，李傕又请郭汜到府上吃饭，吃完饭回来，郭汜就觉得浑身不舒服，怀疑李傕给他下毒，听说马粪汁能解毒，郭汜为了活命也顾不得恶心，连灌了几碗粪汁，方才好转。

这下郭汜彻底火了，第二天亲自带兵进攻李傕，两军在长安城里展开巷战。这是兴平二年（195）三月间的事。

双方都是凉州兵，大家知根知底，平时谁也不服谁，打起来一时也难分胜负。今天你占三条街，明天我抢四条巷，就这样，你来我往，打成了拉锯战，每天死的人成百上千。一个月的巷战打下来，李傕、郭汜双方都死伤惨重，损兵折将。

一天，打完巷战回到府中，郭汜闷闷不乐，照这样打下去，也不是长久之计，再这么打上几月，自己的这点兵力就要拼光了。得想个办法，出奇制胜，方为上策。郭汜躺在床上想主意，突然灵机一动：我何不把天子抢到手里，让大家知道，我是代表天子讨伐逆臣，以顺讨逆，何愁胜不了李傕那厮。对，就这么办。

郭汜打定主意后，将手下几个亲信校尉全都叫来，研究行动方案，分派任务。这些人都是郭汜的铁杆，回到军中一级一级往下派任务，知道的人多了，就谈不到保密了。这些将领是铁杆不等于这些人的手下都靠得住，其中有个小校，得到消息，连夜叛逃到李傕军中，将郭汜的计划全都告诉了李傕。

李傕没防备郭汜还有这一手，大吃一惊，当下重赏了小校，马上派自己的侄子李暹领兵三千包围皇宫，口口声声"请皇帝陛下到李傕军中做客"，绑票居然绑到皇帝身上也算是古今奇闻了。虽说是绑票，但对方毕竟是皇上，还要顾及皇帝大人的体面，在这一点上，李暹比他叔强多了，对皇帝和朝中大臣还算礼貌，但再有礼貌也是绑票。

李暹还挺细心，来的时候特意找了三辆马车给皇帝、皇后乘坐。

太尉杨彪见李傕竟然胆敢劫持当今天子，简直无法无天，怒斥李暹："自古以来从没有皇帝到大臣家去的道理，你们这么干像话吗？"李暹看了看杨彪，只说了一句话就让杨彪哑口无言："将军（李傕）主意已定，违抗者立斩。"这就没办法了，秀才遇见兵有理说不清，只能乖乖跟着走。

李暹手下的士兵们趁机顺手牵羊，在宫中大肆抢掠。皇帝被劫、皇宫遭抢，李暹手下的士兵却个个满载而归喜气洋洋。连皇帝都敢抢。

李傕亲手摧毁了皇家的威严，也是他赖以依存的政治基础，这种自掘坟墓的愚蠢行为恰恰说明，李傕这种军阀注定成不了大事，同样是挟天子以令诸侯，比较一下后来曹操对汉献帝的恭敬礼遇，就不难发现两者间的巨大差距。李傕的失败与曹操的成功，从对皇帝的态度上就一目了然。

李傕不知道，他无意中创造了一项并不光彩的历史纪录，自从有皇帝以来，李傕是第一个绑架皇帝的人，而汉献帝也很荣幸地成为中国历史上第一个被绑架的天子。

兴平二年（195）三月，李暹带兵押着皇帝、皇后与文武百官，朝李傕的军营走去，可怜的皇帝从此开始了险象环生的囚徒生活。

三辆马车，汉献帝坐一乘，伏皇后坐一乘，大臣贾诩、左灵坐一乘，其他人就没这个待遇了，一律徒步在后跟随。

这时贾诩已经回到朝中，后面这位仁兄将发挥不可替代的作用。这是一个既能添乱也能帮忙的人。

当天，皇帝和随从大臣被"请"到李傕大营。但两军正在打仗，李傕觉得军营不安全。

四月，李傕又将皇帝和公卿百官转移到北坞，自己修的堡垒里，派了一个校尉领兵看守。皇帝和手下文武被禁止外出，每天只能待在堡垒里，跟蹲监狱差不多。

就这样几个月过去了，到了六月，正是最热的天气，堡垒里不通风，汉献帝跟大臣们每天困在又闷又热的营垒里苦不堪言。这还不算，每天连饭都不管饱。时间一长，包括皇帝在内大家都受不了了，这些人从小吃的是山珍海味，穿的是绫罗绸缎，住的是金砖碧瓦的宫殿，每天都有人伺候，过着衣来伸手饭来张口的日子，哪受过这份罪。

但眼下遇上战乱，又碰上李傕这号粗人，也不敢要求什么待遇了。但饭总要管饱吧。这已经是最低限度的需求，但李傕耍起了流氓，就连起码的生活物资也不及时供应，李傕本来就是流氓。管饱，我还缺粮呢！哪有余粮给你们。

苦了汉献帝君臣每天只能半饥半饱吃粥度日。

看着饿得半死不活的随从，汉献帝只好拉下脸派人去求李傕，要五斛米、五具牛骨头。做皇帝做到要向臣下乞讨，真是有够惨。

在汉献帝看来这已经是最低要求了，李傕无论如何也得给自己一个面子吧。但汉献帝显然高估了李傕的道德修养，米是没给，最后只给了几斤牛骨头，还是臭的。

汉献帝脾气再好也受不了了，自己好歹也是皇帝，李傕这么不给面子，当场就火了，这时小皇帝刘协也十五六了。刘协发了一通脾气，当场就要派人去向李傕问罪。站在旁边的侍中杨琦赶忙过来劝，他知道李傕心里根本没有什么忠孝节义，这种人可是什么事都做得出来的。既然他连皇帝都敢劫，那杀皇帝也未必不敢。

杨琦说："李傕乃边鄙粗人，不知礼数，为了江山社稷，还请陛下暂且忍耐一时。"汉献帝发了一顿脾气头脑也清醒了许多，人在矮檐下怎能不低头，只好叹口气，咬咬牙，忍了。

李傕在长安城里跟郭汜打了一个多月，觉得城里不安全，自己搬到了城外的黄白城，李傕搬家没忘了皇帝，将囚徒天子也一起带到新家。

司徒赵温听说后当面斥责李傕，说李傕你以下犯上是不会有好下场的。李傕哪受得了别人骂他，当即要把赵温推出去砍了。幸好，李傕的叔伯兄弟李应曾是赵温属下，过来求情，李傕这才作罢。

汉献帝也担心赵温的安全，后来听说李应劝和了，才放心。

李傕打不赢郭汜便求助神仙，平时李傕就十分热衷于迷信活动，这时为了请神仙助阵，每天让道士、女巫在自己的军营里作法，请神兵下界帮自己，还经常在皇帝面前说郭汜如何如何坏，小皇帝每当这时就随口附和，把李傕哄得挺开心。其实，刘协很清楚，这俩都是祸国殃民的国贼，一个好东西都没有。

李傕每次来见皇帝身上都带刀，而且还不止一把，人家一带就带三把。朝廷规定大臣觐见皇帝不允许携带兵器，而李傕公然抗命，却也无人敢拦。

但为了皇帝的安全，刘协的贴身侍从侍中侍郎们，每次在李傕来的时候都提前带好刀剑侍卫在皇帝周围，保护皇上。

李傕见了很不爽，别人带剑他不高兴，他自己带着刀见皇帝就不说了，只许他放火不准百姓点灯。侍中李祯跟李傕是老乡，就哄李傕，说历来的规矩，祖上传下的，不是针对将军您。李傕这才不再提了。

李傕虽然劫持了皇帝和文武百官，但时间一长，他觉得这笔买卖做亏了，自己除了多几百张嘴吃饭，也没占多大便宜。这些人不能帮自己打仗，自己还得养着他们，浪费粮食。粮食是宝贵的，不能浪费。

于是李傕决定物尽其用，虽然百官不能打仗但不等于没有其他用途，李傕给了这些人一个新的使命——谈判，去郭汜的大营谈判。

再说郭汜，这天一大早正在军营里晨练，突然远远看见一大群官员朝自己的大营走来，等郭汜弄明白这些人的来意，他笑了。虽然他没打算谈判，但对李傕送上门的大礼，郭汜还是笑纳了。派来谈判的朝廷文武直接被扣下，做了郭汜的人质，身份没变只是换了个地方。

接下来，郭汜也用实际行动证明了自己的流氓本色，礼照收仗照打。郭汜公然扣留公卿百官，太尉杨彪忍无可忍，指着郭汜说道："你们一个劫持天子，一个扣押大臣，你们究竟意欲何为？"郭汜也是个火爆脾气，听到有人竟敢当众指责他，当即拔出佩刀就要砍杨彪，幸好中郎将杨密等人上来连连劝和，才保住杨彪性命。

小皇帝刘协见李傕、郭汜天天在长安城里又打又杀，弄得民不聊生、国无宁日，也想劝他们息兵罢战。

刘协这时对自己的皇帝身份还抱有幻想，认为以自己大汉天子的身份出面劝解，多少会起一些作用。于是，刘协找来凉州大族出身的谒者仆射皇甫郦，让他出面代表自己前去劝和。

皇甫郦先到了郭汜的军营，郭汜见是皇帝的使者，同意讲和。皇甫郦又来到李傕大营，谁想到李傕这厮不但不同意还摆起了功，说自己讨伐吕布如何有功，自己在朝三年天下如何太平等等混话，皇甫郦强忍着没发作，心说，李傕还要不要脸啊！长安及周边各县已经十室九空，百姓死走逃亡，十不存一，李傕居然厚颜无耻还在这里吹嘘，真不知羞耻。

李傕在给自己摆功的同时，也没忘了埋汰对手："郭汜原本就是一个偷马贼，如何与我相比，您是凉州名士，您看我能不能击败郭汜？"对李傕的歪理邪说，皇甫郦忍无可忍，说："将军您身居高位贵为国家上将，手握大权，子弟亲信高官厚禄，国家待你们不薄。可您都干了些什么，郭汜扣押百官当然不对，但您劫持皇帝，罪行比他还重，您的部下杨奉原本是白波贼，他都不满您的所作所为而离您而去，您还不悔悟吗？"

李傕听不进逆耳之言，一气之下将皇甫郦赶了出去。皇甫郦出去多时，李傕还在那破口大骂，骂郭汜也骂皇甫郦，余怒未消的李傕大喝一声："来人！"身边的卫士虎贲王昌近前道："将军有何吩咐？"李傕狠狠地说："皇甫郦应该还没有走远，你去把他给我杀了，快去。""诺。"王昌应了一声，提着刀就追了出去。

王昌虽然只是一个卫士，但也知道是非善恶，他很清楚皇甫郦没错，故意慢腾腾地走，放走皇甫郦，回来就说没追上，可见人心所向。

汉献帝刘协听说此事，为了稳住李傕，马上派中郎将李固拿着自己的符节到李傕军营，就在军中拜李傕为大司马，位在三公之上。李傕升了官，觉得很有面子，得意扬扬，这才不闹了。

李傕虽然升了官，但他做的那些事实在不得人心，就连很多部下都对他不满，纷纷离他而去。李傕把皇帝劫持到军营时，张济的侄子张绣和贾诩都在营中，张绣虽然也是凉州军但也不耻李傕所为，对贾诩说："此地不可久留，先生还是跟我离开这里吧。"贾诩轻轻地摇了摇头："我受国家厚恩，天子被困，身为臣子怎能只顾自己逃命，将军走吧，我不走。"张绣见贾诩不走，只好自己出奔弘农投奔叔叔张济。

贾诩不走，因为他还有更重要的任务——保护天子及百官，为自己当年的错误赎罪。李傕虽然跋扈，但对贾诩相当客气，毕竟要不是贾诩出谋，他也不会有今天的显赫地位，别人的话可以不听，贾诩的面子李傕还是要给的，贾诩的宣义将军就是李傕主动送的。

李傕是凉州人，他的部下中很多都是羌胡，为了打败郭汜，李傕又四处拉人，找来几千彪悍的羌胡兵，为了让这些人给自己卖命，李傕将自己从宫里抢来的布帛赏赐给他们，还许诺一旦打败郭汜，宫里的宫女美人都归他们所有。听说打赢就可抱得美人归，羌胡兵一个个顿时血脉偾张、斗志昂扬，一个个像打了鸡血那么兴奋。

一些性子急的兄弟，甚至等不及，直接来到皇宫门口，向里面探头探脑，想先看看美女，一边向里窥探，还一边吵嚷，朝里喊："李将军许诺给我们的美人在哪里？"

汉献帝听说后，眉头紧皱，于是将贾诩找来商量对策，总让他们这么闹也不像话，爱卿想个办法才好。

皇帝知道贾诩足智多谋，而且，皇帝大人还有一个不大好说出口的理由：祸是你惹的，你得负责收拾局面。这话不好明说，但贾诩何等聪明，聪明人办事不需要把话说开，大家心照不宣。贾诩领会了皇帝的意图，微微一笑，说："陛下放心，此事就交给我来办吧。"

贾诩派人秘密请来几位羌胡部族首领吃饭。酒桌上，贾诩充分发挥自己的口才，先是将其吹捧一番，然后是封官许愿，几个部族首领被哄得晕晕乎乎，贾诩又说了一些"肝胆相照"的话，最后许诺自己一定在皇帝面前替各位兄弟多说好话，首领们当场表态，今后一定听从皇帝陛下的召唤，再也不理李傕了。

贾诩将部族首领和羌胡兵遣散回乡，这使得李傕手里少了一张王牌，实力大减。

李傕的倒霉事不止于此，贾诩秘密拆台，郭汜也来挖墙脚，暗中勾结李傕的部将张苞、张龙，约定晚上郭汜从外面攻李傕大营，这两人做内应，到了约定的日子，郭汜大军偷偷摸到李傕营外，一顿乱箭向里猛射，箭都射到了汉献帝的帐篷里，李傕自己的耳朵也被箭穿了个洞。战况之激烈可见一斑，李傕没防备郭汜会来偷营，被郭汜打了个措手不及，眼看就要崩溃，幸好部下大将杨奉带兵及时来救，才将郭汜打退。

连李傕的亲信宋果都准备干掉李傕，李傕自知，这样下去自己迟早要输。这时，屯兵在外的张济来到长安调停李傕郭汜，李傕也乐得做一个顺水人情，同意讲和，郭汜也精疲力尽，急需休整也同意了，双方达成协议，休战罢兵，皇帝和百官暂时安置到张济屯兵的弘农。

汉献帝跟百官这才被放出来，结束了囚徒生活，但日子并没有因此好转，还有更多的磨难在前方等待着他们。

七月，汉献帝的车驾出宣平门，正要过桥，几百名郭汜的士兵便一拥而上，拦住去路。

这时，李傕部下几百手执长戟的士兵在车驾左右护驾，见郭汜军拦路也摆开阵势，双方在桥上形成对峙局面。侍中杨琦怕夜长梦多，赶忙把车帘掀起请皇帝出来，献帝摆出皇帝威严，大喝道："朕在此，你们拦住去路难道要谋反吗？"皇帝出面，果然不同凡响，郭汜的兵不敢违抗，只好乖乖让路。

汉献帝带着文武百官匆匆上路，是非之地，不可久留。皇帝率领群臣一路疾行，谁都清楚现在的处境，必须快走，谁知道李傕什么时候反悔再追来，于是乎，平常不走路的王公大臣现在也不得不甩开两条腿拼命跑，目的只有一个——活命。

君臣走了一夜到了霸陵，又饿又累，实在走不动了，大家的肚子不约而同发出了咕噜咕噜声，这时随在皇帝左右保驾的张济还算厚道，将随身带的干粮分给饿得发慌的君臣。

为表彰"救驾"功臣，汉献帝封张济骠骑将军，开府（有权组建自己的僚属），郭汜这时也在身边，这种好事自然要有他的份，于是郭汜也被晋升为车骑将军，杨定为后将军，被策反的杨奉封兴义将军，牛辅旧将董承封安集将军。

"大封功臣"后，大家都挺高兴，几位刚刚荣升的武将还处在升官的兴奋中，吃饱了，也封了官，接下来继续逃，体面的说法是巡幸。

但"巡幸"也是有方向的，原本按照原先商量好的，要去弘农，那里是张济的防地，但这时郭汜改主意了，他变卦了，非要皇帝转道去高陵，公卿大臣和张济都觉得还是按之前商定好的去弘农稳妥，但郭汜这厮来了脾气，非要去高陵，双方互不相让，郭汜仗着自己兵多，十分嚣张，根本不买群臣的账，就这样，为了究竟往哪里去，一连开了几天会，还是讨论不出个结果。

汉献帝也想去弘农，他受够了郭汜、李傕的气，一心只想离这帮禽兽越远越好。等了几天，见还没有讨论出结果，皇帝也坐不住了，派人带话给郭汜，表示自己想去弘农。但郭汜这厮就是不答应，连皇帝的面子也不给。

伤自尊了，汉献帝发了脾气，第二天开始，皇帝大人就不吃饭了，绝食抗议，一个皇帝连自己的人身自由都得不到保障，闹到要搞绝食，当皇帝当到这个份儿上还真连个布衣百姓都不如。郭汜听说后，也怕事情闹大，真要把皇帝给逼死自己也没好处，这才不情愿地妥协。

八月，汉献帝君臣一行来到新丰。在新丰没住几天，郭汜又反悔了，想把皇帝劫持到自己的郿坞去。就在郭汜准备动手之前，被杨定安插在皇帝身边的亲信侍中种辑知道了，马上连夜派人告知屯兵在附近的杨定、董承、杨奉等人，这些人听说郭汜想劫持皇帝，立即带兵赶到新丰，郭汜见这么多军队突然来到，知道计划败露，来不及集合队伍，逃进南山躲了起来。

到了十月，郭汜的部将夏育、高硕等人又密谋劫持皇帝回长安，那里是他们的地盘，更容易控制皇帝，郭汜逃跑时是自己走的，他的部下大部还在皇帝左右，所以想劫持皇帝并不困难。

这天夜里，夏育、高硕在营地附近放火，准备趁火打劫，正巧侍中刘艾这天值班，刘艾见大营附近多处同时起火，就知道是有人故意纵火，再看看起火的地点正在郭汜军营附近，就什么都明白了。马上派人通知杨定、杨奉带兵救驾。

夏育、高硕放火后带兵往皇帝的御营冲去，幸好杨奉、杨定带兵及时赶到，两军混战在一起，厮杀了整整一夜，杨奉等人拼死力战总算将叛军击退。大战之后，新丰也不能待了，杨奉、杨定率军保护皇帝百官一路来到华阴。

驻扎在华阴的宁辑将军段煨听说皇帝驾到，不敢怠慢，让人准备了皇帝跟百官的衣物饮食，想让皇帝到自己的军营居住。段煨这人比较厚道，虽然也是董卓旧部，但为人做事很有臣子本分，比李傕、郭汜之流要好多了。但护驾的杨定向来跟段煨不睦，皇帝可是无价之宝，自己的宝贝哪能轻易让人，但杨定不好自己出面反对，于是让自己的亲信在皇帝身边的侍中种辑、左灵等人向皇帝进言说段煨迎驾是图谋造反。

太尉杨彪、司徒赵温、侍中刘艾、尚书梁绍等人在朝中多年，见惯风雨，什么阴谋诡计没见识过，杨定的这点小把戏当然瞒不过这些老江湖，段煨在关中多年跟朝廷里的许多大臣都有交情，段煨是什么人，大家都很清楚，听说种辑等人污蔑段煨，杨彪带着这些人上书用自己的身家性命力保段煨。

汉献帝经历这么多事，心理年龄早就成年了，所以很清楚杨定这帮人的意图，但毕竟还要用人家，不好戳破。

这时杨定、董承又威胁弘农督邮让督邮骗皇帝说郭汜就在段煨大营，皇帝要是进了段煨的大营就是羊入虎口。献帝不傻，他当然清楚这些人的用意，但为了安定团结，两边谁也不得罪，于是汉献帝谁的大营也不去，自己扎营住。

献帝想息事宁人，但杨奉、杨定、董承却不干，这些人的想法也很纯粹，直接开打，消灭对手，但大家是来保驾的，要出兵总要有点借口，所谓师出有名，这个道理这些粗人还是懂的。

于是，杨定又让种辑、左灵跟皇帝说，让皇帝下诏书出兵讨伐段煨，献帝不想被人利用，干脆明说："段煨有何罪，杨奉、杨定想攻打段煨，打就是了，要朕的诏书何用！"阴谋搞成了阳谋，但种辑等人也豁出去了，又哄又劝，威逼利诱，软磨硬泡，从下午劝到晚上，献帝就是不松口。

杨奉等了许久，迟迟不见皇帝的诏书，也不等了，直接带人攻打段煨的大营，可一连打了十几天，却因段煨营寨坚固，杨奉等人始终攻不下来。就在杨奉、段煨激烈交战的同时，段煨对献帝跟百官的饮食供应依旧如常，段煨的诚意忠心让皇帝刘协跟大臣深受感动，献帝派人到杨定军营劝和，这时杨定等人久攻不克，正骑虎难下，于是也同意和解，带兵回营，一场闹剧这才收场。

但这边杨奉、杨定才息兵罢战，那边李傕、郭汜又蠢蠢欲动。李傕放走皇帝后屯兵池阳，这时失意的郭汜找到李傕，两个冤家又重新言归于好，在深切追忆了当年的战斗友谊跟烽火岁月后，为了共同的事业——劫持皇帝——重新走到一起。他们听说杨定等人在围攻段煨，觉得有机可乘，于是两人组成联军带兵一路追了过来，想把献帝君臣带回长安。

杨定听说李傕、郭汜率兵杀来，知道大事不妙，就想溜回自己的蓝田，但没想到人家动作比他快，还没等杨定收拾好包袱，后路已经被郭汜堵住，回不去蓝田，杨定只好撇下队伍，独自一人南下荆州投奔刘表去了。

大敌当前，杨定却临阵脱逃，留下的各位将军，张济跟杨奉、董承不和，吵了几架后，张济一气之下率部出走，回去找李傕、郭汜，在张济的带领下李傕、郭汜率军一路追到弘农。

十二月，双方在弘农郡的东涧展开混战。杨奉、董承大败，随从文武、士兵死伤无数，皇帝大臣随身带的印章印信丢了一地，从长安带出的典章、文件也散失殆尽。

大臣们跟着皇帝撤退，射声校尉沮俊不幸中箭，被射下马负伤被俘，李傕见了，问身边的部下，这人还能活吗？沮俊见到李傕，怒不可遏，破口大骂："你这个劫持天子的乱臣贼子，你倒行逆施，必遭天谴。"李傕大怒，挥刀砍死了沮俊。

杨奉、董承保护着汉献帝退到曹阳，形势危急，为了稳住李傕、郭汜，杨奉派人到李傕营中谈判，稳住李傕后，即刻派人过黄河到并州搬兵。

杨奉本是河东白波军首领，并州是白波军的大本营，杨奉令人回去求救，以挽回败局。

这时，白波军首领李乐、韩暹、胡才，还有匈奴右贤王都在河东，接到杨奉的求救，马上率领数千骑兵过河增援，两军在曹阳会师，又跟李傕、郭汜打了一仗，将追兵打败，之后，众将保护皇帝百官继续赶路。

为防追兵，众将做了分工，董承、李乐保护汉献帝和百官在前，杨奉、韩暹、胡才跟南匈奴右贤王去卑负责殿后。还没走出曹阳，追兵又杀上来，接下来又是一场混战，但这时杨奉一伙急于赶路无心恋战，而李傕、郭汜却誓要夺回皇帝拼尽全力。结果，杨奉等再次被打得大败，这次比上次败得更惨，死的人更多。光禄邓渊、廷尉宣璠、少府田芬、大司农张义全都死于乱军之中。

司徒赵温、太常王绛、卫尉周忠等被李傕活捉，原本难逃一死，幸好贾诩在旁相劝，李傕看在贾诩的面上才没杀这些人。

汉献帝刘协丢弃车仗辎重，君臣百官及随行宫女士兵走了一夜，终于来到陕县黄河岸边。

到了岸边，大家开始商量下一步怎么走，该往哪里去。有人提议顺着黄河往东跑，太尉杨彪听了却连连摇头说："我就是弘农本地人，从此往东，尽是险滩暗礁，极其凶险，东面去不得。"侍中刘艾在旁听了也插话说："太尉说得是，我以前在陕县当过县令，确如太尉所说，前面尽是激流险滩，不能往东去。"众人又商量了一阵，最后决定渡河向北，到并州去。

商议已定，派李乐去找船，船是找来了，可只有几只小船，岸上等着过河的文武侍从宫女士兵有数千，大家都想逃命。这时秩序有些混乱，更糟的是，这里没有码头，河岸距河面有好几丈高，下都下不去。

伏皇后的哥哥伏德随身带着十匹绢布，正好派上用场，董承令人将绢布系在一起连成绳子，行军校尉尚弘力气大，众人就让尚弘背着献帝腰上绑着绢布一路坠下去，一番折腾，皇帝总算上了船，其他重要人物如杨奉、董承等人依次紧抓着绢布往下滑。

但绢布做成的绳子就这么一条，更多的人没有这个待遇，这时后面追兵越来越近，大家为了活命，一个个下饺子般往下跳，很多人当场摔死，有些没摔死的也摔得骨断筋折，惨叫声、哭号声不绝于耳。后面的人甚至直接就往尸体上跳，到了船边，又是一片惨景。

献帝跟几个大臣上了船，岸上众人也想上船，但小船早就人满为患，连只脚都插不上去，但求生的欲望让岸上的人们再也不顾什么尊卑，一个个攀着船帮不肯放手。

船成了救命的稻草，谁也不愿放手，谁都知道，上不去船意味着什么，几百双手攀住船沿，而人的身体是有重量的，船身不停地摇晃，小船经不住这么多人摇晃，船上的人抽刀拔剑向着船帮上那一双双求助的手砍去，刀光闪处一根根手指被齐齐砍断，转眼间，船里就堆满了被砍断的手指。

经过一场血腥的自相残杀，献帝一行人总算过了黄河，但行李衣物基本都丢了，嫔妃中只有皇后跟两个贵人相随，大家相互搀扶着继续逃亡之旅。

晚上没有地方住，只好借住在百姓家，更多的随从连住的地方也没有，只能露宿街头。杨奉、韩暹保着献帝君臣好不容易到了安邑，杨奉找来一辆牛车让献帝将就着坐。这时随行的大臣只剩下太尉杨彪、太仆韩融等十几个人。

不要以为杨奉、韩暹、胡才、李乐是忠臣义士，他们原来都是白波贼，跟李傕、郭汜并无不同，到了安邑刚刚安定，以胡才、李乐为首的白波军首领，就迫不及待地逼宫要官，献帝不敢得罪，毕竟还要仰仗人家，只好依从。

就在安邑的茅屋土炕上，献帝刘协大封护驾功臣：封韩暹为征东将军、胡才为征西将军、李乐为征北将军。

武将得势，献帝跟一班文臣只有随声附和，君臣暂时在安邑安顿下来。杨奉、韩暹几人聚在一起，商量派太仆韩融过河去跟李傕、郭汜讲和，双方达成和解，李傕将俘虏的文武百官、嫔妃宫女放回。皇帝的车驾仪仗御用物品也被一并送回。

这一切都发生在汉献帝兴平二年（195）。虽然在逃难，但皇帝的尊严大汉的威仪还是不能丢的，汉献帝就在农家的篱笆院里上朝，剩下的几十个文武百官就围坐在地上讨论国事。

186

三国

之

群雄逐鹿

篱笆墙外，挤满了来看热闹的士兵，士兵们还模仿大臣们上朝的模样打闹嬉戏。如果不是遇上兵乱，士兵们恐怕一辈子也没机会看皇帝上朝。皇帝和大臣就像马戏团的小丑被众人围观，但也无可奈何。

这时跟随在献帝身边的羽林、虎贲卫士只剩下一百多人，其余全是杨奉、韩暹的兵。韩暹、李乐是土匪出身，性情粗暴，对群臣百般侮辱，动辄刀兵相向，大臣们敢怒不敢言，几位"将军"更是蛮横无理，经常酒后在皇帝的"寝宫"外大呼小叫，全无体统。

韩暹等人当了大官，手下人也想弄个一官半职，韩暹、胡才等人经常拿着一大摞名单要献帝加封，献帝"来者不拒"，尽量满足他们的要求，想要什么就给什么，到了最后，甚至一些走卒门监都成了校尉。

逃难在外，百官除了唉声叹气基本无事可做。但也有例外，这时最忙的就是负责刻印的御史了，这些御史每天天不亮就起来干活儿，从早忙到晚，就这样还"供不应求"，到了后来刻印都来不及，只好拿个锥子在上面画几个符号全做代替交差，就这种临时画上的印还不够用。

献帝逃难到安邑时，身上没带一粒粮食，众人正发愁之际，河内太守张扬派来一支数千人的运粮队送来大批粮食解了燃眉之急。河东太守王邑又派人送来些布匹，献帝君臣才算有块布料做衣裳。

到了年底，粮食吃光了，当年并州大旱又闹蝗虫，庄稼颗粒无收，张扬再也拿不出粮食，皇帝以下全都要出去挖野菜、采野果充饥。并州待不下去了，董承、张扬几人商量后，准备回洛阳，但杨奉、李乐却坚决反对。

杨奉诸人不愿去洛阳，他们有自己的小算盘，并州是他们的地盘，只要皇帝在并州他们就能挟持皇帝为所欲为。一旦离开自己的势力范围，他们就失去了地域优势，所以杨奉、胡才、李乐等白波军首领坚决反对去洛阳。

军中的主将为了是走还是留，整天吵成一团，话不投机，那就只能武力解决。

本来安邑的这支部队就是由各方势力组成的联军，董承是原董卓旧部属凉州军，张扬与吕布、张辽等人同属并州军，杨奉、韩暹、胡才、李乐出身白波军。三股势力中，以白波军实力最强，并州又是白波军的势力范围，所以白波军不同意，皇帝就走不成。

196年2月，"护驾"的军阀又开始内讧。现在朝廷名存实亡，甚至还要靠他们"保护"，无人再能约束他们，各派势力虽有强弱，但总体上却是势均力敌，任何一方也没有绝对的优势。

实力最强的白波军韩暹部首先行动，进攻凉州军系的董承部。董承兵少又是客军，打不过地头蛇韩暹，被迫退往野王。

此时白波军分驻并州各地，韩暹在闻喜，胡才、杨奉在坞乡。不久，白波军发生内讧，同属白波军的胡才跟韩暹闹翻，胡才点起本部人马要去找韩暹拼命，献帝忙派使者调解，费尽周折，总算将事态平息下去。

汉献帝刘协劝和了众将，又耐心说服反对回都的白波众将，并亲自找白波军将领杨奉谈话，在皇帝和风细雨的开导说服之下，杨奉终于同意了，不再反对回都洛阳。杨奉妥协，事情出现转机。

三月，张扬派董承先行一步，去洛阳做准备，洛阳经过董卓部下的纵火焚烧，早已破败不堪，曾经繁华的洛阳现在冷冷清清，居民死走逃亡，十室九空，满目苍凉，皇帝回洛阳，连住处都成了问题。

董承等人到了洛阳，面对被烧成白地杂草丛生的洛阳，束手无策。但皇帝回都，总不能在野外宿营。但修宫殿需要大量的人力物力，此时的小朝廷，从皇帝到百官都是一路逃难过来的，穷得连饭都吃不上，哪有钱整修宫殿。无奈之下，朝廷只好求助于地方诸侯。

太仆赵岐对卫将军董承说，当今天下大乱，海内分崩，只有荆州鲜有战火，物阜民丰。老朽虽老迈，愿出面游说荆州牧刘表，令其率兵入朝，拱卫朝廷，与将军齐心协力，兴复汉室。董承于是派赵岐去荆州求助刘表。

刘表与之前的袁绍、曹操反应相同，对赵岐礼遇有加，并马上派兵去洛阳助修宫室，前后历时数月，洛阳才算得以恢复一些旧都风貌。

六月，汉献帝在杨奉、韩暹、董承等人的护送（也可以说是挟持）下，从并州闻喜县出发，踏上回家之路。七月，汉献帝历经坎坷艰辛终于回到阔别六年之久的洛阳城。

到了洛阳，几派势力仍内斗不休。不久，张扬领兵出走屯兵野王，杨奉接着也出屯梁县，胡才跟李乐留在并州，洛阳城里只有董承、韩暹二人。

这时的洛阳虽经修整，但也只有皇帝的宫殿勉强可安身，文武百官只能自己寻找住处，找一个四面漏风的破土房权且栖身。

东汉王朝只剩下一个残破不堪的洛阳城，四周都是军阀的地盘，偌大一个朝廷却没有多少收入，就是想维持这个朝廷也需要大笔的财物，而失去收入的朝廷，连百官的俸禄都发不出，大家只能自谋生计，尚书郎以下官员都要自己去城外挖野菜，皇帝的吃穿用度都只能靠刘表等地方军阀接济，日子艰辛，举步维艰。

就在如此困境下，洛阳城里的韩暹和董承依然争权夺势，彼此看对方不顺眼，在并州时吵，到了洛阳依然如故。因为洛阳的军队大部是韩暹的部下，韩暹仗着自己人多势众，又有护驾之功，根本不把董承放在眼里，两人见面就掐，韩暹兵多，动武董承又不是对手，只能忍气吞声。

这时曹操正屯兵许县，距洛阳不远，曹操手下兵精将勇，今非昔比，谋士也比之前多了许多。董承自知不敌韩暹就想请外援，于是想到了曹操，但董承万万没想到，自己请来的这位神在解决了自己敌人的同时顺便也把自己解决了。

董承请曹操到洛阳，又走了当年袁绍请董卓进京引狼入室的老路，前门驱虎，后门进狼。

从193年到196年，几年间，关东形势也发生很大变化，孙坚死了，袁术被逐出中原。南方荆州刘表、益州刘焉专心治理自己的属地，但中原的各路诸侯，就没那么安分了，这里是各方势力争夺的主战场，相对于偏远的荆州、益州，中原的战火燃烧得更为炽烈。

初平元年（190）的第一批诸侯以兖州刺史刘岱、东郡太守桥瑁为代表，早已成为尘埃，湮没在历史的风尘中。而以公孙瓒、刘备、吕布为代表的第二批诸侯则正在崛起。

历经二代仍屹立不倒的只有袁绍、曹操。年年岁岁花相似，岁岁年年人不同。长江后浪推前浪，前浪被拍死在沙滩上，没被拍死的袁绍、曹操在中原攻城占地，孙坚的儿子孙策还在等待时机。中原群雄，经历最为复杂的吕布不甘寂寞，再次出场，演出他人生的最后一幕。

8

远交近攻

第九章

逐鹿中原
——各显神通争徐州

（一）四海为家吕奉先

在说曹操进洛阳之前，有必要介绍一下吕布这几年的经历。吕布走到哪里都是焦点。自从被李傕、郭汜赶出长安，吕布就一直在外漂流，无家可归，其间的艰辛，那真是一言难尽。

192年六月，吕布带着几百部下从长安城突围而出，关中被李傕、郭汜的凉州兵团占据，他无法立足，只好南下出武关，投奔南阳的袁术。

吕布还给袁术带了一份"礼物"——董卓的人头。吕布在败退撤出长安之际，仓促间，仍不忘割下董卓的头颅系在马鞍上一起带走，这可是他送给袁术的见面礼。

果然，袁术对吕布的厚礼十分满意。起初袁术对吕布似乎不错，但吕布自恃袁氏恩人，董卓杀了袁家几十口，是他吕布杀董卓替袁氏报仇，很有点居功自傲，放纵部下在袁术辖区抢掠，这让袁术大为不满。

吕布觉察出袁术对自己的冷淡，见袁术已有逐客之意，只好灰溜溜地离开南阳。

吕布又前往河内投奔自己的兄弟张扬。张扬与吕布既是同乡，又曾同在丁原手下为将。张扬收留了吕布，但吕布的处境却比之前在南阳更险恶。

当时长安的李傕等人，发誓要杀了吕布给董太师报仇，并发出重金悬赏，"收购"吕布的项上人头，张扬的部下们对赏金表现出浓厚的兴趣，更危险的是，就连张扬的态度也变得暧昧起来，这令吕布整日惶惶不安，寻机从张扬处逃了出来。

吕布不得已继续北上，前往冀州投奔袁术的哥哥袁绍。

袁绍收留了吕布和他的部下，吕布总算暂时有了栖身之地。

袁绍留下吕布也是事出有因，他要用吕布，这时袁绍正在围剿黑山军，黑山军纵横中原多年，又擅长山地战，并不容易对付。袁绍正在用人之际，而吕布跟他的部属都是不可多得的精兵良将，此时袁绍正需要这样的人，既然吕布主动来投，不如用吕布去战黑山。

这时的吕布早已声名远扬，民间流传着：人中吕布，马中赤兔。人里面，吕布最能打，马里面赤兔马最能跑，日行一千夜走八百。吕布的手下也是个个骁勇善战，人虽然不多但十分能打，上阵都是以一当十的特种兵，手下的大将高顺、张辽也是厉害角色。

张辽，字文远，并州雁门马邑人，以前是并州刺史丁原的部下，跟着丁原进京，后来大将军何进派张辽回乡招兵，等他回来，何进已死，张辽归附了董卓，董卓死后，张辽一直追随吕布。

吕布和他的部队战斗力很强，袁绍也很会"用兵"，将吕布所部悉数投入战场。袁绍派吕布出战，除吕布骁勇善战是一员难得的大将外，还有一层用意，那就是用吕布军去消耗黑山军，以节省军力，最大限度减少自己主力部队的伤亡，以便投入其他战场，比如对付公孙瓒。

吕布军既有战力，可以打垮击溃黑山军，又非嫡系部队，不必计较损失代价。而吕布新近来投，急于立功，以显示自身实力，以求在此站稳脚跟，也愿意为他效力。既然如此，吕布军就是最合适的出征部队。

战场上，吕布跟亲信部将成廉、魏越带领精锐骑兵冲在前面，后面的士兵深受鼓舞也跟着冲锋。张燕军虽然也很强，这些年也打过不少的硬仗，但像吕布这种对手还是头一次遇到，虽说张燕也是带骑兵的，精于骑射，不然也不会叫飞燕，但飞燕遇到飞将吕布就飞不起来了，虽说都是骑兵，张燕的骑兵也有战斗力，但那分跟谁比，遇到吕布的骑兵，张燕才真正明白了什么叫做强中自有强中手。

骑兵作战除了讲究战术，主要还是靠拼勇斗狠，特别是骑兵集团迎面的对抗冲锋，在高速冲击下，马头对马头的激烈冲撞和马刀对砍，那过程真叫一个紧张刺激。战斗极其残忍，与敌人面对面地砍杀，非有勇气胆量，难以担当。几场混战下来，张燕的骑兵被打得溃不成军。

张燕征战多年，知道这次遇上了对手，打不赢就跑，张燕带着黑山军残部钻进了山沟。

张燕习惯了在山区生活，钻山沟就等于回家，但袁绍就不同了，袁大公子养尊处优几十年，让他去爬山，别逗了。张燕被打败，损兵折将，蛰伏山谷，但袁绍军久战疲惫，也急需休整，于是也收兵回营。

在这场战役中，吕布和他的部下立下大功，回到大本营邺城，庆功宴上，袁绍自然要对有功之臣吕布夸赞一番，但吕布被表扬几句就忘乎所以了，其实人家袁绍只是客气客气，你吕布又不是我的嫡系，连自己的身份都没搞清的吕布注定要吃亏。

打了几场胜仗后的吕布俨然以功臣自居，本就心高气傲的他，原形毕露，傲视袁绍诸将，对袁绍还算恭敬，但对袁绍手下的一班文武却从不用正眼去瞧。

吕布自以有功，提出了种种在袁绍看来不合理的要求，比如给自己增兵、要粮饷诸如此类。袁绍碍于面子勉强答应。

但吕布并不满足，其部下在邺城横行霸道，而吕布几乎从不约束自己的部下，任其所为。

袁绍的脸色也越来越难看，他将自己对吕布的不满全都写在了脸上。

既然人家讨厌，那就知趣地走开吧，别在这讨人烦。但吕布来得容易，想走却没那么轻松。吕布给袁绍写了封信，意思自己要回洛阳，请袁绍批准自己离开，袁绍假装挽留了一阵，然后顺水推舟说要表奏朝廷让吕布当司隶校尉。

袁绍说得好听，实际上，他是想杀掉吕布。就在吕布来向袁绍辞行时，袁绍趁着吕布孤身前来将吕布给控制起来，就在吕布临走的前一天，袁绍派了三十名全副武装的甲士给吕布做护卫，说是第二天让这些人护送吕布上路。

吕布看着眼前这几十个彪形大汉，看出来了，这帮人的确是来送自己"上路"的，只不过，这是一条不归路，跟自己想去的并不是一个地方。

吕布对袁绍的"热情"很是客气了一番，百般推辞，表示自己在这里这么久了，实在不好意思再添麻烦，送行的警卫就免了吧，一切从简。袁绍哪里肯听，说兄弟你别客气，这些人就是专门安排送你"上路"的，你就不要推辞了。

吕布只好照单全收，到了晚上，吕布让这几十个人在自己帐外站岗执勤，自己则在帐篷里苦思对策，想办法逃出去，吕布知道不等天亮这帮人就会动手，如果不在之前逃走，这将是自己一生中最后一个夜晚。

急中生智，强烈的求生欲望驱使下，吕布终于想出了办法，他找人在帐中弹奏古琴。

吕布帐里整晚传出美妙的乐曲，外面的人以为吕布在欣赏音乐也就不再理他。到了午夜，看守的甲士困倦了，全都进入梦乡。吕布向外看了看，趁机悄无声息地溜出大帐，逃之夭夭。

到了后半夜，看守的甲士们按照袁绍的吩咐悄悄摸进吕布的军帐，军帐里黑漆漆的，甲士们摸到床边，也没看床上到底有没有人，对准床铺就是一顿乱砍。但砍着砍着，感觉不对，怎么软绵绵的，一声叫喊都没有，仔细一看，才发现床铺是空的，吕布早溜了。

第二天早上，袁绍得知吕布没死，吓出一身冷汗，他知道，这下梁子算是结下了，以吕布的风格肯定要找自己算账，赶紧集合部队，就在袁绍全城戒严如临大敌的时候，吕布已经逃回自己的军营，召集部下打点包袱离开了冀州。

从袁绍处出来，吕布再一次无家可归，吕布不禁发出"天下之大却无处容身"的感叹，这时吕布又想起屯兵野王（今河南沁阳）的张扬，事到如今也只有再去投他。吕布打起精神带着部下朝野王进发。

在去野王的路上，吕布军路过陈留，受到了陈留太守张邈的热情接待，这让一直受人白眼到处碰壁的吕布感受到了久违的温暖。

张邈，字孟卓，兖州东平寿张人。跟袁绍一样也是名门世族出身，从小在洛阳长大，跟袁绍、曹操是发小，从小玩到大。

与众多世家子弟相似，张邈的仕途也特别顺，做过骑都尉，后来董卓入京，为收买士大夫，任命张邈做了陈留太守。曹操起兵讨伐董卓，其他人还在观望，张邈第一个站出来支持好友曹操。汴水之战，曹操孤军西进，只有张邈派兵帮曹操，这让曹操非常感动。

张邈跟袁绍、曹操自幼生长在京师，本来感情不错，但袁绍自从做了关东联军盟主，变得越来越骄狂，张邈批评了几句，袁绍听惯了奉承，哪里容得下有人指责他，顿起杀心，但毕竟自己是盟主，不好动手，就让曹操替自己杀了张邈。

曹操当然不肯，更何况张邈跟他又是好友，还曾在他最需要帮助的时候，鼎力相助。曹操没有听从袁绍的吩咐，反而劝说袁绍，孟卓是咱们的朋友，就算有错也应该原谅他，如今天下大乱，奸贼猖獗，怎能再自相残杀。坚决不同意。张邈后来听说了，对曹操非常感激。

张邈跟曹操如此要好，但最后还是反目成仇。三国时代，权谋盛行、尔虞我诈，今日之友可能就是明日不共戴天的仇敌，世事难料。

吕布跟张邈在陈留把酒言欢，不久就让袁绍知道了，听说两人还把手盟誓，袁绍坐不住了，两个自己想杀而没杀成的人凑在一起，那还能有什么好事！肯定是商量着今后怎么对付自己。

但袁绍这时正跟北面的公孙瓒打得不可开交，实在抽不出精力对付南面的吕布和张邈。于是又想让曹操帮忙，这时候的曹操跟袁绍正在蜜月期。不过，你要说这哥儿俩感情有多好那倒也不见得，就是相互利用而已。虽然曹操曾经表态绝不对自己的兄弟张邈下手，但这时曹操跟袁绍正在蜜月期，好得如胶似漆，曹操的东郡地盘还是袁绍给的，还时常得到袁绍的援助，曹操现在不动手，但不代表今后不动手，张邈的内心很是忐忑。

（二）曹操征徐州

几年来，曹操跟袁绍精诚合作，经营河北，打黑山、逐袁术，曹操多次出兵出力，袁绍也没亏待曹操，给兵员给地盘。但曹操得了兖州后，势力坐大，开始有了雄霸中原的抱负。

曹操的兖州与陶谦的徐州境土相接，区区一个兖州是满足不了曹操的胃口的，得陇望蜀乃是人之常情。曹操对徐州这块宝地垂涎三尺，而徐州牧陶谦也非等闲之辈，陶谦也在打兖州的主意，而且这时，两人分属不同阵营，曹操属于袁绍阵营（暂时是这样），而陶谦跟公孙瓒、孙策则选择支持袁术，既然是敌人，又挨得这么近，不打几仗实在不好意思。

初平三年（192）冬天，袁术被哥哥袁绍欺负，向战友公孙瓒求救，公孙瓒当即派师弟刘备屯兵高唐、单经屯平原、陶谦屯发干，准备来个围魏救赵，狠揍袁绍。但袁绍岂是好欺负的，袁术有战友，袁绍也有曹操。打就打，谁怕谁，袁绍跟曹操联兵夹击公孙瓒，将刘备、单经、陶谦狠揍一顿，全都赶回了老家，这是曹操跟陶谦的第一次交手。

这时的曹操刚当上兖州牧，立足未稳，陶谦便前来骚扰，明显不怀好意，两军交战的地点在发干，发干位于山东鄄城到郓城之间，属于兖州的济阴郡，具体位置就在济阴郡和东郡之间。

战斗发生在兖州曹操的地盘上，证明这次曹操是自卫反击，曹操跟陶谦的这次交手只是袁绍、袁术两大阵营之间数次交锋中的一次，此时主角还是袁绍，曹操在兖州刚刚立足还是个小配角，而袁术那边的主力是公孙瓒，陶谦也是助攻而非主攻，虽然都是配角，战斗的激烈程度却并不输给主战场。战斗结果，袁绍将

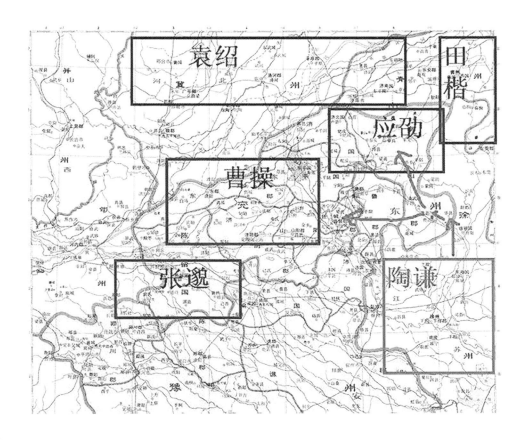

公孙瓒赶回幽州，曹操也把陶谦打出兖州。

193 年夏，陶谦联合下邳阙宣再次进攻曹操的任城，但也只是骚扰。陶谦没放在心上，但曹操却记在了心里，他的这一番举动却激怒了曹操，曹操这样的狠人，你不惹他，他还要找你的麻烦，竟然还敢挑衅，上次那笔账还没跟你算呢，那就打你没商量了。

曹操的兖州处于冀州、豫州、青州、徐州的四面包围之中，是真正的四战之地，四面都是敌人。

这时，北面冀州、青州是袁绍的地盘，曹操暂时不能打那里的主意，那是友军的阵地，曹操还动不得。豫州之前是袁术的地盘，袁术这时被曹操驱逐到扬州去了，但袁术此时还有相当实力，也并不好打，曹操在地图上看了一圈，只有徐州的陶谦势力最弱，又是敌对阵营，而且最近频频派兵犯境，新仇旧恨，出兵的理由也有了，吃柿子拣软的捏，陶谦，都是你自己找的，这可怪不得我。

曹操决定对陶谦动手。当年秋，曹军从定陶出发，一路向南推进至彭城，与陶谦军彭城会战。彭城大战，陶谦军大败，死伤一万多人，泗水被血水染红，战斗之惨烈可见一斑。

曹操的徐州之行不仅是他自己的复仇之战（杀父之仇），也是部下们与老冤家的决战。陶谦上任之初将境内的黄巾尽数驱逐，这批黄巾在徐州无法立足，只好北上涌入青州、兖州，曹操收编的青徐黄巾，很多便来自陶谦的徐州，这些人故地重游，与陶谦再度相逢，可谓不是冤家不聚头。陶谦恐怕也意料不到，这批黄巾归曹操后，在曹操的率领下，居然这么快就杀了回来。

曹军将陶谦所部打得丢盔弃甲，曹军一路势如破竹，接连攻下十几座城，打得陶谦躲进城里不敢出来，这下陶谦算是领教了曹操的厉害。

大胜之后，曹军深入徐州继续扫荡，转向北进入兖州的泰山郡，收复了此前被徐州军占领的华、费二县。曹操杀人夺城，徐州被搅了一个地覆天翻，闹腾得鸡飞狗跳。

也就在这时，曹操的父亲曹嵩出事了。曹嵩早年在洛阳做官，家资巨富，不然也不会花钱买官。董卓进京后，因曹操积极起兵反董，故而曹操及其宗室成了由董卓把持的东汉朝廷的打击对象。嗅觉灵敏的曹嵩及时收拾金银细软，回了老家谯县。之后又举家迁到徐州琅邪郡（今山东临沂）避难。

曹操领有兖州，正值群雄割据，形成了以袁绍、曹操、刘表为一方，以袁术、公孙瓒、陶谦为另一方的两大军事同盟，两派冲突不断，时常爆发战争。这期间，曹操考虑到与徐州陶谦的敌对关系，一直打算将在琅邪避难的曹嵩接到兖州，并派遣泰山太守应劭带兵前去接应。

但应劭还没到，陶谦的兵却先到了。

就在曹嵩率子、妾离开琅邪，行至琅邪与泰山两郡交界时，遭陶谦派兵追杀。

陶谦探知曹嵩一行的行踪后，迅速派出部队前往堵截追杀。

被曹操打得损兵折将的陶谦，一提到曹操就咬牙切齿。现在报仇的机会终于到了，杀不过你，那就杀你的家人。

面对一群凶神恶煞般的士兵，曹家人毫无反抗之力。曹操的弟弟曹德被陶谦的兵杀死在大门里，曹嵩听到前院的喊杀声，带着小妾就往后院跑，想从后院翻墙逃走，但曹嵩的这个小妾体型过于肥硕，平常又不注意减肥，这时就害死了人，曹嵩一把年纪了，力气不如年轻人，抱着小妾往墙上举，结果举了好几次都没举上去，曹嵩累得满头大汗，只听喊杀声越来越近。

翻墙来不及了，曹嵩只好带着小妾躲进了厕所，但厕所哪是藏人的地方，陶谦的兵一路杀进来，见人就砍，转眼之间横尸遍地，为了不让一人漏网，这些人又开始满院子搜索，看看有没有漏网之鱼，很快就在厕所里发现了吓得抖作一团躲在厕所一角的曹嵩和他的小妾，陶谦的兵不由分说，上去一阵乱砍，将两人砍成肉泥。

等泰山太守应劭率人赶到，看到的是令人恐怖的一幕惨剧，曹氏上下几十口人横七竖八地躺了一地，血都已经干透。应劭见此情景吓得魂出七窍，眼下这情景，实在无法向曹操交代，应劭哪还敢回去，只好连夜北上投奔袁绍。

谁是谋害曹嵩的元凶？答案一目了然，谋杀曹嵩的元凶只能是陶谦。这个原本极为简单的问题，却因有着强烈反曹立场的小说《三国演义》的流行而被人为扭曲。

吴国官方史书《吴书》就认为是陶谦的部下张闿擅杀曹嵩，陶谦本人并不知情；而《吴书》偏袒陶谦的立场极为明显，有意为陶谦洗脱嫌疑。

但在正统史书，名列二十四史的《三国志》《后汉书》中，在陈寿和范晔为陶谦写的传记里，都对陶谦持批评态度。

按照《吴书》的说法，陶谦不仅无意加害曹嵩，反而派了两百名骑兵保护。真是令人感动，可是想想就在不久之前，曹嵩的儿子令徐州尸横遍野血流成河，就不禁令人发出感叹。假如这是事实，陶谦的胸襟真是比大海还要辽阔。

《吴书》对陶谦的粉饰，不仅没有起到作用，反而欲盖弥彰。《吴书》的记载漏洞百出，疑点重重。

按《吴书》的说法，陶谦派都尉张闿率骑兵两百前去护卫，张闿因贪财行凶。这个记载本身就不合逻辑，甚至可说是欺人之谈。

当时陶谦与曹操处于敌对状态，曹嵩就是为了防止遭到陶谦的毒手才举家逃奔兖州，此外，陶谦又是如何得知曹嵩举家迁移的消息的呢？曹操策划此事，为了安全一定是保密的，不可能去通知恨他要死的陶谦。那只能是陶谦自己打探到的。秘密探听仇家亲眷行踪，然后派兵前往，是去保护呢，还是去杀人？显然是后者的可能更大。

《吴书》亲陶谦、敌视曹操的政治色彩浓烈，因为它是吴国修的史书，而吴国孙氏与曹操可是敌人。《吴书》混淆是非为陶谦编故事的一个重要原因是，东吴孙氏与陶谦有着深刻的历史渊源，孙坚曾与陶谦结成同盟，而这个同盟恰恰是反曹操的。

再说曹操在兖州等老父到来，却等到了全家被杀的噩耗，曹操听到消息当场昏倒。大家一见主公晕倒，全都拥上来，捶背的捶背，掐人中的掐人中，忙活半天，曹操总算醒了，清醒后的曹操咬牙切齿，紧握拳头，他知道陶谦是在报复他。杀父之仇不共戴天，老匹夫，你等着，我定要把你剥皮抽筋，以解心头之恨。

曹操大聚文武，兵发徐州，声言要活捉陶谦，为惨死的家人报仇雪恨。

曹操率军一路杀入徐州，在彭城傅阳大败陶谦之后，曹军连下取虑（下邳郡）、睢陵（下邳郡）、夏丘（沛郡），所过之处，鸡犬不留。

曹军每下一地，便大肆屠城，徐州百姓被曹军所杀的多达数十万，泗水都被尸体堵塞。

依附于陶谦避难徐州的四方百姓几乎被曹操屠杀殆尽。曹操这招的确够狠。百姓是赋税粮饷兵员的来源，数十万人口是陶谦割据徐州逐鹿中原的本钱，也是与各方诸侯抗衡的资本。现在都被曹操杀了，陶谦元气大伤，从此一蹶不振。

但徐州百姓也由此恨透了曹军，后来才鼎力支持吕布、刘备跟曹操对抗，屡屡叛曹。

（三）曹操的文臣武将

曹操早已今非昔比，身边人才济济，谋臣勇将如云。

曹操最早起家靠的是曹氏本族的叔伯兄弟，打虎亲兄弟，上阵父子兵。经过几千年的实践检验，这已成为真理。曹操初创大业，前途未卜，并不为世人看好，曹操率领数千人马讨伐董卓，在很多人看来就是送死，既然是送死，自然没人愿意去，曹操能用的也只有曹氏宗族。曹操的自家人除了曹氏，还有夏侯氏，曹家军中，两者的待遇和受到的信任几乎没有分别，既然是两姓，为何不分彼此？这还要从曹家和夏侯家的关系说起。

曹与夏侯本一家：

曹操的父亲曹嵩本姓夏侯，虽然过继给曹家，但跟本家仍有联系，毕竟是亲戚，打断骨头连着筋。

曹氏、夏侯氏都是豫州沛国谯县人。但是曹氏自曹腾起，门第兴盛，曹家族人很多都因曹腾的关系，步入仕途，在朝为官。曹氏门第因之显赫。曹腾身历数朝，汉桓帝等都对他信任有加，养子曹嵩做过太尉；弟弟曹褒官至颍川太守，曹褒儿子曹炽官至侍中、长水校尉；另一个堂侄曹鼎做到了尚书令。

反观夏侯氏，祖上从未有人做过大官，至多只能算土豪，政治上并不强势。

为谋求发展，夏侯氏利用自己跟曹嵩的关系逐渐向曹氏靠拢。曹氏虽然靠曹腾发迹，但在士大夫中口碑不错。夏侯氏中夏侯惇、夏侯渊（夏侯渊为夏侯惇族弟，则他们至少不是同一祖父）都看中了在士大夫口中颇有声誉的曹操。

夏侯惇（？—220），字元让，豫州沛国谯县（今安徽亳州）人，十四岁时才拜师读书。夏侯惇读书虽晚，但十分尊师重道，对老师很尊敬，天地君亲师，老师在古人心目中的地位是相当高的，偏偏有人在大庭广众之下羞辱夏侯惇的老师，夏侯惇听说后，二话不说提刀直奔仇家而去，砍死了欺辱他老师的人，从此，夏侯惇在家乡就出了名，无人敢惹。

夏侯渊，字妙才，豫州沛国谯县（今安徽亳州）人，夏侯惇族弟。

当时曹操正辞职在家，夏侯惇、夏侯渊充分利用这个难得的时机接近曹操。

曹操曾被卷入官司，夏侯渊主动替曹操入狱，令曹操深受感动，后来曹操多方奔走积极营救，救出夏侯渊。从此，两家的关系更为紧密。

夏侯渊还娶了曹操的小姨子为妻，二人成了连襟。

曹操在陈留起兵，夏侯惇、夏侯渊率先来投奔。曹操当时行（临时代理）奋武将军，以夏侯惇为司马，夏侯渊为别部司马。而两个堂弟曹仁和曹洪（曹操、曹仁和曹洪互为堂兄弟）也以别部司马跟随曹操。

曹仁（168—223），字子孝，豫州沛国谯县（今安徽亳州）人，从小就爱骑马打猎，曹操起兵，曹仁自然也追随在曹操身边。

曹洪（？—232），字子廉，豫州沛国谯县人（今安徽亳州）。汴水之战，曹操大败，连马都丢了，要不是曹洪在危急时刻把自己的马让给曹操，曹操在汴水就殉难了，也就不会有后来的魏国。曹洪将马让给曹操，自己徒步随行，又找船将曹操送过河，在战场救了曹操一命。

夏侯兄弟、曹家兄弟都用实际行动证明了自己对曹操的忠诚，曹操终其一生也对夏侯和曹氏宗室子弟们给予了最大的信任。曹操一生多疑，身逢乱世也不得不如此，但对这些跟随自己出生入死的兄弟，曹操做到了共患难、共富贵。

汴水之战后，又是夏侯惇陪着他一起到扬州募兵。

曹操做了兖州牧，立即任命已经升为折冲校尉的夏侯惇兼任自己先前担任的东郡太守，征徐州时又让夏侯惇留守兖州。这时候，曹操只有兖州一块地盘，让夏侯惇看家，曹操对夏侯惇倚任之重可见一斑。

帐下大将：

乐进（？—218），字文谦，阳平卫国（今河南清丰）人。乐进个子不高，长得也其貌不扬，但打起仗来却特别勇敢。

起初，乐进只是曹操帐下一名小吏，但近水楼台先得月，因为在曹操身边的关系，乐进很快被慧眼识才的曹操发现，曹操善于用人，对于这一点，连曹操的敌人诸葛亮、孙权等人也不得不承认。曹操为了扩充兵员，派乐进回乡招兵，很快乐进就带着一千多人归来，圆满完成招兵任务，令曹操刮目相看。

有人也许会问，不就招了一千多人，也没什么了不起，罗贯中的小说里，战争动辄就是十几万、几十万人的规模，一千多人实在微不足道，但罗贯中先生写的是小说，既然是小说就得允许人家做艺术加工，进行合理的想象，把几万人吹成几十万，也很平常。

罗贯中先生坐在家里写小说，他想当然地认为只有几十万军队大场面的混战才壮观，才有气势，至于那几十万人从哪里找，又如何供应这样庞大军队的粮草，就不在他老人家的考虑范围之内了，只要小说够精彩就行。

后汉三国年间，由于连年的天灾人祸，人口跟汉朝兴盛时已没法比，兵自然也不多，罗贯中写的官渡之战说袁绍有七十万大军，过于夸张，当时全国的军队，大小军阀的兵力总和也只能勉强达到这个数，袁绍自己无论如何是养不起这么多兵的。

话说回来，曹操在兖州时，手下也只有几万人，乐进在自己的家乡，一次能召来一千多人，实在不容易。

于禁（？—221），字文则，兖州泰山郡巨平（今山东泰安南）人。于禁最早是鲍信的部将，黄巾军攻入兖州时，鲍信招兵，于禁带着一伙人投奔鲍信打黄巾，后来鲍信战死，曹操做了兖州牧，这时于禁在王朗手下，王朗觉得于禁是个人才，自己又是文官，让这么一个能征惯战的武将留在自己身边实在屈才，就把于禁推荐给了曹操。曹操找于禁谈话，经过一番了解，曹操发现于禁是个将才，就把于禁留在身边带兵。

以后乐进和于禁跟随曹操南征北战，成为曹操手下最能打的主力战将，也是曹操版的五虎上将中的成员。另外三人分别是张辽、徐晃、张郃。这三位生猛的仁兄随后即将上场。但这三人跟前两个不同，他们的身份比较特殊——降将。此时张辽的主公是吕布，徐晃的主公是杨奉，而张郃的主公是曹操现在的大哥、未来的敌人袁绍。

典韦（？—197），兖州陈留己吾（今河南商丘）人。典韦跟乐进两人在身材上简直是两个极端，典韦高大威猛，乐进则短小精悍。典韦跟夏侯惇经历相似，也曾是一位快意恩仇的豪侠。

典韦跟襄邑刘家关系很好，而刘家跟睢阳的李永有血海深仇，典韦决定为自己的好友报仇，但李永当过富春县令在当地很有势力，而且因为亏心事做得太多，平常出入都带着一大堆保镖，保卫工作做得相当严密，想要找机会下手并不容易。

典韦为了杀李永，特意找来一辆马车，并在车上装满美酒佳肴装成上门送礼的人，典韦将马车停在李家大门外，专等李家开门，因为平常给李永家送礼的人特别多，所以典韦的举动并没引人注意。

等李永一大早走出门，典韦装作上前施礼，等走到李永跟前，突然掏出藏在怀里的匕首照准李永的胸口就是一刀，将李永杀了。这时李永的老婆正在旁边，典韦一不做二不休干脆连李永的老婆也一起杀了，整个过程发生在几秒钟之内。这时正是一大早，李永的家也在繁华路段，街上人很多，大家被典韦的这一系列动作给弄傻了，全都愣在那里。

典韦杀完人，从车上取下手戟，大摇大摆沿着大街出城扬长而去，街市上的人有好几百，没人敢阻拦，李家的保镖打手听到消息拿着刀枪棍棒追出来，却也不敢靠近。所谓追，其实就是远远地保持距离，一路尾随地把典韦送出来。走了四五里路，典韦遇上接应的同伴，就这样圆满地完成刺杀任务。经过这事，典韦在当地也成了家喻户晓的名人。

关东联军起兵讨伐董卓，典韦也从军入伍，投到张邈军中，当时军中的牙门旗也就是帅旗很大，旗杆也粗重，一般人根本扛不动，但典韦只用一只手就能轻松举起帅旗，这让他的上级司马赵宠惊叹不已，后来把典韦推荐给了夏侯惇。

典韦跟着夏侯惇打了几仗，表现出色，夏侯惇见典韦勇力过人，为人质朴忠厚，武艺出众，就推荐给了曹操当贴身侍卫。从这之后，典韦就一直忠心耿耿地追随曹操，不离左右，保护曹操，直到生命的最后一刻。

曹操的谋士智囊：

说到曹操的谋士，在三国史上值得大书特书，真可谓人才济济。曹操堪称伯乐，知人善任，不仅能招而且会用。曹操手下的这些谋士，个个都是熟读经典，精通韬略。要让这些人真心服气，没真才实学、雄才大略是镇不住的，能识人、会用人，乃是古往今来成就大业者的共同特征，而曹操在其中亦是佼佼者。

曹操能成就一番霸业，谋士们功不可没，而曹操的谋士也确实很多，在人才储备和使用上，曹操比刘备和孙权占有绝对优势，仅仅从数量上比较，就不在一个层次，刘备、孙权之所以没能统一全国，人才匮乏始终是软肋。

曹操谋臣如云，若列出来，再一一介绍他们的经历特长和他们的传奇人生，那是可另写一本书的。这里只说几位主要的谋士。

曹操在兖州已有了自己的参谋班底，虽然还只是个雏形，但已经具有相当实力。曹操在攻城略地的同时也在访求贤士，四处搜揽人才为己所用。以后陆续有很多人加入进来，这里只说曹操在兖州时的几个谋士。

王佐之才——荀彧，曹操的首席谋士、军师。

在曹操阵营中，荀彧的地位相当于刘备阵营的诸葛亮。这是个在历史上颇多争议的人物，关于他的事后面还要详说。

荀彧（163—212），字文若，豫州颍川郡颍阴（今河南许昌）人。

东汉时，地处中原腹地的颍川乃是经济文化繁盛之地，名士辈出。朝中许多高官都是颍川人，颍川有许多以诗书传家，世代为官的家族。这些家族人脉宽广，又精通儒学经典，几乎垄断仕途，族中子弟多在朝廷为官，这又为后生晚辈进入仕途提供了便利，如此往复循环，成就了东汉一朝的儒学世家。荀彧出生的荀氏家族就是其中之一。

荀彧的祖父荀淑，字季和，做过朗陵县令。别看官不大，政治影响力却不可小觑，那时著名的名士王畅、李膺都曾拜荀淑为师。

王畅（？—169），字叔茂，兖州山阳郡高平县人。

王畅当过齐王的国相、司隶校尉、南阳太守，四次征拜尚书令。

李膺（110—169），字元礼，豫州颍川襄城（今河南襄城）人。李膺做司隶校尉时因与太学生交游广泛，并反对宦官专权而闻名于世，是太学生心目中的"天下楷模"，时人以成为李膺的座上客为荣，视之"登龙门"。

李膺的名气极大，其好友陈蕃、杜密、王畅等人也备受士大夫崇拜。太学生视他们为正义和知识的化身。

当时人编了顺口溜："天下模楷李元礼（李膺），不畏强御陈仲举（陈蕃），天下俊秀王叔茂（王畅）。"

王畅、李膺在当时都是名士领袖，偶像级人物，能让这两位拜服，荀淑的知名度和影响可想而知。

荀淑有八个儿子，人称荀氏八龙。荀彧的叔叔荀爽就是那个被董卓刻意提拔，只用了三个月从布衣百姓变三公的传奇人物，董卓之所以越级提拔荀爽就是看中了荀家的名士大族背景，拉拢名士们向自己靠拢。

荀彧的父亲荀绲做过济南相。荀彧年轻时名气已经很大。南阳著名人物鉴赏家何颙，对荀彧评价极高，称荀彧有王佐之才。

年轻的荀彧也是一位翩翩佳公子，长得仪表堂堂，又出自书香门第，将来的前途不可限量，自然也吸引了不少年轻姑娘的芳心。但荀彧的婚姻却跟诸葛亮一样颇有戏剧性。东汉是个宦官猖獗的时代，尤其是掌权的大太监权势极大，就算是朝廷高官也无人敢惹，中常侍唐衡有个养女到了该嫁人的年纪，就想找个名士把女儿嫁了，但名士们又有谁愿意娶个太监的女儿，自降身价呢，名士是最看重出身的，以清流相标榜的他们又岂肯与浊流的宦官势力联姻。

起初，唐家想把女儿嫁给汝南名士傅公明，但傅公明死活不愿意，宁死不从。荀彧的父亲荀绲得知后，认为这是巴结中常侍的好机会，也没征求荀彧的意见就自作主张为荀彧定了这门亲。因为荀彧的品德高学问好，并未因此受到太大影响，换成旁人，恐怕早就名誉扫地了。

董卓掌权时，荀彧正好也在洛阳，荀彧见董卓独断专行倒行逆施，知道董卓得不到士大夫的支持，垮台是迟早的事，京城早晚必乱，于是三十六计走为上计，托人找关系谋求外任，后来干脆辞官回乡。

荀彧的家乡颍川离洛阳很近，战略地位重要，历来是兵家必争之地，荀彧预感到天下即将大乱，而与京师近在咫尺的颍川必定首当其冲。城门失火，殃及池鱼。荀彧不想做鱼，也不忍心看家乡父老遭受兵火，劝父老尽早远离此地，可惜大家没把这个年轻人的劝告放在心上，荀彧苦劝无效只好自己收拾包袱准备到外地避难，正好冀州牧韩馥派人来请，于是，荀彧带着家人离开家乡踏上去冀州之路。

荀彧到冀州不久，冀州易主，新任冀州牧袁绍也是名士出身，且是东汉名门，名望势力远在荀氏之上。

作为新生代名士领袖的袁绍对出身背景相似的荀彧也特别看重，对荀彧礼遇有加，荀彧的弟弟荀谌，字友若，跟同为颍川人的辛评、郭图也都在袁绍手下做谋士。

袁绍看好荀彧，荀彧却不看好袁绍，而相中了曹操。

这时的袁绍正处于事业上升期，人气很高，曹操还是个要靠袁"关照"的小弟。初平二年（191），曹操还只是一个奋武将军，地盘也只有可怜的东郡，但荀彧仍毫不犹豫地投向曹操。这在当时人看来有些匪夷所思，但这也正是荀彧的高明之处，荀彧看好了曹操，他认定此人是当世英雄，也只有他可以平定天下，令

逐鹿中原

饱受涂炭之苦的百姓远离战火烽烟。

曹操早就听说过荀文若的大名，听说荀彧来投自然十分高兴，热情招待。交谈之下，曹操发现荀彧才华出众、见识不凡，高兴得像捡到宝贝，曹操对众人说："文若就是我的张良啊。"当下任命荀彧做自己的司马，这时荀彧才二十九岁。

荀彧没有辜负曹操对他的期望，在曹操戎马生涯中几乎每个重要的时刻，都能看到荀彧的敏锐智慧。

荀彧统揽全局，眼光长远，为曹操争雄中原出谋献计。荀彧虽比曹操小几岁，但曹操一直对荀彧十分敬重，不但言听计从，甚至将自己的根据地，连同受挟制的汉献帝，都交给荀彧全权掌管。

曹操把自己的大后方完全交给了荀彧，曹操一生多疑，但对荀彧的信任倚重却超出想象。而荀彧也兢兢业业地干好自己的本职，让远征在外的曹操免除后顾之忧，全力在战场上打拼，两人一主内一主外，配合默契。

在曹操的信任与充分放权下，荀彧的治国才能得到了充分发挥。荀彧就如曹操所说，堪比高祖的张子房，运筹帷幄之中，决胜千里之外。每当曹操有疑难必向荀彧求教，荀彧也通过书信为曹操解疑释惑。曹操说得没错，荀彧就是他的张良，甚至比张良的作用更大。

荀彧不但才华出众，而且知人善荐。他先从袁绍，袁绍待之如上宾，而且当时袁绍的势力远远大于曹操，但他还是义无反顾地从袁绍府邸出走投靠曹操。

人才的流失，似乎预示了袁氏未来的命运。与荀彧做出相同选择的还有郭嘉，当时两位最具才华的谋士不约而同地投向曹操，表明曹操已经渐渐得到名流士大夫的认可。

荀彧不是自己一个人来的，此后他又陆续向曹操推荐了一大批人才，这其中包括了像郭嘉、程昱、戏志才、钟繇、司马懿这样大名鼎鼎的人物。荀彧更让人信服的是他高风亮节的道德风范。他为人谦和有礼，折节下士。不仅曹操对他礼敬有加，同僚下属也对其推崇备至。

被曹丕称颂为"一代伟人"的著名谋士钟繇，对荀彧佩服得五体投地，称荀彧为颜渊再生，所谓"能备九德，不贰其过，唯荀彧然"。司马懿更不吝溢美之词说："耳目所从闻见，逮百数十年间，贤才未有及荀令君者。"司马懿是何等人物，不必多介绍，他能对一个人推崇到如此地步，十分罕见。不单司马懿，传说曹操也曾三顾茅庐请荀彧，不知是否确有其事，但曹操对荀彧的重用几乎可以用依赖来形容。

荀彧北上冀州后，董卓派李傕、郭汜到关东抢劫，颍川成了重灾区，留在颍川的人很多都成了李傕、郭汜的刀下之鬼，荀彧的先见之明让他得以远离兵祸保全身家。

程昱（141—220），字仲德，兖州东郡东阿县人。

184年，黄巾军起事，各地群起响应，程昱的家乡东阿县所在的兖州是黄巾军活跃的地区，也被卷进战火，东阿县丞王度直接起兵响应黄巾，并带人火烧府库，制造声势。顷刻间，大火燃起的浓烟弥漫全城，王度趁机率领一帮手下鼓噪呐喊，虚张声势，一来给自己壮胆，二来借以威慑县署。

起初颇为顺利，在他们的一番造势下，县城陷入一片混乱，县令大人带头逃跑，百姓见县令都逃了，也跟着纷纷逃进县城附近的渠丘山避难。

混乱中，人心惶惶，大家只顾逃命，只有年轻的程昱冷静地注视着眼前发生的一切，在程昱看来，王度这些人不过是乌合之众，所以程昱虽然也出了城却没有走远，反而派人去打探王度等人的动向。

不出程昱所料，王度等人见百姓逃散，只剩空城一座，并未趁机据守，而是出城，在城西五里外安营。人蠢到这个地步简直无药可救，程昱也因此看清了王度等人不过是想趁机劫财，并无远略，心中已然有了对敌之策。

程昱找到县中大户薛房说："如今县令大人不知所踪，王度等人虽猖狂一时，但我观此辈并无勇略，不费力气得来的城池却不守，这说明他们并不可怕，不过想趁乱劫财生事，现在他们主动弃城，这正是天赐良机，我们与其躲在山里不如回县城去，县城城墙高大，粮食又多，足够坚守，再找回县令大人齐心协力共同守城，如此，大家才能真正安全。藏身于深山之中并非万全之计，一旦被王度等人发现藏身之地就更危险了。只要我们在县城守上数日，王度等人抢不到财物又没有粮草，势必瓦解，还请您早拿主意。"

听了程昱的分析，薛房等县中的几个头面人物商议后，觉得有理，但几个大人物同意了，百姓和县中小吏却说什么也不肯出山回城，程昱费尽口舌，众人就是不为所动。

跟这些小民百姓说不清楚，只有用计了。

程昱找来几个人，让他们骑着马拿着旗帜跑到不远处的东山上摇旗呐喊，假扮做叛军在那里虚张声势，装作发现了躲藏的百姓的样子，与此同时，薛房等人按程昱的吩咐，看见东山上的人后，便在人群中大喊"贼人来了，快跑哇"，百姓和小吏们不知真伪，完全被忽悠了。

这时程昱、薛房等人按事前商量好的，带头往县城跑，百姓又惊又怕都跟着跑，就这样一口气跑回县城，在途中还顺便把已经逃跑的县令大人给捡了回来。

在程昱的指挥下，大家从慌乱中镇静下来，开始布置守城。等王度一伙发现县城又被人重新占领，再回来攻打时，城里已经有了准备。

王度攻城不下，正欲退走，程昱瞅准机会率吏民开城追击大破叛军。王度败走，东阿县的反击保卫战最终在程昱的指挥下以胜利告终。

初平年间，兖州刺史刘岱曾辟召程昱，但程昱对刺史大人的邀请十分冷淡。当时刘岱处于袁绍、公孙瓒两大势力之间，不得不两面讨好。袁绍的家人曾住在刘岱处，公孙瓒也派从事范方带兵屯驻兖州，帮助刘岱保境安民。

但不久，公孙瓒跟袁绍闹翻，两家兵戎相见。开始公孙瓒一度占据上风，随即以胜利者的姿态派使者向刘岱要人，要刘岱将袁绍的家眷交给自己，并命令范方："如果刘岱不交人，就把部队撤回来，等我打败袁绍再找刘岱算账。"

刘岱虽然也是一方诸侯，但实力最小，哪方也不敢轻易得罪，公孙瓒的要求令被夹在中间的刘岱左右为难，不知如何是好。

于是刘岱召集部下开会，商议对策。但讨论半天也讨论不出一个结果，因为想要两边都不得罪，拿出一个让双方都接受的方案，实在太难。

刘岱急得不知如何是好，这时兖州别驾王彧向刘岱推荐程昱："听说程昱此人甚有谋略，上次就是他平定了王度叛乱，不如将他请来，或许他会有办法应对眼前的危机。"

这时的刘岱已经是病急乱投医，赶紧令人把程昱请来。

程昱听了事情的原委，沉思良久，说道："大人想两边都不得罪是不可能的，只有支持一方，方为上策。小人以为大人还是支持袁绍为好，因为袁绍离我们近，公孙瓒跟我们之间还隔着袁绍，远水难救近火。所以与其得罪袁绍不如跟公孙瓒决裂。袁绍在近，若有事，朝发夕至。而且依小人看来，公孙瓒并非袁绍对手，早晚会被袁绍吞并。"

刘岱听从了程昱的建议，没有把袁绍的妻小交给公孙瓒的人，于是范方带着部队撤离了兖州。

过了不久，公孙瓒果然被袁绍打得大败，因为之前刘岱选择支持袁绍，这才避免一场大祸。刘岱听从了程昱的建议，事后看，完全对了。为感谢程昱，刘岱表奏朝廷任命程昱为骑都尉，程昱却借口有病婉言拒绝。在未遇明主之前，程昱并不打算出山。

黄巾军攻入兖州，刘岱战死，之后曹操做了州牧。

曹操到兖州后，听说了程昱的大名，也派人来请。程昱接到邀请，没有丝毫犹豫，马上打点行装上路，家乡人对程昱的举动都十分不解，说："前任刘刺史请您去做官，您百般推辞，现在曹州牧刚来找你，你就急不可待地前往，前后反差如此之大，不知所为何故？"程昱笑而不答。

程昱见了曹操，一番畅谈后，曹操对程昱特别满意，于是任命程昱做寿张县令。程昱跟荀彧成为曹操的亲信谋士。不久的将来，这两人就将肩负起拯救曹操的重任，曹操很幸运能得到两位智谋之士的辅佐。曹操很快就会知道两人对自己有多重要。

（四）再战徐州

汉献帝兴平元年（194），曹操为报杀父之仇同时也兼顾趁机扩大地盘的想法，决定再攻徐州。为攻徐州，曹操几乎带上了全部主力，只留下几个亲信守城，大部队全都开走对付陶谦，曹操这回算是下了血本，他相信大投入才会有大产出，但他忘了，投得多，输得也多。

曹操让自己的兄弟折冲校尉、东郡太守夏侯惇守濮阳，并告诉夏侯惇随时注意甄城方向的动向，如有意外，即使丢了濮阳也要保住甄城，之所以做这样的交代是因为曹操的家眷都在甄城，要是丢了可非同小可。曹操可不是刘备，没有"抛妻弃子的习惯"。

同时曹操让司马荀彧、寿张县令程昱守甄城，曹操相信以此两人的能力守住大本营不成问题。虽然两人都是文官，附近有夏侯惇策应，可以确保万无一失，安排妥当，曹操这才起兵。

曹军从兖州出发进入徐州琅邪郡，之后转向东南进攻东海郡，一路之上攻城略地如入无人之境，袁绍也派大将朱灵率兵助战，帮助曹操打袁术的盟友陶谦。

陶谦率军迎战，结果大败，不得已退保东海郯城。

此时徐州军已被曹军打得无招架之力，早在上次惨败后，陶谦就向盟友公孙瓒求助，公孙瓒接到求援信，马上派援兵。公孙瓒知道陶谦如果顶不住，袁绍在南方就少了一个敌人，徐州方面再不能从南面牵制袁绍，袁绍没了后顾之忧肯定会跟曹操联手，北上对付自己，救陶谦就是救自己，其中的利害关系显而易见。

公孙瓒派出的几路援兵中，有一路就有刘备。刘备是跟着自己的上司青州刺史田楷一起来的。

刘备手下原有千余人，是早年追随他的旧部，在幽州又收编了数千乌丸骑兵，之后陆续招募数千灾民，刘备苦心经营多年才有了数千兵马。

曹军气势如虹攻城略地势如破竹，陶谦眼见难以抵挡已做好了放弃徐州回扬州老家的打算。陶谦是扬州丹阳人，他的主力并非徐州兵而是他家乡的子弟兵——丹阳兵。

丹阳郡，三国时属扬州，在长江以南，丹阳东接吴郡，南连新都郡和潘阳郡，西北靠近庐江郡，之所以说丹阳，是因为丹阳兵很能打仗。

丹阳郡包括现在的南京、芜湖、铜陵、马鞍山等地。三国时丹阳兵名扬天下，陶谦能在徐州立足靠的就是手下的丹阳兵，丹阳兵虽能战，但遇上不世出的军事奇才曹操，加之陶谦本人并非帅才，再能打的兵也只能吃败仗。

刘备到徐州后，陶谦为笼络刘备尽心为自己抵挡曹操，便拨出四千丹阳兵给刘备，使刘备军力大增。

既然是援军，就是来解围助战的，获得补充后的刘备军，斗志高昂，摩拳擦掌，跃跃欲试，要与势头正盛的曹军一决高下。

开战之前，刘备做出了他人生中的一个重大选择，离开师兄公孙瓒，正式投奔陶谦。促使刘备做出决定的，很大程度上就是因为那四千丹阳兵。

陶谦这时正在郯城，曹操的大军随之打到东海，又返回找陶谦决战，直奔陶谦躲藏的东海郡郡治郯城而来。刘备奉命截击曹操，陶谦怕刘备兵力不足，让部将丹阳人曹豹做刘备的副将率兵助战。

两军在郯城以东遭遇，这是三国时代两大巨头曹操与刘备的第一次交手，一仗下来，刘备的部队垮了，相比于训练有素的曹军，刘备临时七拼八凑起来的杂牌部队显然要逊色很多，这支部队还没来得及形成战斗力就被曹操无情地击溃。

陶谦原指望刘备帮自己挡住曹操，结果刘备一仗崩溃，陶谦这回真的要逃了。就在陶谦准备逃跑，刘备准备闪人时，奇怪的一幕出现了，打了胜仗的曹军先撤了，动作比陶谦和刘备还快。

放着到手的徐州不要，突然撤兵，曹操的举动令陶谦跟刘备大惑不解，不知道曹操又在耍什么诡计。曹操虽然狡猾，用兵变化多端，神鬼莫测，但这回陶谦跟刘备还真冤枉了曹操，曹操的心里话：我是多么想攻下徐州，可是，不行，因为我还有更重要的事情去办。

曹操之所以把吃到嘴边的肥肉又吐出来，不是搞诡计，而是他后院起火，不能不回去。大本营出事，再不回去，就无家可归了，不能不撤兵。

出卖曹操的正是他昔日的好友——陈宫和张邈。

（五）兖州之叛

陈宫跟张邈曾经都是曹操的好朋友，而且还是交情特深的那种。

张邈（？—195），字孟卓，兖州东平寿张（今山东阳谷）人，时任陈留太守。

曹操起兵时，众人都袖手旁观，只有张邈派兵支持曹操。患难见真情，张邈与曹操的交情可以追溯到他们的童年时代，而他们的交情之深更是到了托妻献子的程度。曹操出兵徐州前，临行时特意叮嘱家人，我要是回不来（打仗这种事，胜负难料，所以先交代后事），你们就去投靠孟卓。孟卓是张邈的字，能把自己的家人托付于张邈，可见曹操对张邈的信任，曹操跟张邈至少曾经是生死之交。

陈宫（？—198），字公台，兖州东郡东武阳（今山东莘县）人。

陈宫并非当年在县衙放走曹操的县官，那是小说家言，陈宫乃当时名士，跟袁绍等风云人物都有交情，怎会屈尊去做一个小小的县令，这太委屈陈先生了。

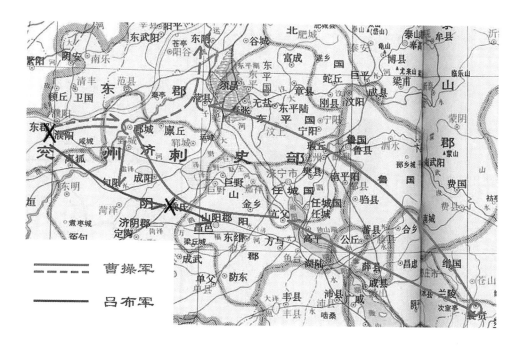

陈宫与曹操结下深厚友谊，不是在逃亡的路上而是迎曹操入兖州这件事。陈宫跟曹操虽然不像曹操跟袁绍、张邈是发小，但陈宫在曹操尚不得志时，鼎力支持曹操。那时，曹操还偏居东郡一隅，是陈宫以自己兖州名士的政治影响力说服州中众人，才让曹操成为兖州之主，曹操对陈宫的感激之情自不待言。

但时过境迁，两个曾经鼎力相助的战友，被曹操深深信任的人却在曹操背后捅了致命的一刀，好悬要了曹操的命，这又是为何呢？

张邈跟陈宫的背叛，说起来很复杂，主要的原因可以从这两位的身份上找到答案。

张邈、陈宫都是兖州本地人，名士，还是名士领袖。

曹操能入主兖州，离不开陈宫跟张邈的大力支持，东汉名士一般都是名家大族出身，这个道理不难明白。那时布衣百姓多是文盲，会写自己的名字就算不错了，很多人甚至没有名字，真正是无名之辈。读书只有大户人家的孩子才读得起，想赢得社会舆论的支持，在社会上有知名度，需要广泛的社会交际。交友，同样要时间与财力的巨大投入，这些都是寒门子弟承受不起的，所以想成为名士并不容易。

东汉朝廷名存实亡，帝国实际是被地方大族控制着，割据地方的军阀，不论袁绍、曹操还是袁术，只有跟当地豪强相处融洽才能混得开，搞不好关系的下场很惨，不是被赶跑就是被灭。后来的公孙瓒、吕布等人之所以失败，除了遇上袁绍、曹操这样的狠对手之外，就是因为没跟地方豪强打成一片。

二袁与曹操长在京师，自幼出入王侯之家，他们获得知名度并不费力，也更容易取得士大夫的认同与支持，他们自己也跻身名士之列，因而拥有广泛的影响力。比较而言，公孙瓒、吕布之流是典型的寒门，他们出身寒微，孤根独立，毫无声望，至于吕布甚至仅有的"名声"也是负面的，三姓家奴嘛。

吕布又何曾愿为家奴，到处认干爹，只是对于他这样缺乏背景与势力的人，想出人头地就不得不依附于各大势力。刘备的事例就更为典型，四处奔走，忽而北上，忽而南下，也不过是想寻求一个发展的机会，结果却是到处碰壁。有相同遭遇的还有孙坚父子，孙坚的身份与刘备类似，也是靠自己奋斗的寒门子弟，虽纵横一时，也不免战死沙场，即使不死在荆州，孙坚在中原的前景也未必美妙，他的儿子孙策及时意识到了这点，寒门子弟在名门世族云集的中原，难有出头之日，这才选择南下，终于在江东开拓出一片新天地。

刘备醒悟得就比孙策晚，也因此比孙策遭遇了更多的挫折。与孙坚同时代的刘备，在中原各处辗转漂移十余年，虽曾一度跨州据郡，跻身封疆大吏，但最终还是被赶了出来，又错过了在南方发展的最佳时机。

话说回来，曹操之所以被两个曾经的好友出卖，起因就是与兖州本土势力闹翻，得罪了兖州的士大夫。作为兖州名士领袖的陈宫跟张邈自然要摆曹操一道。有人会问，曹操跟名士们的关系不是很好吗，怎么会闹翻？

这还要从曹操的令人尴尬的身份说起，尽管曹操出道以来一直想洗白出身，以名士而非宦官子弟的身份建功立业，之前在洛阳乱棒打死太监的叔叔，为遭党锢迫害的士人鸣冤叫屈，也是为此，并赢得部分士人的认同，但还是有很多自命清高的士大夫看不起曹操。

这些年，曹操讨伐董卓，"围剿"黄巾，为国家尽心尽力，兖州若非曹操，可能早已沦入黄巾之手，但那些轻视曹操的人对此熟视无睹，态度依旧，轻视依旧，背地里对曹操说三道四，当然不是好话。

即使曹操做了兖州牧，这些人依旧我行我素，其中以兖州名士陈留边让最为典型。

起初，曹操对此虽有不满，但也未作声张。曹操知道这些人不能轻易得罪，自己初来乍到，据守兖州需要地方势力的支持。公孙瓒、袁绍甚至袁术之流，一直对兖州垂涎欲滴，都想插一脚进来，外有强敌，就不能有内忧，陈宫等人的支持十分必要，袁绍虽然给了曹操名分，但真正起作用的还是本地的世家大族。

曹操的首席大谋士荀彧就把兖州比作刘邦的关中、刘秀的河内，这两位西东汉朝的开创者都有稳固的根据地进而夺取天下，荀彧将兖州比作关中、河内，就是提醒曹操，兖州对曹操的重要程度，根本之地，不容有失。曹操当然也清楚荀彧之意。

但随着曹操在兖州势力的强大，双方的矛盾和冲突不断升级。曹操越发不能容忍边让对自己的轻视，而边让自以为名重天下丝毫未觉察到危险。

边让之所以行事我行我素不计后果也是有原因的，边让在当时的名气与孔融不相上下。大将军何进掌权时，仰慕边让才名，曾将边让招进大将军府成为座上客。名高天下的蔡邕也对边让的才学赞赏有加，与边让交往的全是才子清流士大夫，他怎么会瞧得起宦官子弟曹操，更让曹操愤怒的是，边让从不掩饰自己对曹操的鄙视和蔑视，在各种场合总找机会对曹操冷嘲热讽。

曹操在心里早就给边让判了死刑，只是在等时机，可边让自我感觉良好，认为曹操不敢把自己怎样，边让不知自己死期将至，曹操终于下决心杀边让，就在出兵徐州之前的兴平元年（194）。也许是压抑了太久的愤怒，曹操不仅杀了边让，连同边让的整个家族三百多人全部处死，边让的被杀在兖州引发了政治大地震。

事情远不只此，曹操在此之前已经杀了另一个名士王匡。

王匡，字公节，兖州泰山人。王匡就是之前参加关东联军在黄河边上被董卓打败几乎全军覆灭的那位。王匡跟张邈、曹操一样也曾是名士兼豪侠，在当地也是个有势力的人物，做过河内太守，跟曹操曾经是战友。

关东联军起兵讨董后，董卓一度想与联军讲和，派出一批谈判使者到各诸侯军中谈判，但各路诸侯按盟主袁绍的意思，为表示跟董卓作战到底的决心，纷纷斩杀来使，董卓派到王匡处的使者是王匡的妹夫胡母班（胡母乃复姓），董卓显然是想利用亲戚关系拉拢王匡，但王匡却严格执行了袁绍的命令大义灭亲，流着泪杀了胡母班，这下将胡母氏彻底得罪了。

王匡兵败回到兖州，却没去投靠兖州的最高长官曹操，而是投了陈留太守张邈，曹操表达不满的方式很直接，派兵诛灭王匡。

曹操杀王匡令张邈深感不安，张邈认为曹操此举是冲着自己来的，王匡是自己的人，曹操杀王匡，下一次就难保不会对自己下手。张邈跟袁绍不和，袁绍曾让曹操杀张邈，曹操没同意，这曾令张邈深受感动。但后来张邈与曹操走得越来越远。张邈与袁绍的仇人吕布把臂言欢，两人结成同盟相约共同对付袁绍，而曹操跟袁绍此时彼此需要亲密无间，好得恨不得穿一条裤子。曹操杀王匡让张邈没有了安全感，张邈想与其等曹操动手，不如自己先下手为强，而曹操带兵远征给了张邈一个倒戈的好机会，但曹操对此似乎并未有所察觉。

与张邈一样，陈宫的叛变除了边让的被杀，也是因为缺乏安全感。应该说，曹操对陈宫还是不错的，曹操东征徐州，让陈宫领兵屯驻东郡。许多人对陈宫背叛曹操不理解，但他们哪里知道陈宫的苦衷。

陈宫也是一方豪杰，在兖州呼风唤雨，但自从曹操来了以后，陈宫总有一种被边缘化的感觉。

曹操入主兖州的大功臣陈宫是兖州东郡人，他自认为有功于曹氏，曹操让自己做一个东郡太守很平常，礼尚往来嘛。

陈宫以为曹操的兖州牧是他争来的，自己理所当然应收到回报。当然陈宫这话是心里想的可没向外说，他觉得理所当然，但曹操当上州牧后却宣布夏侯惇为东郡太守，更让陈宫不满的是，自己还要服从夏侯惇的指挥，夏侯惇不过是靠亲戚关系上位的小卒，自己一个名士豪杰反而要受制于一介武夫，这让陈宫难以接受。

边让的被杀、张邈的窘境让同为名士的陈宫难免产生兔死狐悲之感，陈宫觉得自己当初把曹操请来就是个错误，他决定改正错误，重新选人。

既然能把你迎进来也能把你赶出去。不久，陈宫跟张邈，两个不得志的人一拍即合，在曹操出征前夕，两人达成协议，驱逐曹操，另立新人，对这一切，曹操浑然不觉。

既然决定换人，那换谁好呢？既然错了一次，就不能再错第二次。于是，陈宫、张邈召集亲信心腹开会，与会者有张邈的弟弟广陵太守张超、从事中郎许汜、王楷等人。

会上，陈宫首先发言："如今天下大乱，兖州乃中原大州，诸位都是当代豪杰，今反而受制于人，现在州军东征徐州，不如迎接吕布入主，吕布是当世英雄，如与吕布联手，定能干出一番大业！诸君意下如何？"陈宫的发言得到在场众人的一致附和，事情就这么定下，陈宫派人迎接吕布。

一个天大的馅饼砸到了吕布的头上。

吕布这时正走投无路，有人主动上门送地盘，他自然笑纳了这份厚礼。吕布带着自己的部队进入兖州，兖州郡县大都控制在地方大族手中，陈宫正屯兵东郡，张邈则在陈留。在陈宫、张邈两位名士领袖的带领下将吕布迎入濮阳，兖州几乎举州叛曹。

曹操在兖州只剩下甄城、东阿、范县三座城池，差一点无家可归，这仅剩的三座县城，要不是荀彧、程昱、夏侯惇等人的坚守也恐难保住。曹操此时远在徐州，形势对曹操来说没有最糟只有更糟。

此刻，谁在兖州的根基更深，各城的态度已经说明了一切，只有荀彧等人守着甄城苦苦支撑。张邈为将曹操彻底逐出州境，派刘翊告诉坚守甄城的荀彧："吕将军是为助我攻陶谦而来，请备好军粮。到时出城犒赏大军。"张邈想用计骗荀彧出城，一举拿下甄城，将曹操在兖州的最后几个据点一并拔除。

但张邈显然过高估计了自己的计谋，也低估了荀彧的智谋，三国时代可与诸葛亮比肩的曹操首席大谋士荀彧，岂是张邈此种小把戏能欺骗的，荀彧得知张邈背叛，第一反应就是急召屯驻濮阳的夏侯惇迅速回援甄城。

夏侯惇接到荀彧的书信，知道事情紧急，甄城若有闪失，自己无法向曹操交代，当即紧急集合部队。为赶时间，辎重粮草也顾不得带，全军轻装上阵，半路上正好与吕布狭路相逢。这时，夏侯惇急着赶路无心恋战，吕布也急着抢地盘，大家都有正事要办，于是很默契地"匆匆别过"，各奔东西，吕布进濮阳，夏侯惇去甄城。

吕布进了濮阳城，夏侯惇留下的粮草都归了他，发了财的吕布还不依不饶，派人假装投降混入夏侯惇大营。夏侯惇正在稳定人心，听说有人来降，也没多想，为了显示自己的亲民姿态，夏侯惇亲自接见，而这时他的身边只有几名卫士，七八个降将进帐叩头跪拜，夏侯惇赶忙用手相搀，就在这时，意想不到的事发生了，几个降将突然跃起，拔出藏在身上的匕首将夏侯惇劫持，身旁的几个卫士还没反应来过就被一把把匕首捅入心窝。

因为事情发生得过于突然，尽管周围都是夏侯惇的人，可谁也没防备会发生这事，见主将被劫全都慌了，一时没了主意。

就在这时，夏侯惇的部将韩浩挺身而出，出来指挥。韩浩令人守住营门，派人到各营传令，全军将士待在原地不准乱动。同时，韩浩率领亲兵卫队数百人把夏侯惇的中军大帐团团包围。

几个劫持犯本想趁机勒索些金银财宝，没想到韩浩根本不予理睬，带着卫队步步逼近，冲着几个劫持犯喊道："胆大妄为的毛贼，竟敢劫持将军，还想活命吗？我受命讨贼，不要以为劫持了将军，就奈何你们不得，告诉你们，我不会因为将军就放过你们，弟兄们，上，砍死这些叛贼。"说着挥手招呼亲兵们往前冲，同时看向夏侯惇哭着说："将军，事到如今，我也只能如此了。"

几个劫持犯见韩浩来真的，也慌了，一个个丢下兵器，倒地跪拜投降，韩浩令人将几个劫持犯五花大绑，审讯后，推出辕门斩首示众。一场危机成功化解。在这场人质劫持事件中，韩浩立下大功。

韩浩，字元嗣，河内人，早年跟随太守王匡讨伐董卓，韩浩的舅舅杜阳当时正任河阴县令，董卓扣留杜阳让他给韩浩写信劝降，韩浩不为所动，因此扬名，在联军中有了名气。

夏侯惇也是轻生死重大义的豪侠，看中了韩浩，将韩浩招入麾下。没想到，关键时刻，韩浩临危不乱，救了夏侯惇一命，也间接救了曹操。兖州这时也只有夏侯惇一支能战之师，失去主将，必然群龙无首，这支部队也将难以发挥作用，而荀彧之所以能守住甄城，靠的就是夏侯惇这支生力军。曹操后来听说此事，对韩浩也夸赞有加，之后，韩浩一路高升，做到了中护军，统领禁卫军，成为曹操的亲信。

夏侯惇虽受了一番惊吓，但总算有惊无险，继续赶路。

这时即使是曹操的大本营甄城也不太平，夏侯惇到后，一夜连杀数十人，才稳住形势。内部刚安定，又有人报告，豫州刺史郭贡领兵数万直奔甄城而来，郭贡这时前来明显动机不纯，刚刚安定的人心瞬间又慌乱了，有人已准备打点行装，危急时刻，大家将目光全都聚集到荀彧身上，期盼他拿主意力挽狂澜。

郭贡部下数万，此番前来不知是敌是友，曹操打徐州将主力部队尽数带走，城里即使加上夏侯惇部，人马也不多，对方若执意进攻，甄城在几万人围攻下，能否守住，谁心里也没底。看着周围一双双焦虑的眼神，荀彧镇定自若。这时，郭贡派人来请荀彧出城相会。荀彧微微一笑告诉来人，自己会准时赴会。

来人走后，众人大哗，大家都认为不能去，太危险，夏侯惇反应尤为激烈，强烈反对，对荀彧说："您万万不能前往，如今千斤重担在您肩上，郭贡请您出城明显是不怀好意，您若有什么不测，兖州就危险了。您千万不能去！"

荀彧听了，微笑着说："郭贡与张邈等人素无往来，张邈反叛不久，郭贡便来了，显然他们尚未串通，郭贡此番前来意在试探我们，如果我们闭门不出，郭贡就会认为我们怀有敌意、心虚胆怯，到时恼羞成怒就会跟张邈等合谋，那将对我们大大不利。现在趁郭贡主意未定，我出去晓之以理动之以情，就算不能为我所用，能让他们保持中立也好。"

于是，荀彧只带了几个随从出城来见郭贡，郭贡没想到荀彧敢出来，忙设宴款待，酒席宴上，郭贡察言观色，见荀彧谈笑自若，毫无胆怯之意，以为甄城已有准备，不然荀彧不会如此气定神闲，更不敢出城相会，看来自己占不到便宜。于是跟荀彧客气一番，带兵走了。

望着郭贡远去的背影，荀彧长出了一口气。

整个兖州在陈宫、张邈的鼓动下，差不多都易帜反叛。但临阵倒戈这种事在当时很常见，带有普遍性，这时吕布军中也有人叛逃，并来到甄城向荀彧投诚密报：不久，陈宫将亲自带兵去攻东阿，并派氾嶷去攻范县。吕布则亲统大军来攻甄城。

形势危急，荀彧马上调整部署，分兵派将准备迎战。荀彧找来程昱商议说："现在兖州只剩三城，陈宫等人带大兵去攻东阿、范县，那里需要持重之人坐镇指挥，否则两城难保，您在本地素有声望，只有请您辛苦一趟了。"程昱知道这是荀彧对自己的信任，身为人臣，守土保境，义不容辞，当即领受了任务，前往范县，县令靳允将程昱等人迎接入城。

此时范县县令靳允的家眷都在吕布手上，程昱得知此事后，知道必须安抚好靳允，对靳允说："听说吕布扣押了您的妻小，这的确是件让人难过的事（先谈现实问题，表示慰问同情），现在天下大乱，豪杰并起，但只有真正的英主才能平定天下，如跟错主公，不但前程尽毁，一家老小也不能保全。曹兖州英雄盖世，必能平定天下，我们只有追随曹兖州，才是正道，于今危难之际，正是我辈立功之时，将来必定名垂青史（指出前途的光明）。吕布是何等人，不过好勇斗狠一介匹夫，跟陈宫等人不过相互利用而已，必定不能长久（指出敌人并不可怕是可以被消灭的），还请您慎重考虑。"

靳允听了痛哭流涕表示誓死追随曹操，决不敢有二心，这时靳允其实已经把陈宫派来的氾嶷接进了范县，随时可能易帜，但在程昱一番恩威并用之下，靳允最终还是决定继续追随曹操，并派人将氾嶷灭口，跟陈宫、吕布决裂。

程昱稳住范县又来到东阿，东阿县令枣祗早就严阵以待，带领全城军民上城防守。

枣祗，豫州颍川郡阳翟人，也是当地名士，早在曹操陈留起兵时就投奔了曹操，是曹操的心腹亲信。也因此，曹操出征前任命枣祗做东阿县令，用名士做县令并非大材小用，恰恰相反，这在当时很必要，曹操这时也不过是兖州牧，手下能控制的县城并不多，程昱也被任命为寿张县县令，让这些名士当县令就是为了利用他们的声望镇抚地方。

枣祗跟程昱等名士没有让曹操失望，程昱刚进城，陈宫的大军随后就到了，陈宫在劝降无效后，也不废话，指挥部下架云梯攻城。枣祗跟程昱率全城军民拼死抵抗，陈宫多次攻城，都因东阿城墙高厚，城上军民防守严密而失败，陈宫攻城不下，只好撤兵。

陈宫随后带兵又去攻打范县，范县县令既已跟陈宫闹翻又杀了陈宫的使者，自然不能投降，也拼死抵抗，结果，范县陈宫也没打下来。甄城由吕布亲自率兵攻打，也是铩羽而归，甄城是曹操的大本营，在荀彧跟夏侯惇的组织下全城一心，严防死守，吕布屡攻不下，最后也只能望城兴叹。

三城的坚守为曹操的反攻赢得了宝贵的时间，曹操从得知陈宫、张邈叛变，一刻不敢耽搁，昼夜兼程回兵救援。

吕布、陈宫听说曹操率军归来，才撤除包围，向西转移，屯兵濮阳。

曹操听说吕布屯兵濮阳，不禁仰天大笑，吕布这厮一夜之间得一州之地，不向东据守东平切断亢父泰山间的通道，阻截我的退路，反而主动让开大路，向西逃到濮阳，吕布不懂兵法不识地理，真是蠢材，此乃天助我也！我已有破敌之策，大破吕奉先，指日可待。

曹操虽然嘴上这么说，但要想打败吕布、陈宫并非易事，曹操如此说，也是为了安慰部下，吕布向西屯兵濮阳，并非吕布胆怯，恰恰相反，吕布是想在濮阳以逸待劳跟曹操决战。

曹操回到兖州，程昱等人出城迎接，曹操握着程昱的手激动地说："要是没有您，我就无家可归了。"为了表彰程昱的功劳，曹操"上表"朝廷，任命程昱为东平相，与刘备的平原相同级，乃二千石高官（相当于太守），程昱之前是县令，现在荣升郡守，而曹操此时也不过是州牧。

（六）濮阳之战

曹操是个很会用兵的人，回到兖州之后，曹操并未急于反攻。打仗需要钱粮、兵源，曹操如今只剩三城，吕布反而占据大部郡县，相比得到兖州士大夫支持的吕布，曹操的后方就小得多。

开战之前，曹操还有一项重要任务——拉人。把兖州的世家大族重新拉到自己一边，当然，这事不能宣扬只能秘密进行，而这项工作同样需要时间。

现在曹操地盘缩小，但部队仍有数万，几万士兵每天都要吃饭穿衣，这对曹操是相当大的压力。曹操只好向袁绍求助，袁绍本就与吕布、张邈是仇敌，袁绍还曾让曹操杀张邈，见曹操来求助，袁绍很得意，看看，我说什么来着，张邈不是好人，我早就让你杀了他，你还不愿意，现在怎么样，吃苦头了吧。

但既然曹操来求助，自己不能袖手旁观，吕布、张邈不仅是曹操的敌人也是他袁绍的敌人。正在蜜月期的兄弟俩，面对共同的敌人，袁绍当然不能看曹操的笑话，猪啊羊啊送到哪里去！送到曹操的军营去。关键时刻，袁绍及时为曹操提供援助，派人一车车给曹操运送补给。

有了袁绍的支持，曹操底气足了，兴平元年（194）八月，曹操正式打响反攻兖州的战斗，亲率大军进攻濮阳。

但战斗一开始并不顺利，曹操的大军跟吕布在濮阳城外摆开阵势，展开决战，吕布亲率精锐骑兵冲击曹操大阵，曹军方面，处于大阵最前方的是曹操引以为傲的精锐青州兵，面对如狼似虎的吕布铁骑，一向骁勇的青州兵也胆怯了，很快吕布的骑兵就将青州兵的阵型冲乱。

青州兵阵型被冲乱，溃兵四散奔逃，丢下自己的主帅，任其死生。

曹操没想到青州兵会被击溃，而且这么快，曹操本在中军大阵，他尚未做出反应，吕布就冲到了眼前。

溃退的青州兵不但自己的阵型被完全冲散，在逃跑的过程中又将曹操的本阵冲乱，同时还给吕布的兵做了义务向导，乱军中吕布的兵准确地锁定了曹操的位置。

这时的曹操中军大阵也早已被冲得七零八落，青州兵跟中军挤成一团，曹操本人也被挤下马，司马楼异见主公遇险，反应很快，当即跳下马，将曹操扶上自己的马，随着溃兵往后撤，在亲信将领跟亲兵的拼死保护下，曹操方才逃出险境。

但士兵们就没那么好运了。吕布以骑兵突击横行天下，其主力精锐都是骑兵，吕布见曹军崩溃，以他的风格，怎能错过如此良机。当即率部趁势掩杀，吕布骑兵犹如旋风，席卷战场，所过之处曹军尸横遍野。

曹操终于亲身体验了吕布骑兵可怕的战斗力，这才相信飞将吕布果然厉害，名不虚传。

曹操一仗下来损兵折将，更让他闹心的是，现在他没处补充兵员，兖州大部郡县都在陈宫等人控制之下，到那去招兵是不可能的，没办法，曹操只好再次向袁绍求援，袁绍也是有求必应，马上拨给曹操五千精兵。

曹操得到补充，又重整旗鼓。吕布的大本营设在濮阳城，另在城西又立了一座军营，与濮阳互为掎角之势，互相呼应。

曹操见濮阳难攻，决定先打城西大寨。一个月黑风高的夜晚，曹军人衔枚马裹足，悄悄打开营门，夜袭吕布的城西大寨。

来到寨外，曹操先让精壮士兵拔去鹿角，填平壕沟，随即一声令下，率军冲入大寨，逢人便砍，遇帐就烧，守寨士兵事前没料到曹军会来夜袭，没有准备，仓促抵抗，很多人睡眼惺忪，连敌人长什么样都没看清，脑袋就搬了家。

一场混战，曹操大获全胜。营寨燃起的熊熊大火，在漆黑的夜里十分醒目，濮阳城里的吕布在城上远远望见城西大寨火光冲天，喊杀声此起彼伏，知道肯定是曹军劫营。

吕布忙点兵出城救援。曹操这时正杀得起兴，忘了撤退，曹操还没来得及走，吕布带兵赶到，见面，开打，两军在营里营外，短兵相接，展开肉搏。真是白刀子进红刀子出，战斗从半夜打到黎明，又从黎明打到中午，战斗打成了拉锯战。

曹操的兵打了大半夜，人困马乏，再打下去，形势对曹操不利，曹操深知再打下去非吃亏不可，但吕布大军拦住去路，想走也走不成。

情急之下，曹操在战场上组织敢死队，曹操的勇士司马典韦站了出来，召集精壮部下数百人，典韦带着这些人冲锋在前，为大军开路，典韦往外冲，吕布骑兵向里杀，狭路相逢，双方尚有一段距离，吕布军便弓弩乱射，典韦一手持盾一手握戟迎着箭雨前进，他看都不看吕布的兵，用这种方式表达对敌人的蔑视，吕布军步步紧逼，典韦对身边的人大喊："等敌人距我十步再告诉我。"

战场上，十步就是一瞬间，等吕布军进到十步内，身边的人大喊："敌人已进十步。"只听典韦又喊："进至五步之内再喊。"不一会儿，部下再次大喊："敌人来了。"典韦听见撇下盾牌，伸手去拿背后的手戟。手戟是一种类似飞镖之类的投掷武器，是长戟的浓缩版，但真要抡起来向外投掷也需要很大的力气。

这时吕布的骑兵已经冲到眼前，目标够大了，典韦手握双戟，照准目标，抡开膀子，左右开弓，一戟一个，凡是被典韦"点名"的，纷纷中戟坠马，剩下的人，看这位老兄实在生猛，戟无虚发，纷纷向后退避。虽不敢向前但也不甘心就此放过曹军，双方再次陷入僵持，直到夕阳西下，吕布才收兵回城，曹操安全返回。

这一战，曹操能活着回来，典韦居功至伟。战后，典韦升任都尉，曹操的卫队长，经常率几百亲兵守在曹操大帐周围，保护曹操。

就在曹操为打濮阳一筹莫展的时候，好消息传来，濮阳城里的大户田氏派人出城跟曹操联系，表示愿意投诚做内应，曹操大喜过望，看来之前的策反没白做，终于收到成效，于是双方预定了日期，要里应外合，一举夺取濮阳。

又是一个月黑风高的晚上，曹军再次出动，这次的目标是濮阳城。因为有人接应，曹操觉得稳操胜券，格外轻松惬意，到了城下，按事前预定，田氏果然派人打开了东门，放曹军入城。

为了不发出声响惊动守军，曹军人衔枚马裹蹄，悄悄地进城，点灯地不要。曹军自以为己方的行动神不知鬼不觉，其实，这一切都在吕布军的掌控之中，原因很简单，派田氏出城的就是吕布本人，他怎么会不知道。

曹操在濮阳城里没走多远，就遇见了老熟人吕布和他如狼似虎的部下，人家早有准备，已在城里各处埋伏好了，专等曹军入套。

曹军被四面八方涌上来的吕布军团团包围，事已至此，多说无益，两军随即在城里展开巷战，但吕布军设伏在先，很快占了上风，一阵砍杀将入城的曹军冲乱。

溃败的曹兵四散奔逃，很多人想顺着原路往回跑，可等到了东门才发现，东门烈火熊熊，根本出不去，原来为了防止曹军逃走，吕布事前令人在城门口放火，以封锁曹兵退路。大火封门，出不去；想回去拼命，也不行，要是打得过也不至于逃，有胆大的士兵硬闯，结果被活活烧死，也有不少士兵冲了出去，剩下的没胆钻火圈只好四处乱窜，各自逃生。

再说曹操，跟大部队失散，半路上碰到吕布的兵，估计不认识曹操，随口就问曹操，曹操在哪里？遇上曹操还问曹操在哪。乱军中，曹操被对方搞得哭笑不得，这黑色幽默开得真不是时候。曹操被突然一问，有点发蒙，但曹操毕竟是曹操，反应很快，顺手一指旁边一个骑黄马的，说："看，那个骑黄马的就是曹操，快追。"这位还真听话，拍马舞刀冲着曹操手指的那位倒霉的仁兄就去了。曹操趁机溜之大吉。

到了城门，曹操也遇到了部下们遇到的问题，看着燃烧的城门，大火圈，钻还是不钻，曹操很纠结。但后面喊杀声越来越近，已经没有时间犹豫了，曹操把眼一闭心一横，打马向前，钻了火圈。很幸运，曹操终于活着冲出濮阳，当然毫发无损是不可能的，曹操的左手被火烧伤。

曹操跑回大营，不久，败兵们也陆续归来。那些没回来的估计也回不来了。这一仗，曹操大败，损兵折将且不说，曹操自己也差点被抓俘虏。大败之后，军心骚动，为了稳定人心，曹操不顾伤势，骑马巡视各营，慰问士兵，激励士气。

曹操意志坚强，起兵以来，几经风雨，历经波折，这点小挫折打不倒曹操。曹操又令工匠加紧赶制云梯等攻城器械，稍事休整后，曹军又重新对濮阳城发起攻势。

吕布亲自在城上指挥守城，一方攻得猛烈，一方守得顽强。一百天过去了，战事依旧胶着。

到了九月，曹操、吕布都不得不各自收兵。停战的原因很简单，没粮了。城里的吕布、城外的曹操，都面临无米下锅的窘境。

战乱导致百姓大量流亡，田地大片荒芜，同时，各方频繁的征战将大批青壮劳力投入战争，也加剧了人口的流失。

兴平元年（194），对中原百姓又是一个难熬的灾年，连年的战争已经让百姓苦不堪言，加之天灾频繁，兖州一带又闹起蝗灾，蝗虫遮天蔽日而来，所过之处庄稼被吃得精光。

粮食都被蝗虫吃了，百姓自然没的吃，百姓没的吃，军队自然也没的吃。于

三国之

群雄逐鹿

是交战双方都撑不下去了。吕布率领主力撤出濮阳，到外地觅食筹粮。

吕布军的所谓筹粮其实就是抢，大灾之年，粮食是救命的，谁愿意给别人，但吕布军军纪素来极差，不给就砍人。给了，会饿死，不给，被砍死。为了保命，百姓被迫交出自己的口粮。

吕布带兵一路走一路抢，到了济阴郡乘氏县（今山东巨野），吕布军遭到当地武装的抵抗，当地土豪李进公然对吕布说不，话不投机，双方开打，结果却令人大跌眼镜，猛将吕布居然打不过土豪武装，这充分说明营养不良的后果有多么严重，汉末三国第一飞将（可能有争议）吕布，因为吃不饱，竟被地主欺负，打了败仗的吕布只好率部退出济阴，屯兵山阳。

曹操的情况比吕布也好不了多少。

兴平元年（194）九月，曹操带兵回到甄城，勉强支撑了一个月，甄城的存粮就吃光了。十月，曹操只好率部再次转场到东阿县。尽管县令枣祗竭尽全力筹措，但还是不能让曹操的兵吃饱。为了省粮，曹操不得不忍痛裁军。

就在这时，袁绍派使者来到兖州，使者转达了袁绍对曹操的问候，向奋战在前线的将士表示亲切的慰问，并送上慰问品以示犒劳。对曹操攻打吕布的军事行动给予充分肯定的同时，袁绍对兖州当前的局势深表忧虑，并表示为了切实保护曹操家眷的安全，希望曹操能把家眷送到邺城去。如此，既可解除曹操的后顾之忧，也免家眷受颠沛流离之苦。

听话听音，袁绍的用意，曹操当然明白，这是要让自己把家眷送去当人质，虽然不愿送，但想想自己的困难处境，已然走投无路，今后还要仰仗大哥袁绍，反攻吕布需要河北的支持，袁绍得罪不得，特别是在这个青黄不接的时候，既然如此，送就送吧。曹操的心动了。这时一个人及时出现，制止了曹操。

此人乃是谋士程昱，程昱听说曹操要把家眷送去邺城，强烈反对，他说："将军，袁绍有吞并天下的野心很久了，只不过，他的能力暂时还做不到，但早晚他会公开反叛，将军是汉室忠臣，能做他的部下助纣为虐吗？不能吧。就算袁绍侥幸做了汉高祖，您就是他手下韩信、彭越之类的人物，这些人的下场您是知道的，跟着袁绍绝不会有好下场。兖州虽然残破，但我们手里还有三座城池，数万人马。以将军之英明神武，加之文若（荀彧的字）与我等倾力辅佐，何愁大业不成，又何必受制于人，还请将军三思。"曹操听了也觉得有理，这才打消了送人质的念头。

这时，兖州一带，粮荒已经十分严重，粮食涨到每斛五十万钱的天价，贫苦百姓如何买得起，每天都有人饿死，很多地方甚至发生人吃人的惨剧。曹操靠着袁绍的接济才勉强渡过难关。

到了兴平二年（195）春，曹操再次出兵进攻定陶，并将前来增援的吕布打败。四月，曹操率兵围攻吕布部将薛兰、李封等人据守的巨野。吕布闻报率兵来救。曹操料到吕布会来，在巨野城外以逸待劳，张开大网等着吕布自己往网里钻。

数年的战场搏杀，深通兵法的曹操结合实战，对兵法的灵活运用已达到炉火纯青的程度，战场是最好的军校，边打边学边总结，理论结合实践，加上曹操的刻苦钻研，曹操的战场经验与指挥艺术已经升华到了一个新的高度，现在的曹操再也不是当年那个凭血气之勇与敌人拼斗的将军，而是一个运筹帷幄的统帅，曹操已经把围点打援这种经典战术运用得十分娴熟。

吕布果然不出曹操所料，乖乖地钻进了曹操为他准备的口袋，结果被曹操杀得大败而逃。巨野城里的薛兰、李封见主公不是曹操的对手，援兵不能靠近，士气顿时萎靡不振，曹操抓住机会乘胜猛攻，打下巨野，斩杀守将薛兰、李封。接着，曹操率军进至济阴郡的乘氏县。

正当曹操准备乘胜追击时，徐州方面传来消息，徐州牧陶谦病死，曹操想趁机再攻徐州，曹操才不会顾及所谓礼不伐丧，他打算先取徐州，至于吕布，等打下徐州再说。

如果曹操果真如此行事，以后的历史很可能就是另一种走向，因为这是一个不折不扣的昏招，吕布虽连连败北，但主力仍在，这时放过吕布去打徐州，吕布就会趁机卷土重来，至于徐州也并不好打，陶谦虽死，还有刘备，刘备才略远在陶谦之上，不过此时刘备在徐州立足未稳，但即便如此，曹操想要攻下徐州也要耗费些时日，而这就为吕布赢得了喘息之机，一旦徐州打不下来，吕布又从后反攻，重占兖州，曹操的处境可能比上次更惨，被赶出兖州也说不定。

聪明人也有犯糊涂的时候，这时的曹操只看到"利"——徐州，却没看到隐藏的风险——吕布的反攻与刘备的抵抗。幸好曹操身边有众多谋士，这些谋士总是在关键时刻发挥作用，曹操的首席军师谋士荀彧，又一次及时出现。

就在曹操即将犯下人生中的重大错误时，荀彧阻止了他："主公，当年汉高祖占据关中、光武帝刘秀保有河内，都是建立稳固后方，并以此为根据，征战四方一统天下。兖州就是您的关中、河内。有此州，进可席卷四方，就算一时受挫，也有方面可据。当年高祖创业，屡遭挫折，但最终赢得天下，道理即在于此。

"主公，您以兖州起事，讨平黄巾之乱，百姓对您感恩戴德（您的群众基础好），况且兖州乃天下重地，虽经战乱破坏，但只要用心经营数年，这里完全可以成为您成就霸业的根据，先定兖州，稳固根本，再出兵徐州为时不晚。

"主公现在应挥军东进征讨陈宫，陈宫畏惧您的兵威必然不敢跟您交锋，自然退走，我们利用这个机会，将兖州麦子割尽，吕布军无粮草，军心必乱，一战可破。打败吕布之后，兵临淮水，袁术亦当束手归降。

"若舍弃吕布不顾，举军东征，兵留多了，东征的兵力就不够，留少了，就只能收缩兵力据守城池。吕布如果趁机纵兵抢劫，已经收复的城池就有得而复失的危险，到时兖州能不能保住很难说。如果徐州再打不下来，主公就无家可归了。主公进兵徐州，敌人慑于我军军威，必坚壁清野据城死守，我军前有坚城，筹粮无着，不出十天，我军将不战自乱。还请主公三思。"

头脑发热的曹操，听了荀彧的分析，膨胀的大脑开始冷却，打消了去徐州的念头，组织全军分散到各地抢收麦子。

就在曹军在田间地头挥汗如雨割麦子的时候，吕布果然与陈宫等人合兵一处，率兵一万来找曹操决战。

这时曹操的主力分散在各地，等发现吕布时，再想召集部队已经来不及。曹操手下只有一千多人，情急之下，曹操只好让妇女们上城墙守城，而将能战的一千精兵埋伏在城外。城西是河堤，河堤南面是茂密的树林。

吕布来到城外，见远处树林茂密，怕有伏兵不敢攻城，便对左右说："曹操诡计多端，不要中了他的埋伏。大军先不要攻城，就在城南十里安营扎寨。"

吕布的迟疑为曹操争取了时间。第二天，吕布带兵又来到城外，曹操将主力埋伏在河堤内，只分出一半兵力在堤外布阵。

吕布见曹军人少，放心大胆地带兵冲击曹军，曹军假装败退，等吕布进入伏击圈，河堤内的伏兵适时杀出，刚才败退的曹军也返身杀回，两面夹击。吕布没料到曹操有此安排，被打得大败，带着败兵狼狈逃回大营，曹军在后紧追不舍，一直追到吕布营外，才收兵回城。

吕布打了败仗，不敢久留，连夜逃走。曹操则乘胜追击，分兵讨平反叛郡县。到了秋天，兖州重新回到曹操手中。历时近两年的兖州之战，以曹操的胜利结束。

吕布在兖州无法立足，只好跟陈宫等人逃进徐州，投奔徐州的新主人刘备。

吕布等人一走，张邈势单力孤，也只好外出搬请救兵，让弟弟张超留守雍丘保护家眷。曹操率军随后赶到将雍丘城团团围住。雍丘被围本是曹操跟张邈的事，谁知却把袁绍也扯了进来，引发了另一场攻城战——东武阳之战。

（七）东武阳——忠臣死节

兴平二年（195）八月，曹操大军包围雍丘，雍丘城是张氏兄弟经营多年的大本营，也是张邈势力在兖州的最后据点。对张氏兄弟而言，已经退无可退，所以张邈才让弟弟张超坚守，张家的全家老小也都在城里，面对曹操的大军围攻，张超拼死抵抗。而对曹操来说，只有攻下雍丘才算彻底平定兖州，对张邈在自己背后捅刀子的行为，曹操一直怀恨在心，此战也是曹操的复仇之战。有仇必报的曹操不会放过张氏兄弟。

曹军围住雍丘，架起云梯昼夜攻打，张超带着部下与攻城的曹军拼死厮杀，激烈的攻城战从八月打到十月，在外逃亡的张邈知道这么打下去，弟弟坚持不了多久，亲自前往淮南袁术处求救。因为袁术与曹操是对立的两派，张邈相信袁术不会见死不救，但张邈还没到淮南，半路上就被自己的手下所杀。

张邈一死，也就无人再关心雍丘城里的张超了，但东汉以来名士忠君报主的传统由来已久，这个君，不仅指皇帝，也包括提拔自己的州牧、太守。

一旦名士被某位郡守所赏识礼聘，两人也就有了"君臣"名分，被提拔的名士即要效忠于自己的使君、府君，这是为人臣子的本分。当然，这并非强迫，主要靠自觉，尽管乱世人心难测，但还是有不少以气节相许的忠臣义士，臧洪就是其中之一。

与三姓家奴吕布相比，臧洪是那个时代另一类忠君的典型，与乱世格格不入的悲情英雄。

臧洪，字子源，徐州广陵郡射阳人。跟后来成为袁绍、曹操笔杆子的陈琳是同乡。臧洪的父亲臧旻当过匈奴中郎将、中山郡、太原郡太守，臧洪也是官宦之后。既然有背景，想当官就易如反掌，长大后的臧洪以官场潜规则被举为孝廉，之后又成为三署郎，后与众多名士同事一起被外派到各地当县长。

说起臧洪的这批同事，全都是当时的名人，东莱人刘繇也就是后面的扬州刺史当时被外派到下邑当县长，东海人王朗即后来的曹魏重臣被任命为淄邱县长，臧洪是即丘县长。

汉灵帝时，臧洪见天下大乱，主动弃官回乡，广陵太守张超久闻其名，听说臧洪回来了，马上派人去请，臧洪便成为太守张超的功曹。两人就此有了"君臣"名分。

后来臧洪奉命出使幽州，正遇上刘虞跟公孙瓒的内战，臧洪只好停在河间，与袁绍不期而遇，两人在一起聊天，交谈中，袁绍发现臧洪是个人才，就把臧洪留下，这时正好青州刺史焦和病死，袁绍就让臧洪代理刺史之职，臧洪在青州两年，青州的局势明显好转。

臧洪虽有才干，在青州也为袁绍稳定地方兢兢业业，但他毕竟是张氏兄弟旧部，袁绍对他不能完全放心。曹操是袁绍阵营里的人，是袁绍南线的屏障，鉴于对张邈的痛恨，袁绍将臧洪调离青州，出任东郡太守。

东郡原是曹操的地盘，曹操虽暂依附于袁绍，但仍是一股独立的军事势力，袁绍在东郡原来是插不进去的。曹操为对抗张邈、吕布，跟袁绍做了交换，把东郡在黄河以北的地盘让给袁绍，袁绍得了半个东郡，这才给粮派兵帮助曹操打张邈、攻吕布。袁绍任命臧洪做的东郡太守，能控制的只有黄河以北的半个东郡，东郡的治所在黄河南岸的濮阳，臧洪将自己的治所设在黄河北岸的东武阳。

张超被曹操围在雍丘城中，朝不保夕，张超对部将们说："他人或许会袖手旁观，但臧洪一定会来救我。"部下都认为袁绍与曹操的关系非常密切，而臧洪又被袁绍重用，不会自毁前程而远来赴难。张超见众人不信，说："子源，天下义士，非忘恩负义之辈，只怕袁绍从中阻挠，臧洪力不从心。"

张超果然说对了。臧洪听说旧主被围，命在旦夕，光着脚哭着来求袁绍发兵救援，袁绍正为曹操捷报频传而高兴，因为吕布、张邈也是他所痛恨的人，所以曹操这仗可以说也是为袁绍打的，不然袁绍怎会又给人又给粮地支援曹操，袁绍的钱粮可不是白拿的，没好处的事，袁绍才不干。

曹操逐吕布、攻张邈，符合袁绍的利益，所以他乐得坐山观虎斗，又怎会答应臧洪派兵去救自己的仇人。

臧洪百般哀求，袁绍哪里肯听。臧洪又请只率本部人马前去，袁绍还是不同意。焦急万分的臧洪还是等来了他最不愿听到的消息，被围数月之久的雍丘城终于陷落，曹军攻陷雍丘，张超自杀，曹操进城后，大开杀戒，诛灭张邈三族。

臧洪悲愤之余跟自己的主公袁绍反目成仇、公开决裂。袁绍当然不能允许"叛臣"，兖州的战事刚刚平息，东郡又开战了。

袁绍亲率大军包围东郡，把臧洪围在东武阳。前后攻打近一年，臧洪顽强地硬守了一年，臧洪跟张超不同，因为压根儿就不会有人来救他，臧洪自己也清楚这一点，但他还是决定跟袁绍死磕到底，决不投降。

臧洪拼命抵抗，袁军久攻不克，令袁绍颜面无光。毕竟臧洪是他袁绍的手下，全天下的人都知道，自己的部下起兵反对自己，这让袁绍觉得很丢人，而且自己亲自带兵征剿，这么一座小城，竟然打了一年都没打下来。

强攻不成，袁绍将笔杆子陈琳召来，给臧洪写劝降信，大意是只要臧洪肯开城投降，可以念在往日的情分上从轻处置。袁绍让陈琳写信不仅是因为这位大才子文笔好，还因为他是臧洪的同乡，信写得文采斐然，入情入理。但臧洪此时早已决心死战到底，说什么都没用，臧洪礼貌地写了回信，意思简单明了，自己决不投降。

袁绍看了信，知道再说什么都是多余，只好命令全军继续攻城。

这时东武阳已被围一年，城里的粮食早就吃光了，又无救兵，从被围的第一天起，臧洪就十分清楚自己的结局，但看着跟自己出生入死忠心耿耿的部下，要他们跟自己一起赴死，臧洪还是于心不忍，召集部下说："我为报答旧主张府君，不能不死，但这事与诸位无关，诸位都有老小，趁现在还能出去，带着妻小逃命去吧。"将士们一个个感动得热泪盈眶，都表示愿意跟着太守死战到底。

断粮之后，开始还能捉老鼠挖树皮吃草根，到了后来连这些都没了。臧洪看着饿得摇摇晃晃的部下，心像针扎一般难受，臧洪找来负责粮草的主簿，问城里还有多少粮食。主簿苦着脸说："大人，只剩下三斗小米，是留着给您煮粥的。"臧洪长叹一声："全城断粮，我怎能独食，给大家分了吧。"城里几千人，这点粮食，一人一口都不够，于是就把三斗小米煮了粥，所谓的粥分到每个人碗里也只有少许米粒。

因为没有吃的，城里的人大量饿死，尸体横七竖八地倒在城内的大街小巷，无人掩埋，因为活着的人也饿得奄奄一息，连走路的力气都没有，更别说搬运尸体。臧洪看到这番惨景，心如刀绞，忍痛杀了爱妾给守城将士煮"肉粥"，将士们被感动得不能自己，哭着接过"粥"，但这点"粥"也维持不了多久，城内七八千男女相继饿死，但直到城破之日，全城无一人叛逃。

城终于被袁绍"攻破"，袁绍大军进城，臧洪被俘。袁绍决定亲自审讯臧洪。为挽回形象，树立威信，袁绍特意将审讯会场设在城外自己的中军大帐，袁绍准备在此升堂问案，会场周围拉起帐幔，四周遍插军旗，袁绍手下文武官员全都到场，外面到处是手执长戟维持秩序的士兵。

袁绍早早来到会场，居中高坐，文武官员到齐后，臧洪被押进会场。看着臧洪，袁绍有一种说不出的快感，开口问道："臧洪，我待你不薄，你为何反叛？

三国之群雄逐鹿

今日成了阶下之囚，还有何话说？"袁绍此举实在是自取其辱，臧洪之为人，他有所了解，这么一来，他就给了臧洪一个自言其志的机会。

果然，臧洪听袁绍如此质问，并未胆怯，义形于色朗声答道："袁氏四世三公，世受汉恩。今天子蒙尘，群凶当朝，您不起兵讨贼，反而趁天下大乱欲行不臣之事（指袁绍想另立天子，之后再自己当皇帝，臧洪曾经是袁绍的亲信，所以对袁绍的那点花花肠子还是晓得的）。当年您跟张陈留（指陈留太守张邈）以兄弟相称，那么臧洪的府君也是您的兄弟（指张超，东汉尊称州刺史为使君，郡太守为府君，刘备后来先后做过徐州牧、豫州刺史，所以人称刘使君）。本应齐心协力共讨国贼，您却看着府君一家为曹操所灭，不发救兵。我臧洪兵单力薄，不能救主，死不瞑目，今日有死而已！"

臧洪的一番慷慨陈词，弄得袁绍好不尴尬，袁绍的脸由青而白忽而变紫，最后成了猪肝色，本来袁绍想臧洪若肯求饶，就赦免他，饶其不死，以显示自己宽大的胸怀。但显然臧洪没投降的打算，既然不投降，那就杀了吧。

臧洪身为名士为报答旧主死义，是那个时代崇尚气节的士大夫的共同追求，袁绍身为名士领袖却公然杀戮忠于旧主的义士，这让天下士大夫心寒齿冷。

就在臧洪被推出大帐即将斩首之际，与会文武中，有一人站了出来，喊出了那句著名的经常被引用的台词："刀下留人。"袁绍与在座文武侧目而视，说话的这人坐在后排，是个二十几岁的年轻人，名叫陈容，跟臧洪是老乡，因为仰慕臧洪，特意从家乡赶来投奔，是臧洪的郡丞，陈容既是同乡又是部下，有这层关系，见臧洪要被杀头，陈容当然不能不说话。

但说起来，陈容本人的身份也很特殊，确切地说，陈容是俘虏。

臧洪守城时，派陈容外出搬兵求救，救兵没请来，陈容却成了袁绍的阶下囚，但袁绍为显示自己的大度，没有为难陈容，今天还特意让他列席。

事到如今，陈容不顾性命，当着在座众文武，面无惧色慷慨陈词："将军您当初起义兵是为天下除暴乱，诛国贼，所以天下人都支持您，现在董卓虽死，皇帝还在乱臣贼子手中，您不去讨伐国贼反而杀害忠臣义士，这难道是您作为义军盟主应该做的吗？"话说得义正词严，掷地有声。

陈容的话说得没错，但袁绍是不能认错的，被陈容噎得脸红一阵白一阵的袁绍，脸部肌肉因愤怒羞愧严重扭曲。这时旁边有好心人想帮这个"不懂事"的年轻人，在后面拉陈容的袖子想把他搜出去，但陈容站在那一动不动，还在冲袁绍大喊："身为臣子忠心事主杀身成仁陈容之愿也。今天陈容愿与臧府君同死，不愿与袁将军苟活于世。"

神仙也救不了陈容了，陈容被拉出去跟他的主公臧洪一起斩首示众。在座众人为之叹气惋惜，臧洪明知不可为而为之，只为报答旧主知遇之恩，令人钦佩。

汉末三国，诸如此类战斗，多得无法计数，与动辄数万数十万人规模的大战役相比，这场攻防战实在微不足道。但其意义仍不容小觑。

臧洪是个悲剧人物，却是精神胜利者，而看似取得最后胜利的袁绍却是个不折不扣的失败者，因为他失去了人心，士大夫的人心。作为汉末出身名门的袁绍，曾经因反对董卓而成为士大夫心目中的英雄，在反董战争中，一呼百应。

但在这场战役中，袁绍兴师动众围攻一座小城却打了一年之久，他杀名士臧洪跟曹操杀边让，都得罪了一批士大夫，让很多人对他灰心失望。

古人云，得人心者得天下，这不是没有道理的，表面上，袁绍破城，出了气，杀了人，好像很威风，却是真正的失败者。

袁绍除了内患，曹操平了内乱。他们的事暂且告一段落。

另外两人又匆匆上场，得意的刘备与失意的吕布。

（八）陶谦让徐州

曹操出人意料地突然退走，令陶谦暗自庆幸，自己度过了一生中最大的危机，但这时的陶谦早已到了知天命之年，此番折腾更是耗尽了他最后的精力。曹操走后没多久，陶谦就病倒了。

临死前，陶谦考虑到儿子不成器，自己又命不久长，而自己偏偏又得罪了活阎王曹操，虽说曹军暂时退走，但两家已结下血海深仇，曹操绝不会就此善罢甘休，迟早还会再打回来。

在生命的最后时刻，陶谦不得不为自己的家人及徐州早作打算，必须找一个才德兼备，有足够武略威望的人接替自己，州中文武难堪大任，没有一个人符合这一标准，也只有刘备是最合适的人选。

陶谦准备把徐州让给刘备，这并非陶谦道德高尚，主动让贤，实乃不得已而为之，试想谁不愿将自己辛苦打下的江山传给儿子却传外人。但自己的儿子不争气，迫不得已，陶谦才想到刘备。

刘备乃当世豪杰，天下皆闻其名，此人声望足以镇抚一州。陶谦对刘备很器重，为拉拢刘备，陶谦还上表朝廷任用刘备为豫州刺史，此时刘备正率部驻守小沛，近在咫尺。

陶谦想将徐州交给刘备，有他的用意。陶谦主动将一州之地交付刘备，刘备必然对自己感恩戴德，那么自己死后，刘备必然厚待自己的家小。这样，自己也能放心地去。

曹操虽声言为父报仇，但最关心的还是徐州这块地盘，自己将徐州给了刘备，曹操必然将怒火转移到刘备身上，就算日后曹操杀来，也是找刘备，如此可以转移曹操视线，祸水他移。

刘备是公孙瓒的师弟，也算自己人，有此人镇守徐州，北联公孙，亦可抗衡曹操。陶谦此举不仅可保全家小，且依旧维持之前的对抗态势。

即便如此，陶谦也是在将要咽气时，才不情愿地交出徐州牧印绶，《三国演义》对这段"历史"大书特书，将陶谦打扮成一个礼贤下士主动让位的君子，而刘备面对送上门的厚礼却一而再再而三地谦让，充分表现自己大汉皇叔的高风亮节。但历史曾经无数次告诉我们，人是有私心的，陶谦的"让"是万不得已，而刘备的"受"也意味着今后与曹操及各派觊觎徐州势力的角逐对抗。

真实的历史应该是这样的，陶谦捧着大印扭扭捏捏十分不情愿不肯放，刘备真心实意十分想要却又装作不想要的样子，但一旦大印抓到手，死都不放。

陶谦一生虽不算精彩但也经历风浪，战退黄巾，组建子弟兵丹阳军，在各派势力间周旋，卷入袁绍、袁术两大阵营的厮杀，但他的这两个盟友公孙瓒、袁术根本不是袁绍、曹操的对手，公孙瓒后为袁绍所灭，袁术则被曹操逼得走投无路抑郁而亡，比起这两个不得好死的盟友，再考虑到他谋杀曹操父亲的情节，陶谦得以寿终正寝，已经算是不错的结局了。

陶谦在徐州虽有一番作为，但搞得也是任人唯亲，徐州军政官员大部是他的丹阳老乡，莋融、许耽就因为是丹阳人吃香。

到了最后的时刻，陶谦不得不放手，他把徐州别驾糜竺叫到身边，说："只有刘备才能守住徐州，保境安民。你们把他接来吧。请他继任徐州牧。"糜竺接过大印，忠实地履行了陶谦的遗嘱，派人到小沛请刘备到徐州上任，陶谦死时，刘备还在小沛并不在徐州，三让徐州的故事只是小说家言。

糜竺率领州中大小官员捧着印绶来请刘备，刘备却表现得相当谦逊，明确表示自己能力不够，难当大任。刘备如此说，是在演戏，不过也不完全是演戏，因为他还要看看徐州士大夫及地方大族的态度，这一点相当重要，要是不能获得本

9

逐鹿中原

地名士及地方豪强的认可支持，州牧的位置就坐不稳，看看之前曹操在兖州得罪地方豪强的下场，也就可以理解刘备的谨慎了。

徐州豪杰迅速做出反应，徐州名士、下邳人陈登首先表态："刘使君，您就不要谦虚了，如今天下大乱，正是大丈夫建功立业报效国家的时候，我们徐州户口百万，物阜民丰，想屈尊使君治理本州，还请使君不要推辞，不可辜负了徐州一方百姓的深情厚谊。"

刘备的戏还没演够，继续谦让："袁公路（指袁术）近在寿春，袁氏四世三公，声望极高，何不请袁公路做徐州之主？"刘备说这话，摆明是试探，后来为争徐州，刘备跟袁术大打出手兵戎相见，把徐州让给袁术，怎么可能！

陈登也知道刘备是在试探，当即表态道："袁术乃纨绔子弟，这种人难成大事，徐州百姓愿为您练兵十万。进可征讨逆臣匡扶社稷，退可保境安民保一方平安。如您不答应我们的要求，我们也不能答应您的（指迎接袁术）。"

地方代表表明立场后，社会知名人士北海相孔融出场，孔融的北海属青州，青州跟徐州毗邻，作为社会名流，孔融不能不说话，而且他还欠刘备一个人情，当年要不是刘备发兵救他，这会儿孔融坟头的草都已经换了好几茬了。

孔融也知道刘备讨厌袁术，再说他也不喜欢那个公子哥，为打消刘备的顾虑，孔融说："袁公路岂是忧国忘家之人，那人不过是个活死人，您别把他当回事。陶徐州有意让您继任，百姓也拥护您，这是上天把徐州赐给您，上天的意旨不可违背，还请您以天下苍生为重。"

既然大家推心诚意，自己也有意，那就恭敬不如从命了。刘备正式继任徐州牧，成为名副其实的一方诸侯。

刘备成为徐州牧后，袁绍、袁术两兄弟的态度截然相反，陈登等派使者前往冀州袁绍处寻求支持，使者说明来意后，袁绍得知刘备继任徐州牧，不念旧恶（当初，刘备跟着公孙瓒曾与袁绍沙场鏖战），袁绍对来使说："刘玄德，仁义君子，弘雅有信义，你们徐州推举他做州牧，实是明智之举。"袁绍如此说表明了他对刘备的认同和承认。

袁绍明确表态支持刘备，说明袁绍不愧为关东盟主，颇有政治头脑，袁绍看出，刘备是英雄，尽管此人此前站在敌对阵营，刘备这样的人杰必须争取，广交天下豪杰，方能成就大业，在刘备最需要支持的时候，扶上一把，只有好处没有坏处，到时刘备自然也投桃报李，即使不能为己所用，至少保持中立，也是好的。

但他的弟弟袁术却对刘备入主徐州强烈反对，之后更是直接出兵，与刘备争

三国之群雄逐鹿

夺徐州，袁绍、袁术的态度一定程度上取决于地缘政治，袁绍暂时还无暇顾及徐州，而袁术早欲将徐州纳入囊中，视之为己物，不容他人染指。

也正因如此，即使刘备的两位前任公孙瓒、陶谦与袁术同属一个战壕的盟友，袁术还是无法容忍刘备成为徐州之主。

袁术听说刘备当上徐州牧，气急败坏，忍不住跳脚骂娘，袁术自认为出身高贵，看不起卖草鞋的刘备，一介布衣织席贩履之辈竟也做了州牧，以出身分贵贱的袁术接受不了，这也是他的愚蠢之处，袁绍、曹操都不敢小视的豪杰，袁术却视之如草芥，如何不败？

盘踞扬州（长江以北地区）的袁术惦念徐州非一日，连曹操的兖州，袁术都想插上一脚，更何况近在咫尺的徐州。

刘备做了徐州牧，令袁术很受刺激。袁术积草屯粮，准备用武力夺徐州。袁术是刘备在徐州的第二大敌。那第一大敌是谁？此人便是被曹操赶出兖州前来投奔的三姓家奴——吕布。

刘备新官上任本是喜事，可没多久，徐州来了一位不速之客，冲淡了这份喜气，这位不请自来的客人正是臭名远扬的吕布。吕布在兖州与曹操恶战近两年，将兖州搅得乌烟瘴气，被曹操击溃后，在兖州无法立足，这才带着残兵败将来投刘备。

吕布人品极差还是一个灾星，谁遇上他谁倒霉。丁原提拔他，他把丁原砍了；董卓重用他，他把董卓杀了；陈宫跟张邈将他迎入兖州，结果张邈全家被杀，陈宫也被他弄得无家可归，跟他一块儿流浪。

现在吕布来到徐州，又要在徐州掀起一番风浪。乱世里，各路豪杰枭雄经常奔走于各个军阀之间，这并不罕见，但吕布却是人见人烦的人。刘备自己也曾四处投奔，今后仍是，所以对前来投奔的吕布也来者不拒，敞开大门。

其实，刘备收留吕布实在是对不起朋友也坑了自己，吕布跟袁绍、曹操是仇人，袁绍支持刘备做州牧，刘备却收留袁绍的敌人，如果刘备知道吕布以后干的那些事，估计打死他，他也不会收留这只白眼狼。

刘备将自己的大本营设在徐州下邳（今徐州睢宁北 30 里），吕布来到下邳，刘备亲自出城迎接。吕布这时已是一只丧家犬，有人肯收留，就已感激不尽。

吕布对刘备说："玄德，你我同为边地人，我为国家诛杀逆贼董卓，有功于社稷，可自从来到关东，关东诸侯都不肯收留我（还好意思说，就你干的那些事儿，谁敢收留你），很多人想杀我。玄德肯收留吕布，已是恩高德厚。"说着请刘备坐在大床上，自己跟妻子（非貂蝉）向刘备施以大礼。古人让妻子出来与客人见面，是很高的礼遇，必是贵客方才如此。

吕布来徐州投奔刘备本是寄人篱下，处处应小心谨慎，可吕布与刘备相熟不久，便呼刘备为弟，刘备心里不快，但碍于面子不好反驳。

虽然刘备心里不满，但还是妥善安置了吕布及其部下，让吕布去小沛屯驻，那里曾是刘备驻扎的地方。

此后一年，刘备跟吕布相安无事，如果说开始刘备对吕布还有戒备，时间一长，警惕也慢慢放松。但反复无常的小人吕布，自从来到徐州，没有一天不在打徐州的主意，吕布之所以老实待了一年，并非痛改前非，只是在等机会。江山易改，本性难移。刘备养狼为患，吕布这头狼即将再次露出狰狞面目。东郭先生与狼，农夫与蛇，刘备与吕布，寓言、童话、历史无数次告诉我们，善人难做。

机会说来就来，一直瞅刘备不顺眼的袁术终于决定对刘备动手了。

汉献帝建安元年（196），袁术第一次攻打刘备，这次袁术为争夺"心仪已久"的徐州，倾尽所有，率数万精兵，兵发徐州，摆出一副不达目的誓不罢休的架势。

刘备接到情报，当即分兵派将，准备迎敌。兵来将挡，刘备知道这一天早晚会来，袁术，我刘备难道会怕你！

刘备带着二弟关羽点起徐州精兵迎战，三弟张飞留守大本营下邳看护家眷。让张飞留守，事后看是刘备在这次战争中最大的败笔，这种人事任命的苦果，他很快就会品尝到。

刘备军跟袁术军在盱眙、淮阴一线对峙，双方打了几仗，互有胜负，战事形成拉锯，战线基本稳定在淮阴石亭。

刘备在前线跟袁术对阵之际，曹操派人前来慰问刘备，还送来一份厚礼：曹操此时已经到了许县并将汉献帝掌控在手中，有了橡皮图章的曹操当然要过过盖章的瘾。以皇帝名义（实际是曹操自己的意思），任命刘备为镇东将军，封宜城亭侯。

曹操与袁绍以不同的方式支持刘备，只因袁术是他们共同的敌人，敌人的敌人就是朋友。此刻的刘备就是他的战友。曹操虽未直接出兵，但以封官晋爵的方式声援刘备也是一种宝贵的支持。

但刘备本人其实并不想在此时打仗，刘备在徐州的势力尚不稳固，只是袁术来攻，不能不应战。此战中，刘备是自卫反击，袁术则是不折不扣的"侵略者"。就在刘备跟袁术在淮阴前线对峙不分胜负时，刘备遭遇到了当年曹操曾遇到过的情况，后院起火。

惹祸的是刘备的三弟张飞，趁火打劫的又是三姓家奴吕布。

前线本来局势平稳，就在刘备刚刚松了一口气的时候，一个坏消息传来，下邳丢了！徐州换了主人，新主人的名字叫吕布。也就是说身处前线的刘备此刻已经无家可归。

张飞镇守下邳，全面负责后方防务，但张飞的脾气实在不适合这项工作，性格粗鲁暴躁的张飞跟陶谦的旧部关系弄得很僵。

本来刘备以客军入主徐州基础不牢，偏偏张飞又是个惹事包，不帮忙也就算了还添乱，张飞跟陶谦部将曹豹都是武人，话不投机，直接动武。

曹豹不是张飞的对手躲进军营，再不敢出来，张飞则穷追不舍带人直接攻营。

下邳城里乱成一团。张飞攻曹豹，引发的混乱已经不是二人私怨，以阵营划分，张飞代表刘备旧部，曹豹则是陶谦旧属，两人的火拼被视为新旧客主之间的争斗，事情也正在朝着这个方向发展。

张飞围攻曹豹，曹豹打不过张飞，只好率陶谦旧部丹阳兵在里死守，但张飞攻势猛烈，曹豹军渐渐招架不住，派人突围向屯兵小沛的吕布求救，吕布正愁没机会下手，如此良机，怎能错过。

小沛距下邳并不远，吕布军又以骑兵见长，部队迅速集结，打马扬鞭旋风般向下邳城奔袭而来。

吕布率军进至下邳城西四十里。天已经黑了，那时，打仗一般都选在白天，只有极特殊情况，才会黑夜进兵，现在正是极特殊的情况。

吕布的内心激动与兴奋交织，恨不得一步就踏进下邳城。

此时下邳城里又有了新变化，下邳相曹豹最终还是没能守住大营，被张飞领兵攻入，一场混战，曹豹被张飞斩杀。这么一来，城里的丹阳人不干了，城内的丹阳兵与张飞率领的刘备旧部在下邳城里展开混战。

曹豹死后，丹阳兵推举丹阳人许耽为首领，许耽考虑得很周全，他怕吕布黑天迷路，特派部将前去接应。

城内形势紧迫，许耽也不是张飞的对手，许耽急需援兵，于是派自己的司马出城迎接吕布。

许耽自己则率领丹阳兵在下邳西城门内随时接应，西门也叫白门，西门的城楼就是著名的白门楼。看过《三国演义》的应该对这个名字不陌生，吕布最后就是在这里被曹操擒获。

不过，现在的吕布并不能预知自己未来的命运，此时的他还处于极度亢奋中，负责接应的这位司马在黑夜里终于等到了吕布的部队。

吕布简要了解了城内局势："张飞跟曹将军素来不和，张飞带兵攻击曹将军，两军在城内混战，曹将军已被张飞杀害，城内我们的人（丹阳兵）正跟张飞巷战，下邳城乱成一团，许将军派我来迎接将军，里应外合夹击张飞。大家（指丹阳兵）听说将军要来，大小将校都很振奋，全都翘首企盼将军的到来，只要将军一到，我们的人就会打开西门接将军入城。"

吕布听了很高兴，废话不要讲，告诉司马，前面带路，一行人狂奔而来。四十里对骑兵也只是转瞬之间，吕布率部很快抵达下邳城下。

这时天已大亮，西门的丹阳兵在许耽的带领下打开西门，将吕布所部接入城中，进城后，吕布军立即寻找张飞军决战。

张飞在城里跟丹阳兵打了一夜，人困马乏，全城已然失控，丹阳兵跟他彻底翻脸，早就不听张飞的指挥，张飞能控制的也只是下邳城一部。

就在张飞全神贯注对付前面的丹阳兵时，背后忽然喊杀声大起，吕布带兵从后面杀了上来，丹阳兵见援兵到了，也从营垒里杀出，前后夹击，张飞腹背受敌，又鏖战一夜，已是强弩之末，尽管张飞率部拼死抵抗，但大势已去，很快便全军崩溃。张飞在部下的拼死保护下杀出重围，逃出下邳，张飞突出重围，但刘备的家眷跟前线士兵的家属还在城里，这时也顾不上了。

刘备得知下邳失陷，只好率军撤退，这场仗再打下去也失去了意义。半路上，刘备遇见了盔歪甲斜狼狈不堪的张飞，张飞红着脸把下邳失守的经过说了一遍，当说到家眷还在城内没来得及救出时，张飞几乎无地自容，但刘备也顾不上埋怨兄弟，刘备明白，这时再说什么也没用了。

刘备带着关羽、张飞准备趁吕布立足未稳打回去，夺回徐州，但军心已变，军至下邳，军中的丹阳兵便一哄而散，刘备只好收拾散兵东进广陵。

刘备率军在广陵与袁术再次交锋，结果大败，并非刘备不如袁术，怎奈此时刘备失去根据地，今时不同往日，士无战心，军无斗志。

接连败北的刘备陷入进退维谷的困境，刘备家眷被吕布俘获，粮饷辎重也不多了，手下只剩下为数不多的人马，在吃完最后一粒米后，刘备部断粮了，发展到最后，部下甚至自相残杀，人吃人。

刘备困居广陵，已然走投无路。

就在刘备几近绝望之际，一个人站出来，拿出自己的几乎全部家产充作军

群
雄
逐
鹿

用。这个雪中送炭的人就是前面提到的陶谦旧部徐州别驾——麋竺。

麋竺，字子仲，徐州东海朐人。麋竺家在当地堪称豪富，麋竺能成为徐州别驾从事就说明此人及其家族的势力和地位。

麋竺在徐州富甲一方，仅依附于麋家的佃户家奴就有上万之多，家产数亿。

疾风知劲草，徐州僚属纷纷背叛之时，麋竺仍然追随在刘备左右不离不弃，不仅他，他把整个家族都带进军营，家产充作军饷，这时刘备的妻子尚在吕布手中，身边无人陪伴，麋竺又将自己的妹妹嫁给刘备，两人的关系更为紧密，麋竺也成为刘备的心腹亲信。

麋竺的妹妹即刘备的麋夫人，麋竺的弟弟麋芳也随同哥哥从军。麋氏一门在危难时刻的鼎力支持令刘备内心深受感动，后来，曹操上表朝廷任命麋竺做赢郡（从兖州泰山郡划出五县设立）太守，任命其弟麋芳为彭城相（级别与太守同），但两人都弃官随刘备周旋。所以尽管后来麋芳公开叛变，麋氏宗族也未受牵连。

麋竺用自己的行动表明忠诚。从此，麋竺在刘备心中的地位无人能够撼动。尽管麋竺只是幕僚，并无特殊才干，但刘备一直对麋家特别是麋竺礼遇有加，麋竺受到的赏赐，即便后来的诸葛亮也不能与之相比。

虽然麋竺献出家产，但对刘备军也只是杯水车薪。困境中的刘备思来想去，做出了一个让部下们震惊、惊诧的决定——去投奔吕布。

当刘备宣布这个决定时，很多人难以置信，吕布是个反复无常的小人。当初他走投无路前来投奔，我们好心收留，他却趁我们内乱，乘虚而入，鸠占鹊巢，如此恩将仇报之辈，怎能去投他。

尽管有部下反对，但刘备主意已定，这时他已经没有了退路，向忘恩负义的小人低头很屈辱，刘备自己又何尝愿意。但人在矮檐下怎能不低头。为了生存不得不如此，闯荡多年积累的人生智慧告诉刘备，大丈夫能屈能伸，现在情势所迫不得不屈，数年后的白门楼，刘备将会向世人展现他伸的一面。

成为徐州新主人的吕布这些天心情格外好。吕布轻取徐州，当年兖州的事似乎又在徐州重现，每次都有人主动来迎，每次乘虚而入都如愿以偿。

得意的吕布渐渐淡忘了兖州的惨败。吕布接连从背后下黑手，此前偷袭曹操的兖州、这番突袭刘备的徐州，将曹操、刘备彻底得罪了。曹操、刘备都是叱咤风云的英雄，如正面交锋，吕布未必是两人敌手，但吕布每次都在人背后捅刀子，之前杀丁原是暗杀，杀董卓是刺杀。号称飞将的吕布几乎总是靠偷袭得手。

吕布进兖州是趁曹操东征徐州，内有陈宫、张邈接应；进徐州是利用刘备与袁术对阵，后方不稳，加之许耽的丹阳兵从中接应，用流氓手段，侥幸成功。

但吕布的好运也到此为止了。

当下邳城里的吕布接到刘备要投靠自己的请求后作何感想，但凡有羞耻心的人都会羞愧，估计吕布不会，因为在吕布的字典里从来就没这几个字的位置。

吕布接受了刘备的请求，不但接受了，还亲自出城迎接，汉末三国是个乱世，但像这种奇妙的尴尬场面还不多见，以吕布脸皮的厚度跟刘备的善于随机应变，应付这种情况绰绰有余，这点不必令人担心，在一番假情假意的寒暄后，刘备再次进入下邳，只不过身份从主人变成客人。

原来的主人跟新主人同在一城，低头不见抬头见，难免尴尬，吕布的脸皮虽然能够承受，但吕布的部下纷纷劝吕布杀了刘备免除后患。吕布自己也多次想杀刘备，但最终还是没杀，他还没蠢到那种地步。因为吕布很清楚，刘备杀不得。

刘备穷困来投，正如当初穷困来投刘备的自己，此时若是杀了刘备，天下人会如何看他，虽然他此时名声已然不佳，但吕布并不想让天下人把他骂死。而且，刘备在徐州深得人心（主要是士大夫），并无过恶，吕布杀之无名。最主要的是，刘备并非孤家寡人，其二弟关羽、三弟张飞皆是勇将号称万人敌，这时刘备手下仍有一支忠心于他的部队，吕布就算想杀刘备，也不能容易下手，若弄巧成拙，激化矛盾，被逐出徐州的说不定会是他吕布。

考虑再三，吕布决定让刘备及其部众去小沛，这正中刘备下怀，是非之地不可久留，刘备也不想跟吕布住一块儿，那样早晚会出事。

吕布上表刘备为豫州刺史。临行前，吕布以刺史的仪仗为刘备举行了盛大的欢送仪式，在泗水边为刘备饯行，于是，刘备挥挥手向吕布告别，到小沛"上任"去了。

刘备又回到小沛，连头衔都一样——豫州刺史。不知故地重游的刘备作何感想。

刘备奋斗多年终于成为一方州牧，却在吕布、袁术的前后夹击下，丧失地盘，又过起了寄人篱下的日子。从这时起，吕布、袁术两人就被刘备列入必杀之人的名单，这两人最后也的确是死在了他的手上。

这时的刘备处于人生低谷，本就很失意，可还是有人不想放过他。此人不是别人，正是刘备的冤家对头——袁术。

三国

之

群雄逐鹿

（九）辕门射戟

刘备到了小沛收拾旧部重整旗鼓，很快又有了数千人马。刘备在小沛修葺城垣，建造房舍，又恢复了一些往日的气象。袁术得知后，担心刘备势力坐大于己不利，于是派帐下大将纪灵领兵三万，杀气腾腾直奔小沛而来。

世间想杀刘备的人很多，吕布、曹操都曾有此心，但袁术却是其中最坚决的一个，并随即付诸行动。

袁术要趁刘备羽翼未丰时，将其彻底消灭，决不能让卖草鞋的刘玄德卷土重来！

此时的刘备兵微将寡，单凭一己之力难以抵抗袁术的数万大军，刘备不得已向吕布求救。没错，就是吕布，因为这时候能救刘备的人也只有吕布。

对自己的处境，刘备心知肚明，当前的局势，能挡住袁术的，非吕布莫属。

接到刘备的求救信，吕布没有丝毫犹豫，当即决定出兵相救。

部将们对吕布所为十分不解，纷纷说："将军，您不是一直想杀刘备吗？现在正是好机会，袁术举兵相攻，不消我们动手，只要坐山观虎斗，以刘备目前的兵力根本不是袁术的对手，我们正好借袁术之手铲除刘备，如此一来，您既不必担心背负杀刘备之名，别人也不能说您不能相容于人。您为何还要救他？"

吕布摇摇头说："你们错了，刘备，必须救。袁术若灭了刘备，他的势力必然深入徐州，更会北上联结泰山臧霸诸将，如此一来，他就不再需要我们，徐州也将陷入袁术包围之中。届时，袁术若要对徐州下手，将对我们大大不利。袁术觊觎徐州已久，不得不防。所以决不能让袁术奸计得逞。"

在很多人印象里，吕布不过是一个好勇斗狠有勇无谋的武夫。其实，这是对吕布的误解，如果吕布真是一个没心计的人，十个吕布也早死多时了。尔虞我诈是三国，在阴谋诡计横行的时代，能成为一方诸侯的都不简单，吕布边郡寒门之家能与出身豪门权贵的曹操、袁术争雄一时，此人绝非平庸之辈。

吕布之所以最后失败，不是他不聪明，而是他的对手更聪明、更狡诈，实力、能力更胜一筹。汉末群雄中，能占据一席之地者，如公孙瓒、刘表、袁绍甚至包括袁术、吕布都可算一代枭雄。他们失败除了自身原因，还因为他们遇上了曹操、刘备这等不世出的英雄。

吕布带着二百骑兵、一千步兵前往小沛，而对手袁术大军有三万之众。兵力对比是一比三十，但吕布还是信心满满地出发了。

也许有人会认为，吕布未免太过轻敌，吕布并未轻敌，因为他只能带出这点人马。虽然吕布素来骁勇善战，但他的部队实力有限，特别是兖州战败，吕布尚未恢复元气，这一千二百人已经是他所能调动的仅有的机动兵力。而且，吕布此行并非是去打仗，而是去劝和，人带多了反而不美，而只带千余人更能彰显他的"名将风度"，如何化解眼前的危局，吕布心中已经有了对策。

吕布军出发的同时，袁术大将朱灵率领的三万大军已经逼近刘备据守的小沛城。吕布虽然兵少，但吕布威名的震慑力依旧强劲，听说吕布亲自带兵来为刘备解围，纪灵不敢向前，远远扎下大营，按兵不动。

吕布到了小沛也没进城，在城西南不远处也安营下寨，然后派人请小沛城里的刘备兄弟以及袁术军纪灵等人来自己营中相聚。

解小沛之围，不需刀兵，只要一场宴会和一次吕布的个人才艺表演。

接到请柬的刘备与纪灵如约而至。

主人公吕布请刘备、纪灵入席。但这时不论刘备还是纪灵都处于云山雾罩中，不清楚吕布这葫芦里到底卖的什么药。

看着满脸狐疑的在座诸位，吕布首先发言："玄德，乃吕布之弟。"说着看了看刘备，又接着说："现在我弟刘备被诸位围困，我特来相救。"说这话时，吕布的眼神一直在盯着纪灵，盯得纪灵浑身不舒服。吕布又说："我吕布生性不喜刀兵，不愿见两方厮杀（说这话真亏心），只喜欢劝架，希望大家以和为贵。今天请诸位来，就是要化解两家的恩怨。但我吕布人微言轻，恐怕诸位未肯听从，这样，我们请上天裁决如何？"

众人听了，不知吕布此话何意，一桌人面面相觑，只听吕布接着又说："吕布惯用长戟，此众所周知，我命人将长戟插在辕门之外，我在百步之外引弓射之，若我一箭射中长戟小枝，这就说明天意让两家言和，就请双方各自罢兵。如若我射不中，诸位尽可厮杀，吕布绝不再阻拦。不知诸位尊意如何？"

刘备、纪灵等人一听，既然吕布你如此说，那我们还有什么好说的，那就请您献艺吧。众人纷纷离席随吕布走出帐外，辕门处，早有士兵将长戟插好，刘备等人站在一旁观看，只见吕布站在百步之外，引弓搭箭瞄准长戟，慢慢拉开弓弦，在场所有人的心都遽然紧张起来，尤其是刘备，虽然他知道吕布弓马娴熟、箭无虚发、百步穿杨，但那也只是听说，现在吕布夸下海口，要是射不中，自己就要被赶出小沛，刘备心中惴惴不安。

就在这时，只听嗖的一声，箭射出去了，刘备根本没敢看，随着箭的射出，周围响起一片喝彩声，刘备睁眼正看见吕布得意的笑脸，于是刘备也笑了。吕布成功了。

在场的各位将军尤其是袁术一方的人，都被吕布的箭法镇住了。果然名不虚传，吕布确实厉害，要是不听他的劝告，真打起来，让吕布在自己身上戳几个洞，可不是好玩的。既然人家给了台阶，那就顺坡下驴吧。于是纪灵等人纷纷上前夸赞吕布箭法，拍吕布的马屁，吕布对这个最受用，心情大好，于是大家又重新入席，继续喝酒。直喝到尽兴才各自回营。

第二天大家在吕布大营继续"联欢"，欢宴过后，各自走人。

纪灵带着部队垂头丧气回淮南见袁术复命，吕布辕门射戟巧妙化解刘备与袁术的纠纷，对自己的所作所为颇为得意，也率部回去了。刘备得以暂时渡过危机。

这时的徐州局面错综复杂。徐州，北邻兖州、南接扬州，控扼淮水、泗水，徐州地处四战之地成为各方势力竞相争夺的目标，也正因为徐州的战略价值，陶谦、曹操、刘备、袁术、吕布，甚至后来的孙权都想将此地据为己有，纷纷登台，你方唱罢我登场。

刘备待在徐州犹如坐在火山口上，就算他不想惹麻烦，麻烦也会来找他。

在陶谦跟曹操的争夺战中，名不见经传的刘备渔翁得利，坐享其成。但刘备的发迹却引来袁术的忌恨，吕布占据徐州后，自称徐州刺史。刘备仍在徐州，袁术对徐州贼心不死，三方的三角关系颇为微妙。刘备跟袁术势不两立，最关键的是吕布的态度，从内心说，吕布既不喜欢刘备更讨厌袁术，但吕布却在两人之间施展战国纵横术，在刘备与袁术之间搞平衡。

吕布耗费心机，试图维持当前的局面，因为此时局势对他最有利，但另两个人刘备跟袁术都不满意，他们也想要徐州。吕布的愿望注定要落空。

吕布知道袁术心中对徐州一直图谋不轨，但自身实力又不足以单独对抗袁术，尽管吕布不喜欢刘备还常常想杀刘备，但袁术攻刘备时，吕布还是挺身而出援救刘备，吕布救刘备因为这时他需要刘备。他们是唇亡齿寒。如果刘备被袁术消灭，吕布就更加孤立，吕布救刘备只是为了自保。

吕布想利用刘备同袁术对抗，让袁术不敢对徐州存非分之想，同时，他也不跟袁术闹翻，仍然保持接触，与此同时，吕布也不想让刘备的力量过分膨胀，超出自己的控制范围。但刘备却很不自觉令吕布失望。

躲过一劫的刘备，深感自己的兵力不足，毕竟靠吕布表演箭术终究不是长久之计！

袁术军刚退走，刘备就在小沛支起招牌招兵买马，刘玄德在徐州的号召力非同凡响，四方百姓听到消息纷纷前来投奔，刘玄德仁义之师，很多人都愿意到刘备这里投军。很快，刘备又有了上万人马。

吕布不能容忍刘备扩充实力，那会威胁到他的安全，这次不用袁术出兵，吕布自己亲自率兵来攻小沛，刘备虽兵马过万，但新兵很多，尚未及训练，吕布便兵临城下，新兵被投入战场，与百战之余的吕布精兵交锋，结果可想而知。刘备大败，新组建的部队被打散，刘备只好去投奔曹操。

刘备与曹操在徐州战场上曾是对手。但就像袁绍不计较刘备曾追随公孙瓒，曹操对之前刘备为陶谦与自己作对也不予追究。曹操热情接待了刘备，并上表朝廷让刘备做豫州牧，曹操已是继陶谦、吕布之后，第三个将豫州"封"给刘备的人。

刘备来投，曹操部下也有人建议曹操杀刘备。谋士程昱对曹操说："观刘备此人有雄才，又深得人心，非久居人下者（言下之意，刘备是不会安心依附于您），不如趁机将其铲除。"曹操却不同意，曹操说："方今正广揽天下英雄之时，刘备素有大名，今主动来投，我若杀之，天下必认为我不能容人，因一人而失天下之心，我不为也。"程昱见曹操如此态度，也只能摇头叹息而去。

程昱所料不差，刘备乃当世英雄，日后与曹操并争天下者，正是此人。

（十）迎帝都许

关东的各路诸侯忙于争夺地盘，偏居关中一隅的汉献帝几乎被人遗忘。只有一个人始终惦记着这位皇帝陛下，此人就是曹操。到底是长于京师的官宦子弟，曹操的政治见识远在其他诸侯之上。

在大家都认为只有扩大地盘才是取胜之道时，只有曹操看好小皇帝身上的巨大政治价值。虽说现在皇帝除了一个名号，跟乞丐没什么区别，但曹操却看到了汉献帝潜在的价值，必须在其他人意识到这个"国宝"的价值之前，将皇帝这个宝贝抢到手。

行动之前，曹操还需要做一件事，扫荡豫州黄巾，此时活跃于豫州汝南、颍川一带的黄巾余部在刘辟、何仪、黄劭的率领下各自拥兵数万，对曹操构成不小的威胁，因为豫州黄巾早先与袁术联合，后又归顺孙坚，始终亲袁术而与曹操敌对。

曹操对敌人是从不手软的，更何况是心腹之患。

二月，曹操亲自率军征讨，先后消灭刘辟、黄劭所部，余者四散奔逃。刘辟、黄劭死于乱军之中，何仪见势不妙，率余部主动投降。袁术在豫州的势力被曹操摧毁殆尽。

196年春，曹操接连占领汝南、颍川，将豫州大部收入囊中。之后，曹操把自己的大本营从兖州搬到豫州颍川郡的许县。

这时，汉献帝尚在西北军阀董承、韩暹手上，屯兵梁县的杨奉跟驻扎河内的张扬也是曹操迎接皇帝的阻碍跟路障。董承、杨奉几人虽欠缺政治远见，但也知道身边的皇帝奇货可居，怎肯轻易让人。

阻力不仅来自外部，也来自曹操的部下。

曹操谋迎皇帝的计划从一开始就不顺利，可谓一波三折，首先内部意见不一，很多人对迎接傀儡皇帝并不感兴趣，他们的态度也与当时众多诸侯如袁绍等一致，他们都认为将皇帝接到自己身边没必要，除了多出一位必须时时请示的皇帝陛下，并无任何实际价值，还要负担皇帝及其随从的庞大开支，得不偿失。

武将大都反对，而文臣则纷纷赞成。曹操首席谋士荀彧再次站出来，力排众议，坚决主张迎接献帝。荀彧的远见卓识非寻常武夫可比。

荀彧说："当年晋文公率兵勤王，保护周天子，赢得天下人心，诸侯各国无不对晋国心悦诚服。晋文公也因此声望大增，成就一番霸业，成为春秋五霸之首。汉高祖刘邦为义帝发丧，天下归心，最终打败项羽，开创汉家四百年天下。主公想要成就一番伟业也需多行义举，令天下归心。自董卓祸乱京城，天子遭难，天下义士仁人，无时不想救天子于危难，解百姓于倒悬。您若能顺天意应民心，逢迎天子，天下人必感念您的恩德，四方豪杰也会效力于您的麾下。如此，四方虽有叛臣贼子，也不足为惧。韩暹、杨奉不过跳梁小丑，主公如犹豫不决，被他人抢先，到时恐怕追悔莫及。"

谋士程昱也力劝曹操迎接献帝。

荀彧、程昱的话坚定了曹操迎帝的决心，荀彧的声望也足以镇服反对派。协调好内部，统一认识后，曹操派亲信扬武中郎将曹洪领兵前往洛阳迎接天子。但曹洪的旅途并不顺利。袁术派兵在曹洪必经之路上占据险要，封锁道路，不让曹洪通过。

袁术阻挡曹操迎接皇帝，并非他有多少政治远见，但曹操刚刚消灭亲附于他的豫州黄巾，这对一直想入主中原的袁术不啻当头一棒，如同折去一条臂膀。所以当袁术得知曹操派兵去洛阳，抢先派兵拦阻，只要不让曹操得偿所愿即是胜利。

曹洪前路被阻，原路回去也没法向曹操交代，进退两难，只好就地扎营，派人给曹操送信，报告状况。

就在曹操一筹莫展之时，事情出现转机，董承因被韩暹欺负，改变主意，同意让曹操来。但曹操的笑容还没绽放，又有坏消息传来，屯兵梁县的杨奉反对。杨奉是西北几路人马中实力最强的一支，他不点头，事情就不好办。

还未等曹操采取行动，就有人主动出手相助，给曹操帮忙。这位热心助人的仁兄虽不是主角，却总是在关键时刻出场，在以后曹操的几次重大行动中都有他的身影，他就是日后在曹操智囊团中扮演重要角色的董昭。

（十一）谋臣董昭

董昭（156—236），字公仁，兖州济阴定陶（今山东定陶）人。

在曹操如星河般璀璨的众多谋士中，董昭是一个并不引人注意的角色，却是不能不说的一个。这位仁兄也是名士出身，董昭的家庭背景很不一般。凭着背景后台，董昭跟许多显贵子弟一样被举为孝廉，其实他们大多既不孝也不廉。

董昭先后做过瘿陶县、柏人县县令。身逢乱世，董昭终究难以置身事外，而且他也不是一个安于寂寞平淡的人。

物以类聚，人以群分，既然是名士，就要往名士堆里凑，董昭也不例外。

当时最大的名士群就是以袁绍为群主的关东名士群，全国各地的名士纷纷集合到新生代名士领袖袁绍的旗帜下，董昭也来投奔袁绍，但董昭明显来得不是时候，或者说是太是时候。

此时，袁绍正跟公孙瓒在界桥对阵，具体战况前文述及，不再重复。

当时，公孙瓒兵强马壮，白马义从更是名扬天下，而袁绍的班子刚搭起来，在冀州的势力也并不稳固。袁绍此时来冀州不久，又是用龌龊手段夺来的，很多郡县太守、县令并非袁绍所任命，袁绍还没来得及换，公孙瓒就打来了。

董昭来投时，因为正在打仗，袁绍也没分派董昭具体职务，就让董昭参谋军机，在身边给自己出主意。就在这时，袁绍接到密报，手下钜鹿郡太守李邵跟郡中大姓见公孙瓒兵强马壮，有叛变投靠的迹象。这也不奇怪，本来就不是你的人凭啥听你的，太守李邵等人在危急时刻彰显出乱世人性本色——墙头草，哪边硬往哪边倒。

钜鹿郡是河北大郡，一旦归附公孙瓒，势必影响士气，更可怕的是，钜鹿郡的叛变，很可能在冀州引发连锁反应，袁绍不敢大意，界桥决战正在进行，后方决不能乱。

关键时刻，袁绍没有犹豫，决定立即换人。但武将都要出战，只能派文官，派文官也不能派书呆子型，那样去了也白给，办不成事不说，更容易误事。

袁绍听说过董昭机敏多谋，就把董昭叫来，让他出任钜鹿太守，要是胆小的，遇上这种事躲还来不及，但董昭却一点不怕，欣然领命。

袁绍虽说很看好董昭，但毕竟相处的时间短，对董昭能不能稳住局势也不放心，临行前，袁绍问董昭："到了钜鹿，你打算如何应对？"面对袁绍焦虑的眼神，董昭气定神闲，一副胸有成竹的样子，不慌不忙地说："单靠我一人怕是说服不了郡中众人，我的想法是佯装顺从其意，麻痹他们，而后探听他们的谋反详情，掌握他们谋反的可靠证据，再随机应变，将其一网打尽。因此很多事情需要随机处理，我也说不出详细的方案。"袁绍听了觉得有理，虽然心里并不完全放心，但也只能看董昭的临场发挥了。

董昭到达钜鹿的时候，整个钜鹿郡早已是人心惶惶，郡里以孙伉为首的几个大姓暗中串通一气，到处散布谣言，说公孙瓒大军即将打来，袁绍大势已去云云。

董昭到钜鹿后，没有立刻抓人，反而干起了伪造公文的活儿，因为平时就干这个，也算专业，所以干起来也特别顺手。

董昭伪造袁绍的公文，说已经抓到公孙瓒的奸细安平人张吉，经他供认本郡孝廉孙伉跟他勾结，答应做内应。接着，将伪造的公文告示贴满钜鹿的大街小巷。

罪状已经公布，接下来就是抓人，几个带头的人早就被董昭列入黑名单，告示上也有大名，那就省事多了，这几位都是钜鹿的头面人物，走到大街上一眼就会被认出，想藏也藏不住，很快都被董昭抓捕归案。

董昭办事极有效率，在审问过后，迅速批复，将其中几个主谋斩首示众。董昭的这一举动，着实厉害，原本乱哄哄的钜鹿，很快恢复秩序。杀人立威的效果立竿见影，虽然有些恐怖，但很有效。

之后，董昭又露出温情的一面，带人在郡中四处走访，看望贫苦百姓，嘘寒问暖，还经常到民间走访，揭开灶台上的锅盖，看看百姓平日都吃些什么，还特别表示，有困难就来找我。经过一番努力，董昭迅速赢得钜鹿人的好感与拥戴，人心逐渐安定，钜鹿被董昭成功稳住。

董昭处理好钜鹿郡的事，将经过向袁绍做了详细汇报。袁绍没想到，董昭一介书生，竟然有如此手段，这么快就把纷繁复杂的事情办得妥妥当当，袁绍不得不对董昭刮目相看。

董昭回来不久，又有消息传来，魏郡出事了。那里的情形比钜鹿更糟糕，魏郡的各方势力不仅反叛袁绍，各派之间还互相残杀，整个魏郡乱成一团。

魏郡太守栗攀被乱兵所害。魏郡局势彻底失控，袁绍为此焦虑万分，他的主力要在前线对付公孙瓒，眼下抽不出太多兵力对付后方叛军。于是，刚刚从巨鹿归来的董昭，又领受到新任务——去魏郡平叛，这次董昭的职务是魏郡太守。

能者多劳，董昭，既然你能干，魏郡也交给你了！

董昭来到魏郡，才知道局势混乱到了什么程度，宗族大姓的武装在城内外杀成一团，魏郡陷入无政府状态。董昭来后，各方势力对之不理不睬。

魏郡打成了一锅粥，但日子还要过，生意也照做，即使战争期间，也要柴米油盐。于是，硝烟弥漫中，打仗间隙，仍有讨价还价的喧嚣声，共同构成了一幅既矛盾又和谐的画面。

魏郡大姓之间经常互派商团到对方的控制区做生意。于是，董昭的机会就来了，董昭是个见缝就插针的人，这么好的机会岂能放过！董昭派人到各宗族武装中到处挑拨是非，乘机又打又拉，将叛军各个击破，只用了几天就平定叛乱。

董昭成功平定魏郡叛乱又是大功一件，本应立功受赏，但董昭没等到嘉奖晋升，却等到袁绍要抓捕他的消息。事情还要从董昭的弟弟董访说起，兄弟俩一个投奔袁绍、一个投靠张邈，偏偏两人的主公是死对头，董昭的弟弟董访在敌人阵营，这成了董昭的一个政治污点。

偏偏这时，董昭又立下大功，眼看就要受到重用，于是袁绍身边那些小人，不停地在袁绍身边说董昭坏话。没本事的人自己不成事，却总是嫉恨那些有本事的人。袁绍本就生性多疑，开始还不信，听得多了也就信了，派人来魏郡缉捕董昭。

董昭事前听到风声，只好收拾包袱，逃离魏郡。离开袁绍，董昭也不知去何处安身，思来想去，董昭决定去长安。毕竟皇帝在那朝廷也在那。但这时天下群雄混战，路上盗匪横行并不太平。

拦路的不仅有盗匪，也有军阀。在去长安的路上，董昭路过河内郡，被割据此地的军阀张扬扣下。张扬与吕布既是同乡也是好友，只要看看吕布的德行，就知道张扬的为人，不论董昭如何足智多谋、巧舌善辩也没用了，因为人家根本不听，秀才遇见兵有理说不清。

张扬正巧缺一个军师，董昭就这么成了张扬的军师，董昭虽不情愿，但为保全性命只好勉强答应。

兖州牧曹操曾派人到张扬处接洽，想借道派人去长安朝觐，但却被张扬一口回绝，幸好董昭在旁，董昭劝张扬："现在袁绍、曹操虽然亲如一家，但这种情况势必不会长久，曹操势力虽弱，但此人乃当世英雄，日后定能成就一番霸业。将军不如趁此时与之结交，如今他既然有求于您，将军不如卖个顺水人情给他，事成后，曹操必定会记住您的好处，借道给曹操，对您并无损失，何乐而不为！"张扬一听也是，也就同意了，放曹操的使者西去。

董昭做到这已帮了曹操的大忙，但董昭并未就此罢手，他又以曹操的名义给长安的李傕、郭汜写信致意。

曹操不时派人给张扬送去金银布帛，两家常有往来，每逢节日还互派使者互致问候，曹操通过张扬得以与朝廷保持联系。

董昭后几经辗转回到皇帝身边，韩暹、杨奉、张扬、董承几人在洛阳时，董昭也在，对洛阳的情况，对各派彼此间的关系，董昭身为局内人非常了解。

当曹操迎接皇帝受阻时，董昭又一次及时伸出援手，主动为曹操排忧解难。眼下最大的障碍是杨奉，于是董昭再次捉刀代笔以曹操的名义给杨奉写信，目的无非是劝杨奉让路，成全曹操的拳拳"报国之心"。

董昭知道杨奉虽兵强马壮，但最缺外援，于是董昭投其所好，他的信是这样写的，开篇照旧是一番恭维："曹操仰慕将军（指杨奉）由来已久（估计曹操本人不会认同，杨奉是白波贼出身，曹操世受汉禄不会仰慕一个反贼）。将军历尽千难万险，将圣上救出又不辞劳苦一路护送，将军的功劳天下无双，必将名留青史。如今天下大乱，盗贼横行，若要澄清海内，非一人一己所能做到，天下英雄需齐心合力。将军在内，辅佐朝政，我在外做您的外援，内外呼应。粮草方面，将军不必多虑，兖州近年颇有积蓄，我当尽力筹措。我愿与将军通力合作，匡扶社稷。"

杨奉看信后，很是得意地对部下说："曹兖州近在许县，兵精粮足，他愿做我们的外援，还有什么可担忧的。"于是杨奉等人共同给皇帝上书，请求晋升曹操官职，不久朝廷诏旨到，拜曹操镇东将军，承袭其父费亭侯的爵位。

曹操进入洛阳的最后一道障碍消除，通往洛阳之路被打开。

建安元年（196）八月，曹操如愿以偿进入洛阳。

到洛阳后，曹操先上了一份表章，痛斥韩暹、张扬的罪恶行径。曹操的这份奏疏不同以往，他是带兵来的，也就是说，曹操的奏疏是有执行力的，有武力做后盾。列举罪名只是第一步，接下来即是逮捕问罪。

韩暹见势不妙，逃出洛阳投奔杨奉。

汉献帝念在两人护驾有功的份儿上，下诏免予追究。

曹操带兵入洛掌控局势。大权在握后，曹操学习前辈董卓很快给自己安排了新的职务——司隶校尉，录尚书事。曹操从此问鼎中枢，一步步走向人生的巅峰。

新官上任三把火，初掌政柄的曹操赏功罚罪，使出雷霆手段，整肃朝廷风纪。对迎接自己的功臣董承、伏完等十余人一一封侯，将尚书冯硕等三人斩首。追认死于李傕、郭汜之乱的射声校尉沮俊为弘农太守。

曹操上台后，一系列举措，初显一代权相威风。

忙完这些，曹操第一件事就是召见董昭。曹操能顺利进入洛阳，加官晋爵风光无限，董昭居功至伟，当事人曹操对此十分清楚，从这件事上，曹操即看出董昭的非凡才干与见识，他深知此时自己正需要像董昭这样了解洛阳情况的谋士为自己出谋划策，因此，曹操急不可待将董昭请来商议大计。

曹操为了表示感谢，特意让董昭在自己身边就座以示尊崇。曹操找董昭来除了表达感激之情，还有更重要的目的——问计。

对曹操来说，进入洛阳只是迎接皇帝的第一步。接下来，如何把皇帝带出周围军阀林立的洛阳城才为主要。因为此时曹操的实力有限，若动武未必能占到便宜，最好智取。

董昭在此前的一系列行动中，与各方势力的巧妙周旋，给曹操留下了深刻的印象，所以曹操才会来找董昭，能否将皇帝成功接入自己的地盘，完美地实现最初制订的计划，曹操需要董昭的指点。

形势紧迫，曹操也不绕圈子，开门见山，问道："依先生之见，接下来，如何迎出圣驾？"曹操问得很直接，但董昭的回答很含蓄。

董昭说："将军，兴义兵诛暴乱，今又冲破重重险阻，进京朝见天子，可见您对朝廷的一片忠心。但目前京城众将拥兵自重，目无朝廷，留在洛阳，多有不便，只有把圣驾移到许县才是万全之策。"

董昭的话说到了曹操的心里，曹操也是这么想的，正所谓英雄所见略同。曹操何尝不想把皇帝接到自己的地盘就近保护（控制）。但杨奉等人又不是木头，不会轻易让曹操得逞，把皇帝接走。

董昭看出了曹操的心思，继续说："只是天子历尽苦难奔波一年有余，才从长安回到洛阳，人心思定，朝廷百官未必愿意迁移。迁都事大，但权衡利弊，迁都利大于弊，要成非常之功，就要敢为人之不敢为。请将军深思。"

曹操此刻也不再隐瞒，将自己的底牌和盘托出，说道："您之所言，正合我意。只是杨奉屯兵梁县，近在咫尺，杨奉所部甚是骁勇，尽是百战之余的精锐，他怕不会答应。要是他从中阻挠，如何是好，您可有应对之策？"

董昭听了微微一笑："杨奉此人，我素知其为人，杨奉兵马虽强，但也有弱点，他的弱点就是孤立，缺乏外援。您可敷衍于他，多送金银财帛，假意亲近，麻痹他。他若阻拦，您就说京城无粮，暂请皇帝到鲁阳，那里粮多。鲁阳靠近许县，只要出了洛阳，想去哪里，还不全在于您！杨奉有勇无谋、反应迟钝，定然不会怀疑，待他反应过来，皇帝车驾早已到了许县。杨奉不足为虑，您不必担忧。"

曹操听了董昭的话很满意．接下来，曹操又问了一个问题："那您看派谁去好？"曹操虽然是在问，实际眼睛却盯在董昭身上。董昭何等聪明，自然领会了曹操的用意。这里也没有比自己更合适的人选，于是答道："在下不才，愿亲往杨奉军中，说服杨奉。"

之后的事情毫无悬念，在董昭一番晓以利害后，杨奉终于点头。曹操抓住时机，就在当上司隶校尉的第九天，曹操在洛阳周围几个军阀脑袋尚处于混沌状态时，带着汉献帝溜出洛阳城，一路打马扬鞭直奔许县。是非之地不可久留。在人家的地盘上抢人，不快跑还等什么。按事前的计划，曹操保护着汉献帝经轩辕向东，回到许县。

从此，曹操就过上了"挟天子以令诸侯"的幸福生活，成为又一个把持朝政的权臣。曹操将皇帝这个最好用的橡皮图章抓在手里，政治上占尽主动先机，曹操可用皇帝名义打击政敌，使自己在政治上处于"永远正确"的有利地位。

汉献帝从李傕、郭汜的魔掌中逃出，才出狼窝，又入虎穴。看惯了别人脸色的可怜的小皇帝，早已对武将权臣的跋扈专权习以为常。政治上刘协已经十分成熟。

汉献帝刘协为表彰曹操（把自己解救出来），下令晋升曹操为大将军，封武平侯，升官晋爵，之前曹操的爵位只是亭侯，如今已是武平县侯。

此时的汉献帝刘协可能是有汉四百年来最穷的一位天子，从长安到安邑再到洛阳，几经辗转，御用物品、图书典册丢失殆尽，曹操看在眼里，及时送去一批皇家用品，包括皇帝用的纯金香炉、纯金唾壶（俗称痰盂）、纯银镂带漆画书案等。曹操还为此专门上了一篇奏疏《上杂物疏》，看看曹操进献的这些器物，的确是杂物，却也是生活必需品。

一度成为流浪天子的刘协，在许县终于找到了家的感觉。这时的刘协想必对曹操印象极好（两人还要相处二十多年，有的是时间了解对方，曹操还在隐藏，对皇帝也很恭敬，这让小皇帝产生了错觉），如此忠心，如此体贴周到，实属难得。

曹操的心情也很好，才接到皇帝，就得到提升，位极人臣。这令曹操心花怒放，好不得意。

但有人得意就有人失意，这段时间最郁闷的就是杨奉了，这位仁兄被曹操跟董昭结结实实耍了。

杨奉的确如董昭所言，虽然很能打，但反应很迟钝。等杨奉发现事情不对，领兵而出，想在半路阻击，曹操早过去多时。

杨奉失去了皇帝这张牌，政治地位一落千丈，之前因为皇帝被杨奉、韩暹等人控制，曹操就算有心将之剿灭，也投鼠忌器。如今，皇帝已进曹营。曹操再也不需顾忌那么多了。

杨奉还来不及伤心。十月，就在天子到许县一个月后，曹操就带兵朝杨奉屯兵的梁地杀来，没了皇帝这张挡箭牌，杨奉又恢复身份，一个地方小军阀。杨奉抵挡不住，只好带着韩暹一路南逃，投奔曹操的对头——袁术。

曹操势力深入豫州，加上兖州，已坐拥两州之地，论实力在群雄中仅次于割据北方的袁绍。

实力在增强，野心也在增长。兵多将广的曹操已经不再需要袁绍，虽然两人从小一起玩到大，又一起讨伐董卓，战斗友谊深厚，但天下的主人最后只有一个，从曹操将汉献帝接进许县的那一刻，曹操已有称霸天下的雄心，他跟袁绍的关系，从这时起也有了微妙的变化。

虽然曹操还没有与袁绍分道扬镳，但不论是曹操还是袁绍心里都很清楚，说再见的日子已经不远了。

成熟政治家的心里只有天下没有兄弟，更何况是与自己争夺天下的异姓兄弟。是的，你曾经多次在我最困难的时候帮助过我，但同样我也用行动回报了你。我们终究不是同路人。未来的日子里，我们不再是战友，而是你死我活的敌人。

请看下部《决战中原》